C·H·Beck
PAPERBACK

Israel geht uns alle an: Seine Geburt ist zutiefst mit den Wunden Deutschlands und Europas verbunden, die Religion der meisten Menschen findet ihre Ursprünge im Gebiet des heutigen Israel, und das winzige Stück Land im Nahen Osten spielt für Menschen weltweit eine besondere Rolle. Der Traum der frühen Zionisten von einem «ganz normalen Staat» war daher von Anfang an zum Scheitern verurteilt. Michael Brenner beschreibt, wie sich die Zionisten einen jüdischen Staat vorstellten, wie sich der Staat Israel seit seiner Gründung 1948 entwickelt hat und welche gegensätzlichen Visionen von Israel das Land zunehmend spalten. Wie religiös ist der jüdische Staat, und welche Grenzen soll er haben? Wer gilt in Israel als Jude und wer als israelischer Staatsbürger? Wer die Geschichte und Gegenwart Israels verstehen will, muss auch seine Träume, Visionen und Ängste kennen. Das Buch öffnet eindrucksvoll und oft überraschend den Blick für diese Tiefendimension.

*Michael Brenner* ist Inhaber des Lehrstuhls für Jüdische Geschichte und Kultur an der Ludwig-Maximilians-Universität München und Direktor des Center for Israel Studies an der American University in Washington, DC. Daneben nimmt er viele weitere Funktionen wahr, u. a. als Internationaler Präsident des Leo Baeck Instituts und ordentliches Mitglied der Bayerischen Akademie der Wissenschaften. Bei C.H.Beck erschienen von ihm u. a. «Kleine jüdische Geschichte» (C.H.Beck Paperback, 2. Aufl. 2019), «Geschichte des Zionismus» (5. Aufl. 2019) sowie «Geschichte der Juden in Deutschland. Von 1945 bis zur Gegenwart» (Hg., 2012).

Michael Brenner

# ISRAEL

## TRAUM UND WIRKLICHKEIT
## DES JÜDISCHEN STAATES

*Von Theodor Herzl bis heute*

C.H.Beck

*Für meine Tochter Simone –*
*Traum und Wirklichkeit*

Die ersten beiden Auflagen dieses Buches
erschienen 2016 und 2017 in gebundener Form
im Verlag C.H.Beck.

Mit 24 Abbildungen und 4 Karten
Karten: © Peter Palm, Berlin

1., durchgesehene Auflage in C.H.Beck Paperback. 2020
© Verlag C.H.Beck oHG, München 2016
Satz: Fotosatz Amann, Memmingen
Druck und Bindung: Druckerei C.H.Beck, Nördlingen
Umschlaggestaltung: Kunst oder Reklame, München
Umschlagabbildungen: Vorne: Die Azrieli Towers in Tel Aviv,
© akg-images/Albatross/Duby Tal. Hinten: Zuteilung von Grundstücken in den
Sanddünen von Tel Aviv nahe Jaffa, 1909, © IAM/akg-images
Printed in Germany
ISBN 978 3 406 74768 7

*www.chbeck.de*

# Inhalt

# Die Sehnsucht nach Normalität

> «‹Wie ist es in Palästina?› ‹Anders, meine Lieben!› antwortete ich. ‹Ganz anders wie in allen anderen Ländern unserer Erdteile ... Denn *Palästina ist nicht von dieser Welt!*›»
> Else Lasker-Schüler[1]

## Ein Staat wie jeder andere?

Der in Oxford lehrende Philosoph Isaiah Berlin erzählte gerne davon, wie Chaim Weizmann einmal in den dreißiger Jahren auf einer Party von einer britischen Lady, die den führenden Zionisten und späteren ersten Staatspräsidenten Israels bewunderte, gefragt wurde: «Dr. Weizmann, ich verstehe Sie nicht. Sie gehören dem kultiviertesten, zivilisiertesten, klügsten und kosmopolitischsten Volk an, und Sie wollen das alles aufgeben, um so zu werden wie – Albanien?» Weizmann, so berichtete Berlin weiter, grübelte langsam und bedächtig über diese Frage, dann leuchtete sein Gesicht auf, und er rief begeistert aus: «Ja! Albanien! Albanien!»[2]

Berlin selbst wurde einige Jahre später von dem russisch-französischen Philosophen Alexandre Kojève eine ähnliche Frage gestellt: «Die Juden mit ihrer reichhaltigen und außerordentlichen Geschichte, wundersame Überlebende der klassischen Epoche unserer Zivilisation – dieses faszinierende Volk sollte seine Einzigartigkeit aufgeben? Wofür? Um ein anderes Albanien zu werden! Wie können sie das nur wollen?» Berlins Antwort war scharf: «Wie auch immer es für die Welt im Allgemeinen erscheinen mag; die Auster dafür zu verdammen, dass sie das Leiden vermeiden möchte, das zu einer Krankheit führt, die in manchen Fällen eine Perle entstehen lässt, ist weder vernünftig noch gerecht. Die Auster möchte das Leben einer Auster führen, sich als Auster verwirklichen und nicht nur das unglückliche Medium sein, das die Welt um den Preis des eigenen Leidens mit Meisterwerken der Kunst oder Philosophie oder Religion beglückt.»[3]

Die Geschichte Israels ist zum einen der Versuch, nicht mehr der ewige Andere zu sein. Der am Ende des neunzehnten Jahrhunderts entstandene Zionismus bot eine Antwort auf das, was damals als «Judenfrage» in aller Munde war. Er wollte die Juden zu einem ganz normalen Volk mit einem ganz normalen Staat machen. Ein ganz normaler Staat – genau dafür stand das kleine, 1912 unabhängig gewordene Albanien symbolhaft.[4] Die Zionisten wollten aus der klassischen Rolle der Juden als die Außenseiter, als die «Anderen» in der Geschichte fliehen. Der deutsch-jüdische Philosoph – und Antizionist – Hermann Cohen brachte es einmal auf den Punkt, als er – halb abwertend und halb anerkennend – auf die Frage antwortete, was die Zionisten denn eigentlich wollen: «Die Kerle wollen glücklich sein.»[5] Der Wunsch, die mit viel historischer Tragik bekleidete Außenseiterrolle abzulegen, ist in die Unabhängigkeitserklärung des Staates Israel aus dem Jahre 1948 eingegangen, in der es heißt: «Es ist das natürliche Recht des jüdischen Volkes, ein Leben *wie jedes andere Volk* in einem eigenen souveränen Staat zu führen.» Dieser Drang, so zu sein «wie alle anderen», war in der langen jüdischen Geschichte nicht gerade neu. Der Wunsch nach Normalität findet seinen Ausdruck schon in der Hebräischen Bibel. Das 1. Buch Samuel berichtet davon, wie die Ältesten des Volkes Israel vom greisen Richter Samuel verlangen: «Gib uns einen König, der uns richte wie alle anderen Völker.» (8:5) Auch wenn Samuel sich anfangs weigerte und Gott das Königtum nicht guthieß, bestand das Volk doch darauf, so zu sein «wie alle anderen Völker».

Doch die Geschichte des Staates Israel entspringt nicht nur dem Wunsch, so zu sein wie die anderen, sondern ist gleichzeitig aus der Idee heraus geboren, anders zu sein und ein Vorbild für den Rest der Welt darzustellen. Auch die Vorstellung vom «auserwählten Volk» geht auf die Bibel zurück. Sie sollte die Juden immer wieder in ihrer Geschichte einholen – im positiven wie im negativen Sinne. Diejenigen, die in Israel einen ganz besonderen Staat sehen wollten, beriefen sich auf das Buch Jesaja (49:6), in dem Israel als «ein Licht unter den

Völkern» bezeichnet wird. Die Mission des Judentums als ein Licht unter den Völkern war für viele Zionisten nicht damit abgetan, mit einer Art Musterreligion den Monotheismus unter die Völker gebracht zu haben. Die Herausforderung für die Zionisten bestand darin, einen Musterstaat zu etablieren, der eine bessere Welt schaffen sollte.

Entweder so zu sein «wie jedes andere Volk» oder aber «ein Licht unter den Völkern» – dieses Spannungsverhältnis hat nicht nur die Geschichte des Zionismus geprägt, sondern auch die Diskussion um den Charakter eines zukünftigen jüdischen Staates und des bestehenden Staates Israel.

Dieses Buch verfolgt die Debatten über den Charakter des ersten jüdischen Staates in der Moderne und versucht dabei den Fragen nachzugehen, was dieser sein wollte, wozu er wurde und wie er von der Welt wahrgenommen wird. Die These dieses Buches lautet: Obwohl Israels Vordenker und später Israels Politiker immer wieder den Weg in die Normalität einzuschlagen versuchten und dem «besonderen» Schicksal der jüdischen Geschichte entfliehen wollten, konnten sie sich nicht von dem Bann lösen, der die Geschichte der Juden über Jahrtausende begleitet hat. Zu tief verankert waren die jahrhundertealten Vorstellungen von den Juden als den «Anderen», um sie in wenigen Jahrzehnten spurlos verschwinden zu lassen. Zu sehr verinnerlicht wurden die Sichtweisen von außen, wie auch die eigenen Erfahrungen als die «ewigen Anderen». Und zu ungewöhnlich waren die Umstände, die zur Gründung des Staates Israel führten: die Proklamation der Souveränität nach zwei Jahrtausenden Staatenlosigkeit und der unmittelbar vorausgegangene Genozid.

Jeder, der die Zeitung aufschlägt oder Nachrichten hört, weiß: Israel ist keineswegs ein nur für Israelis relevantes Thema. Seine Geburt ist zutiefst mit den Wunden Deutschlands und Europas verbunden, seine politische Entwicklung hat Auswirkungen weit über den Nahen Osten hinaus, und die Religion der meisten Menschen hat ihre Ursprünge im Gebiet des heutigen Israel. Vielleicht hat es mit dieser gefühlten Nähe zu tun, dass mit keinem anderen Staat so klare Vorstellungen verbunden werden wie mit diesem winzigen Stück Land. Die einen sehen in Israel die einzige Demokratie inmitten autoritärer

Regime und einen westlichen Vorposten im Nahen Osten, manche gar den Vorboten des messianischen Zeitalters; andere dagegen betrachten Israel als eine anachronistische Schöpfung, als kolonialistischen Aggressor und als Terrorstaat. Für einen Teil der Welt ist Israel ein Musterstaat, für einen anderen ein Pariastaat. Nur eines ist er ganz selten: das von Chaim Weizmann erträumte fiktive Albanien, «ein ganz normaler Staat».

Unter den 194 unabhängigen Staaten steht der Staat Israel in Bezug auf seine geographische Ausdehnung an 152. Stelle, in Bezug auf seine Einwohnerzahl an 97. Stelle. Er ist etwa so groß wie Belize, Djibouti oder das Bundesland Hessen (kleiner im Übrigen als Albanien) und zählt ungefähr so viele Einwohner wie Tadschikistan, Honduras oder das Bundesland Niedersachsen. Schlägt man aber eine Zeitung auf oder hört die aktuellen Nachrichten, könnte man meinen, dass Israel neben China, Russland und den USA zu den wichtigsten Staaten der Erde gehört.

In den Vereinigten Staaten betonen die Präsidentschaftskandidaten beider Parteien in jedem Wahlkampf ihre Verbundenheit mit Israel stärker als die Solidarität zu ihren mächtigen Verbündeten. Evangelikale Prediger in aller Welt betrachten Israels Konflikt im Nahen Osten als Teil des messianischen Endzeitplans. Auch in Deutschland wird Israel nicht wie jedes andere Land behandelt. Sobald ein neuer deutscher Bundespräsident in sein Amt gewählt wird, gehört – zumindest seit den achtziger Jahren – ein Staatsbesuch in Israel zu einer seiner ersten und heikelsten Aufgaben. Bundeskanzlerin Merkel unterstrich in ihrer Rede vor dem israelischen Parlament im März 2008: «Jede Bundesregierung und jeder Bundeskanzler vor mir waren der besonderen historischen Verantwortung Deutschlands für die Sicherheit Israels verpflichtet. Diese historische Verantwortung Deutschlands ist Teil der Staatsräson meines Landes.»[6]

In anderen Teilen der Welt ist Israel das Feindbild Nummer eins. Im von Israel Tausende Kilometer entfernten Iran gehört es zu einem wichtigen politischen Ritual, dem «zionistischen Gebilde» öffentlich den Kampf anzusagen und israelische Fahnen zu verbrennen. Auch in Staaten, in denen so gut wie niemand jemals einen israelischen Staats-

bürger zu Gesicht bekommen hat, wird die zionistische Weltverschwö-
rung angeprangert, und die Landkarten des Nahen Ostens werden so
gedruckt, als existiere der jüdische Staat überhaupt nicht. In einer
weltweiten BBC-Umfrage nach den beliebtesten Ländern der Welt
liegt Deutschland, von dem im zwanzigsten Jahrhundert zwei Welt-
kriege ausgingen, an der Spitze, während der jüdische Staat, der von
den Überlebenden des größten Völkermords des zwanzigsten Jahrhunderts gegründet wurde, sich die negativsten Werte mit den Paria-
staaten Iran und Nordkorea teilt.[7] Es passt in diesen Rahmen, dass die
UNO-Menschenrechtskommission seit ihrem Bestehen gegen Israel
allein fast genauso viele Resolutionen erlassen hat wie gegen sämtliche
andere Staaten zusammen.

Die Israelis haben längst die Sonderrolle ihres Staates verinnerlicht,
egal welcher politischen Richtung sie angehören und wie sie diese
Sonderrolle interpretieren. Die verstorbene Bürgerrechtlerin und Mit-
begründerin der linken Meretz-Partei Shulamit Aloni etwa forderte:
«Die Einzigartigkeit Israels liegt nicht darin, daß es das auserwählte
Volk ist – und daher für sich mehr beanspruchen kann als es anderen
zubilligt –, sondern in der Verpflichtung, an sich höhere Ansprüche zu
stellen als an andere.»[8] Auf der anderen Seite betonte Premierminister
Benjamin Netanjahu von der rechten Likud-Partei: «Die größte
Chance, die die Etablierung des jüdischen Staates mit sich brachte,
war die Tatsache, dass die Juden mehr als nur eine Ansammlung von
Individuen, Gemeinden und Resten von Gemeinden wurden. Sie wur-
den ein souveränes Kollektiv in ihrem eigenen Territorium. Unsere
Fähigkeit, als Kollektiv unser eigenes Schicksal zu bestimmen, lässt
uns unsere eigene Zukunft bestimmen, nicht mehr als ein Volk, das
von Anderen regiert, besiegt und verfolgt wird, sondern als ein stolzes
Volk mit einem wunderbaren Land, das immer danach strebt, ein
‹Licht unter den Völkern› zu sein.»[9]

*Ein Volk wie jedes andere?*

Um Israels Selbstverständnis und seine Wahrnehmung in der Welt zu verstehen, ist ein Blick auf die Wahrnehmung der Juden während ihrer langen Geschichte unentbehrlich. Die Juden galten über viele Jahrhunderte und in zahlreichen Gesellschaften als die klassischen Anderen. Von den Völkern, unter denen sie in ihrer Zerstreuung lebten, wurden sie als Monotheisten in der paganen Gesellschaft betrachtet, als Verstockte gegenüber dem wahren Glauben in der christlichen Gesellschaft, als Verfälscher der ursprünglichen Lehre in der muslimischen Gesellschaft. Im biblischen Buch Esther werden einige der später zum Charakteristikum der Juden (und des Judenhasses) gewordenen Merkmale erstmals zur Sprache gebracht: «Da ist ein Volk, zerstreut und versprengt unter die Völker, durch alle Landschaften deines Königreichs, deren Gesetze unterschieden sind von denen anderer Völker; sie tun nicht nach den Gesetzen des Königs, und dem König bringt es nichts ein, wenn er sie lässt. Wenn es dem Könige gefällt, so lasse er sie umbringen.» (Esther 3:8–9) Diese Worte legt der biblische Erzähler dem persischen Königsberater Haman in den Mund.

Die Vorstellung von den in aller Welt verstreuten Juden, deren Gesetze sich von denen der anderen Völker unterschieden und die ihrem Hass ausgesetzt sind, ist also bereits in diesem während des dritten vorchristlichen Jahrhunderts niedergeschriebenen Buch festgehalten. Sie lässt sich auch bei zahlreichen antiken Autoren in ihrer Betrachtung des Judentums wiederfinden. Am bekanntesten und prägnantesten ist die Feststellung des Tacitus, basierend auf antijüdischen Autoren des hellenistischen Ägypten, zu den Gesetzen Moses': «Unheilig ist [den Juden] alles, was bei uns heilig, andererseits ist erlaubt bei ihnen, was für uns als Schande gilt.»[10]

Das den Juden zugeschriebene «Andere» machte sie keineswegs immer zu Feinden. Manchen Römern erschien gerade dies attraktiv. Dass die Juden keinen sichtbaren Gott verehrten, besondere Speisevorschriften einhielten und einen wöchentlichen Ruhetag einführten, übte seine Reize auf eine Reihe von Menschen aus, die sich als Proselyten dem Judentum anschlossen oder zumindest mit dem jüdischen

Kultus sympathisierten. Das Andere konnte abstoßend ebenso wie anziehend wirken.[11] Mit zunehmender gesellschaftlicher Ausschließung der Juden wurde deren vermeintliche Andersartigkeit immer mehr zu ihrem Erkennungsmerkmal.[12]

Die Idee einer Sonderrolle der Juden in der Geschichte erhielt mit dem Siegeszug des Christentums eine neue Dimension. Einerseits wurden sie als das Volk Gottes, dem auch Jesus entstammte und dem eine Sonderrolle in der Menschheitsgeschichte zusteht, angesehen. Andererseits wurde ihnen vorgeworfen, ihre eigene heilige Schrift nicht richtig gedeutet und daher Jesus nicht als Messias erkannt zu haben. «Ihr seid Kinder des Teufels, der ist euer Vater, und nach seinen Wünschen handelt ihr», heißt es im Johannesevangelium (8:44). Wie die später an zahlreichen Kathedralen als blind und mit gebrochenem Stab dargestellte allegorische Figur der Synagoga galten die Juden als unfähig, ihre eigene Schrift richtig auszulegen, und als aller weltlichen Macht beraubt. Für Juden im christlichen Herrschaftsraum bedeutete dies jahrhundertelange Unterdrückung, aber auch die Möglichkeit, zu überleben und die eigene Religion auszuüben. Im Gegensatz zu christlichen Häretikern sollten sie wegen ihrer besonderen historischen Rolle als Zeugen der Wahrheit Christi (selbst wenn sie diese nicht erkannten), als Bewahrer der Heiligen Schrift und letztlich als diejenigen, die vor dem Ende aller Tage zum Christentum konvertieren müssten, am Leben bleiben. Aus der einzigartigen Rolle der Juden im christlichen Heilsplan leitet sich die besondere Vehemenz ab, mit der Martin Luther auf das Festhalten der Juden an ihrem Glauben reagierte. Er war zunächst überzeugt davon, dass es ihm mit wohlwollendem Zureden gelingen würde, die Juden zu seiner neuen Lehre zu bekehren. Als er feststellen musste, dass er daran genauso scheiterte wie die «Papisten», empfahl er in seiner Schrift *Von den Juden und ihren Lügen* (1543), dass man «ihre Häuser zerbreche und zerstöre», «ihre Synagoga oder Schule mit Feuer anzünde» und «man ihnen alle Bücher nehme ... auch die ganze Bibel».[13]

Unter muslimischer Herrschaft stellte sich die Situation der Juden zunächst nicht ganz so deutlich als Sonderrolle dar, weil sie ihre Religion wie alle anderen Anhänger von «Buchreligionen» – wenn auch nicht auf gleicher Stufe wie die Muslime – ausüben durften. Doch nehmen sie bei genauerem Hinsehen auch im Islam eine besondere Stellung ein. Während die Christen den Juden vorwerfen, die Hebräische Bibel falsch zu interpretieren, lautet der Vorwurf der Muslime an die Juden, dass sie den Text der Bibel verfälscht hätten. Insbesondere die im Islam verehrte Figur des Ismael sei fälschlicherweise zugunsten seines Bruders Isaak degradiert worden. Zudem hatten sich die Hoffnungen der ersten Muslime, die Juden zu ihrem Glauben zu bekehren, nicht erfüllt. Wie in der christlichen Literatur gibt es auch im Koran und in seinen Auslegungen positive und negative Charakterisierungen der Juden. Sowohl wegen ihrer historischen Rolle im biblischen Text als auch wegen ihrer Präsenz in großen Teilen des islamischen Herrschaftsraums erfüllen sie eine ganz besondere Funktion im theologischen Diskurs.

Die Juden überlebten als winzige Minderheit nicht trotz ihrer Sonderstellung in der Geschichte, sondern genau deswegen. Ihr Überleben war für das Christentum, und in geringerem Maße auch für den Islam, von theologischer Bedeutung. Mit besonderen Zeichen als «Andere» gekennzeichnet, von zahlreichen Berufen ausgeschlossen, in europäische Ghettos und nordafrikanische Mellahs gezwängt und auf vielfache Weise gedemütigt, durften sie doch in großen Teilen der christlichen und islamischen Welt leben und ihren Glauben ausüben. Selbstverständlich waren sie keineswegs die einzigen «Anderen» in den paganen, christlichen oder muslimischen Gesellschaften, doch gab es wohl keine andere Gruppe, die in so vielen unterschiedlichen Räumen und Zeitaltern immer wieder als Minderheit auftauchte. In diesem Sinne wurden sie im Laufe der Zeit zu den klassischen Anderen.

Gleichgültig, ob verfolgt oder toleriert, die Juden nahmen in der antiken, mittelalterlichen und modernen Vorstellungswelt einen viel größeren Raum ein, als es ihrer kleinen Bevölkerungszahl entsprechen würde. So beginnt der Historiker David Nirenberg seine Geschichte des Antijudaismus mit der Feststellung: «Über zweitausend Jahre lang haben Menschen über das Judentum nachgedacht. Die alten Ägypter beschrieben viel Papyrus über die Hebräer. Die frühen (und auch die späten) Christen füllten zahlreiche Seiten bei dem Versuch, Judentum und Christentum, altes und neues Israel, voneinander zu unterscheiden. Die Anhänger Mohammeds dachten über das Verhältnis ihres Propheten zu den Juden und ‹Söhnen Israels› nach. Die Europäer des Mittelalters benutzten Juden zur Erklärung von so unterschiedlichen Dingen wie Hungersnöten, Pest und der Steuerpolitik ihrer Herrscher. Und in den gewaltigen Archiven mit Quellen, die uns aus Europa seit der Frühen Neuzeit überliefert sind, lässt sich leicht zeigen, dass Wörter wie *Jude, Hebräer, Semit, Israelit* und *Israel* mit einer Häufigkeit auftauchen, die in keinem Verhältnis zur tatsächlichen Zahl von Juden in diesen Gesellschaften steht.»[14]

Mit dem zunehmenden Rückgang des Primats der Religion in der aufgeklärten Gesellschaft wurde auch die traditionelle Sonderrolle der Juden in Frage gestellt bzw. später neu gestellt. In den Augen vieler moderner Denker waren sie nun das, was der englische Historiker Arthur Toynbee einmal als «Fossil» bezeichnete.[15] Voltaire berief sich auf die antiken römischen Autoren und deren Abneigung gegen das Judentum als Aberglauben. Für Kant und Hegel war das Judentum eine antiquierte Gesetzesreligion, ein Relikt aus vergangener Zeit, das nicht in die neue Zeit passen wollte. Um ihnen Bürgerrechte zu geben, sah Fichte kein anderes Mittel «als das, in einer Nacht ihnen allen die Köpfe abzuschneiden, und andere aufzusetzen, in denen auch nicht eine jüdische Idee sei». Und dann fährt er fort: «Um uns vor ihnen zu schützen, dazu sehe ich wieder kein anderes Mittel, als ihnen ihr gelobtes Land zu erobern, und sie alle dahin zu schicken.»[16]

Fichte nahm mit diesen Worten von 1793, ohne dies wohl allzu ernst gemeint zu haben, einen Plan vorweg, der erst ein Jahrhundert später Gestalt annehmen sollte: den Juden einen eigenen Staat in ihrer historischen Heimat zu geben. Tolerantere Stimmen sahen mittlerweile in der Umerziehung und Integration der Juden eine Möglichkeit, sie zu «nützlichen Bürgern» der Staaten, in denen sie lebten, zu machen. Seit Ende des achtzehnten Jahrhunderts versuchten westliche Denker, die Juden zu «normalisieren». Sie sollten nicht länger eine Sonderstellung in der Gesellschaft einnehmen. Die Unterschiede in Sprache, Kleidung, Nahrung und Berufsstruktur, ja selbst im Aussehen

würden verschwinden, wenn man die diskriminierenden Gesetze gegen sie aufhebe und sie in die Gesellschaft integriere.

Der preußische Kriegsrat Christian Wilhelm Dohm ist ein frühes
Beispiel für diese Argumentation. Er führte in seinem 1781 erschiene-
nen Werk *Über die bürgerliche Verbesserung der Juden* die angebliche
Verdorbenheit der Juden auf die jahrhundertelange Unterdrückung
von außen zurück und wollte zeigen, «wie die Juden nur deshalb als
Menschen und Bürger, verderbt gewesen, weil man ihnen die Rechte
beyder versagt habe». Damit «Juden nützlichere Glieder der bürgerlichen Gesellschaft» werden, bedürfe es äußerer ebenso wie innerer
Maßnahmen.[17] Zum einen müsse man Bedingungen schaffen, um die
Juden als gleichberechtigte Bürger leben zu lassen. Zum anderen
müssten die Juden sich selbst verändern, zahlreiche Eigenheiten aufgeben und sich an die Mehrheitsbevölkerung assimilieren. Dies war
der Beginn der Debatte über die Normalisierung der Juden und ihrer
Geschichte.

Wenige Jahre später drückte dies in Frankreich der Abbé Grégoire
in seinem Aufsatz «Über die physische, moralische und politische
Regeneration der Juden» ähnlich aus. Wenn man sie nur ließe, so
Grégoire, würden die Juden zu ganz normalen Bürgern werden. Nicht
nur in moralischer und politischer Hinsicht, ja auch körperlich würden sie sich dann der christlichen Bevölkerung angleichen, argumentierte der fortschrittlich gesinnte Geistliche in Beantwortung der im
Jahre 1787 von der Akademie der Wissenschaften von Metz in Form
eines Preisausschreibens gestellten Frage: «Gibt es ein Mittel, um die
Juden nützlicher und in Frankreich glücklicher zu machen?» In einer
Eingabe an die Französische Nationalversammlung ging er – wie vor
ihm Dohm – davon aus, dass die Juden bisher eine einzigartige historische Rolle erfüllten: «Die Zerstreuung der Juden, die seit achtzehn-
hundert Jahren herumirren, unglücklich und verbannt in der ganzen
Welt sind, ist eine Erscheinung, wovon die Geschichte weiter kein Beispiel aufweisen kann.»[18]

Im Dezember 1789 brachte der Abgeordnete der Französischen Nationalversammlung, Graf Clermont-Tonnerre, die neue Haltung der
europäischen Nationalstaaten auf einen Nenner, als er den Juden «alles

als Individuen, aber nichts als Nation» versprach.[19] Die Gesetze, die die Normalisierung des Status der jüdischen Minderheit begründen sollten, entsprachen der unterschiedlichen politischen Entwicklung der einzelnen Staaten. In Frankreich erhielten sie im Zuge der Revolution zügig die gleichen Rechte, deren Legitimität später von Napoleon noch einmal kurz hinterfragt wurde. In den deutschen Staaten, in denen es keine Revolution gab, mussten sie dagegen zuerst einmal beweisen, dass sie die Emanzipation verdienten, indem sie sich vorher ihrer Umwelt anpassten. Die gleichen Rechte als «Belohnung» für ihre Assimilation erhielten sie flächendeckend erst mit der Verfassung des neuen Reiches 1871.

Die Juden versuchten also fortan, so zu sein wie alle anderen Franzosen, Deutschen oder Italiener, doch verschwand der Vorwurf des Andersseins damit nicht, er nahm lediglich andere Formen an. Die nun erstarkende antisemitische Bewegung warf ihnen vor, sich nur eine Maske aufgesetzt zu haben. Richard Wagners Tiraden gegen das «Judenthum in der Musik» aus dem Jahre 1850 etwa richteten sich nicht zuletzt gegen die vermeintlich unaustilgbaren «jüdischen» Eigenschaften des bereits als Kind getauften Felix Mendelssohn-Bartholdy. Die Juden blieben für ihn hinter ihrer Maske weiterhin «die Anderen», die weder zu wahrer Kreativität noch zu normaler Sprache fähig seien.[20] Mit Hilfe der im neunzehnten Jahrhundert entstehenden Rassenlehre schuf sich der moderne Antisemitismus im Juden ein Feindbild, das alle Eigenschaften verkörperte, die von der Norm des «arischen» Europäers abwichen. Mit dem Begriff des «Antisemitismus», der 1879 von dem Journalisten Wilhelm Marr geprägt wurde, versuchte man, diesem Feindbild einen wissenschaftlichen Anstrich zu geben. Die «Judenfrage» war am Ende des neunzehnten Jahrhunderts in aller Munde.

Die Entstehung des politischen Zionismus war eine Reaktion auf diese neue Form der Zurückweisung durch die europäischen Gesellschaften. Sein Begründer Theodor Herzl, der in einer assimilierten deutschsprachigen Familie in Budapest aufgewachsen war und später einer der erfolgreichsten Journalisten in Wien werden sollte, teilte zunächst die Vorstellung, dass die Juden eine normale Existenz führen könnten, wenn sie nur ihr Judentum widerriefen. Sehr bald wurde ihm jedoch bewusst, dass der neue, rassisch begründete Antisemitismus sich nicht um religiöse Zugehörigkeit scherte. Die Andersartigkeit der Juden galt nun als ein vererbtes Merkmal, das durch keinen Willensakt abgeschüttelt werden konnte. Wenn dies tatsächlich so war, so Herzl, dann waren alle Versuche, im deutschen oder französischen Volk als deutsche oder französische Staatsbürger jüdischen Glaubens aufzugehen, verfehlt. Die Juden, so Herzl, sollten sich stattdessen wieder auf ihre Zugehörigkeit zum jüdischen Volk besinnen. Als Untertitel zu seinem 1896 erschienenen Buch *Der Judenstaat* wählte er die Worte: «Versuch einer modernen Lösung der Judenfrage».

Noch etwas ließ die Juden aus dem Rahmen der üblichen Definitionen fallen. Die grundlegende Frage, was die Juden eigentlich waren, war an der Wende zum zwanzigsten Jahrhundert schwieriger zu beantworten als jemals zuvor. Seit der Antike ließen sich Ethnizität und Religionszugehörigkeit im Judentum nicht voneinander trennen. Jude war zum einen, wer das Kind einer jüdischen Mutter war: ein biologisches Kriterium. Jude war aber auch, wer zur jüdischen Religion konvertierte: ein konfessionelles Kriterium. Bis sie im neunzehnten Jahrhundert die Möglichkeit erhielten, gleichberechtigte Bürger der Staaten zu werden, in denen sie lebten, war diese ethnisch-religiöse Doppelidentität ohne große Diskussion von den Juden selbst und von anderen akzeptiert worden. Nun aber mussten sie bzw. ihre Umwelt sich entscheiden, ob die Juden ein Volk, eine Religion oder gar eine Rasse darstellten.[21]

Doch selbst nach all ihren Bemühungen während des Emanzipationsprozesses ließen sich die Juden nicht in die modernen Kategorien von Nation und Religion pressen. In Osteuropa galten sie in der Regel als eine nationale Minderheit, in Westeuropa als eine religiöse. Was aber, wenn die offiziell als Teil einer Religionsgemeinschaft definierten Juden – ebenso wie viele Protestanten und Katholiken der bürgerlichen Mittelschichten – immer weniger religiös waren und daher nach neuen Definitionen suchen mussten? Zahlreiche deutschsprachige Juden stellten die bisher gültige Definition als deutsche Staatsbürger jüdischen Glaubens nun öffentlich in Frage. Sigmund Freud etwa lehnte religiöse und nationale Kategorien der Zugehörigkeit zum Judentum ab, «aber es blieb genug anderes übrig, was die Anziehung des Judentums und der Juden so unwiderstehlich machte, viele dunkle Gefühlsmächte, umso gewaltiger, je weniger sie sich in Worten erfassen ließen, ebenso wie die klare Bewußtheit der inneren Identität, die Heimlichkeit der gleichen seelischen Konstruktion».[22] Freud beschrieb hier für seine eigene Person, was Isaak Deutscher später als den «nichtjüdischen Juden» bezeichnete. Manche deutsche Juden zogen Begriffe wie *Schicksalsgemeinschaft* und *Stammesgemeinschaft* vor. In jedem Falle wurde die Definition dessen, was jüdisch ist, in dieser Zeit noch komplizierter – und entfernte sich von der eindimensionalen konfessionellen Definition, die im neunzehnten Jahrhundert vorgeherrscht hatte.

Auch in ihrer Berufsstruktur hatten sich die Juden um die Wende zum zwanzigsten Jahrhundert keineswegs so sehr an ihre Umwelt angeglichen, wie es die Aufklärer des späten achtzehnten Jahrhunderts forderten und die Politiker des neunzehnten Jahrhunderts umzusetzen suchten. Dabei unterschieden sich die dominanten Berufe der Juden in den einzelnen Ländern erheblich voneinander. In Saloniki gab es jüdische Hafenarbeiter, in Antwerpen und Amsterdam Diamantenschleifer, im Elsass und in Süddeutschland Viehhändler. Doch überall waren auch noch zu Beginn des zwanzigsten Jahrhunderts Juden im Bereich des Handels klar überrepräsentiert und in der Landwirtschaft deutlich unterrepräsentiert. Auf diesem Gebiet wirkten historische Voraussetzungen noch lange nach.[23] Der Zionismus versprach auch hier Normalisierung: Er wollte den Typus des «neuen Juden» schaffen, der sich nicht mehr in den Bereichen betätigte, in den ihn das Exilsdasein gezwungen hatte. Statt Händler sollten die Juden nun zu Bauern werden. Landwirtschaftliche Genossenschaften waren von Anfang an ein Vorzeigeprojekt der zionistischen Ideologen. Das Scheitern dieser beruflichen Angleichung war ebenfalls vorprogrammiert: In einem Zeitalter, in dem die Landwirtschaft einen Niedergang erlebte, konnten die Juden gewiss nicht massenhaft zu Bauern werden.

So blieb zu Beginn des zwanzigsten Jahrhunderts die wirtschaftliche und politische Sonderrolle der Juden bestehen. Egal, wie sehr sie sich zu integrieren suchten, ihre Stigmatisierung nahm weiter zu, und der

Antisemitismus wurde in seinen verschiedenen Schattierungen in großen Teilen Europas zur Staatsräson. In den dreißiger Jahren schien es, als ob der einhundertfünfzig Jahre zuvor begonnene Versuch der «Normalisierung» der jüdischen Geschichte gescheitert war.

## Vom Außenseitervolk zum Außenseiterstaat

Es kann in diesem Buch selbstverständlich nicht darum gehen, die vermeintliche Einzigartigkeit oder Normalität Israels aufzuzeigen, sondern lediglich darum, den Diskurs über diese Einzigartigkeit und Normalität nachzuzeichnen. Fragen um die Einzigartigkeit nationaler Geschichte sind nicht auf Israel beschränkt. In den USA hat der Historiker C. Vann Woodward darauf hingewiesen, dass amerikanische Historiker mehr als andere unter der Anklage standen, «Ansprüche auf Verschiedenartigkeit und Einzigartigkeit» gegenüber ihrer eigenen Geschichte zu hegen.[24] In Diskussionen um die Geschichte der USA wird immer wieder dem «American Exceptionalism» das Wort geredet, der sich unter anderem durch Werte wie Freiheit, Egalitarismus, Individualismus und Laissez-faire-Denken kennzeichnen soll.[25] In Deutschland wurde die These eines historischen «Sonderwegs» über Jahrzehnte hinweg heftig diskutiert.[26]

Die Diskussion um die Einzigartigkeit jüdischer Geschichte und israelischer Existenz ist Teil all dieser Sonderwegsdebatten, allerdings mit einem kleinen Unterschied. Die Geschichte der Juden nämlich erscheint anderen «auserwählten Völkern» auf dem gesamten Globus oftmals als das Paradigma eines Sonderwegs. Sie haben häufig die Geschichte der Juden als das Vorbild für ihre eigene Erwählung auserkoren. Die Berufung auf das «auserwählte Volk», die vom «neuen Zion» in den USA über die Rastafari-Bewegung in Jamaika bis zum Selbstbild der äthiopischen Christen reicht, ist ohne die Hebräische Bibel und die jüdische Geschichte nicht verständlich.

Ein Blick in neuere Veröffentlichungen zu Israels Geschichte und Gesellschaft macht klar, dass die von Chaim Weizmann so heiß ersehnte Normalisierung auch in der wissenschaftlichen Betrachtung eine Illusion ist. Einige Beispiele mögen das verdeutlichen: Daniel Elazars Studie über die Gesellschaft Israels beginnt mit dem Satz: «Der Staat Israel ist in vielerlei Hinsicht sui generis.»[27] Der erste Satz in Uri Bialers Untersuchung zur Außenpolitik Israels lautet: «Unter den Nationen der Welt ist Israel einzigartig.»[28] Und Michael Barnett schreibt in einer Abhandlung über Israels vermeintliche Singularität, Israel sei zwar nicht einzigartig, aber doch «außergewöhnlich und untypisch».[29] In Jerold Auerbachs Buch über die Legitimität Israels heißt es ebenfalls bereits in der Einleitung: «Israel bleibt eine Anomalität.»[30]

Aus arabischer Sicht ergibt sich ein ganz ähnlicher Normalitätsdiskurs, allerdings unter umgekehrten Vorzeichen. Für israelkritische Autoren resultiert die erstrebte Normalität der Juden in einem eigenen Staat in der Anomalität der palästinensischen Existenz. So behauptet Edward Said: «Wenn in einem jüdischen Staat Normalität durch Jüdischsein definiert wird, so ist Anomalität die normale Situation für die Nichtjuden.»[31] Daran anlehnend schreibt der das Existenzrecht Israels vehement verneinende Wirtschaftswissenschaftler M. Shahid Alam: «Eine tiefere Ironie umgibt das zionistische Projekt. Es beabsichtigte, die jüdische ‹Anomalität› in Europa zu beenden, indem es einen ‹anomalen› jüdischen Staat in Palästina schuf … Offensichtlich schlugen die Zionisten vor, eine Art von ‹Anomalität› für eine andere größere und bedenklichere einzutauschen.»[32]

Zionisten und Antizionisten, Israelis und Gegner des Staates Israel sind sich weitgehend einig darin, dass Israel «anders» ist als andere Staaten. Umso erstaunlicher mag es anmuten, dass es bisher keine systematische Studie zu dieser unterstellten Andersartigkeit gibt. Es existiert mittlerweile eine Fülle von Büchern zu Israel, darunter sind auch einige Überblickswerke. Fast alle dieser Bücher beschreiben die militärischen Auseinandersetzungen von der Geburt des Staates bis in seine Gegenwart, sie geben seine politischen Auseinandersetzungen und zahlreichen inneren Konflikte wieder, sie nehmen Bezug auf die Kluft zwischen Juden und Arabern, zwischen Religiösen und Säkularen und zwischen Einwanderern aus europäischen und arabischen Ländern.[33] Doch geht keines der Werke zu Israel systematisch der Frage nach, was die Idee eines jüdischen Staates eigentlich ausmacht, wie sie umgesetzt wurde und wie sie sich im Laufe der Jahrzehnte veränderte.[34]

Dieses Buch beschäftigt sich nicht mit der äußeren Bedrohung Israels und all seinen inneren Konflikten, auch nicht mit dem arabischen Bevölkerungsteil Israels. All dies sind wichtige Aspekte der Existenz Israels, die aber bereits in zahlreichen Abhandlungen ausführlich beschrieben sind. Es konzentriert sich stattdessen auf die Frage, wie seit Ende des neunzehnten Jahrhunderts die Idee eines jüdischen Staates in den Köpfen seiner Visionäre heranreifte, welche unterschiedlichen Formen sie annahm und wie sie schließlich ab der zweiten Hälfte des Jahrhunderts konkrete Gestalt annahm. David Ben Gurion und seine Mitstreiter meinten nach 1948, Herzls Traum vom Judenstaat realisiert zu haben. Doch sollten in den verschiedenen politischen Lagern bald neue Träume die Wirklichkeit ersetzen: Die Rechte träumte nach dem israelischen Triumph von 1967 von einem Groß-Israel in biblischen Grenzen, während die Linke nach den Friedensschlüssen mit den Palästinensern und Jordaniern ab Mitte der neunziger Jahre die Vision eines Neuen Nahen Ostens hatte. Die Umsetzung der Gründerträume in die Realität und die Aufgabe der Realität für neue Träume gaben Raum für Konflikte und Widersprüche, die bis heute die israelische Gesellschaft spalten und ihr Bild nach außen prägen.

In gewisser Weise nimmt der Staat Israel auf kollektiver Ebene sieben Jahrzehnte nach seiner Gründung dieselbe Rolle des «Anderen» ein, die die Juden jahrtausendelang als Individuen gespielt haben und der die Zionisten eigentlich entkommen wollten. Die «Judenfrage» des neunzehnten Jahrhunderts ist im zwanzigsten und einundzwanzigsten Jahrhundert durch die «Israel-Frage» ersetzt worden. «Israel» und «Antizionismus» haben die Begriffe «Jude» und «Antisemitismus» als kulturellen Code abgelöst. Der Literaturwissenschaftler Hans Mayer schreibt in seinem Buch *Außenseiter* über die Gründung des Staates Israel: «Im Ergebnis aber wurden dadurch bloß die Antithesen der einstigen ‹Judenfrage› ins Weltpolitische erweitert. Aus dem bisherigen jüdischen Außenseiter inmitten einer nichtjüdischen Bevölkerung wurde ein *jüdischer Außenseiterstaat* inmitten einer nichtjüdischen Staatengemeinschaft.»[35]

Chaim Weizmanns Sehnsucht nach einem «Albanien», einem Staat «wie jedem anderen», war aufgrund der Wirkmächtigkeit tradierter historischer Vorstellungen, von außen wie von innen, zum Scheitern verurteilt. Man ist versucht, an den exotisch wirkenden, künstlerisch und intellektuell begabten Protagonisten in Thomas Manns Erzählung *Tonio Kröger* zu denken, der nichts mehr möchte als «frei vom Fluch der Erkenntnis und der schöpferischen Qual leben, lieben und loben in seliger Gewöhnlichkeit!».[36] Er möchte so sein wie sein blauäugiger, blonder Schulkamerad Hans Hansen, der Pferdebücher liebt, bastelt und turnt. So wie Thomas Manns Spiegelbild Tonio Kröger nicht zu Hans Hansen wurde, so ist Israel auch sieben Jahrzehnte nach seiner Gründung kein Staat, der «in seliger Gewöhnlichkeit» existieren kann.

# 1. Am Scheideweg: 1897

«The Jews have suffered from too much history and not enough geography.»
Sir Lewis Namier

Das neunzehnte Jahrhundert begann für die Juden mit vielerlei Versprechungen. Die Aufklärung hatte einer neuen Einstellung den Boden bereitet, der zufolge sie nicht mehr als Gottesmörder und Wucherer, sondern als ganz normale Menschen wahrgenommen werden konnten. Sie könnten so werden wie ihre christliche Umgebung, versprachen die Emanzipationsedikte quer durch Europa, wenn sie nur einen gewissen Erziehungsprozess durchliefen und sich ihrer Umwelt anpassten. Das Jahrhundert hatte in der Tat viele Fortschritte gebracht, im Westen mehr als im Osten. Viele Juden waren wirtschaftlich aufgestiegen und in weiten Teilen Europas kulturell, zuweilen sogar gesellschaftlich integriert. Doch als sie am Ende des Jahrhunderts Bilanz zogen, mussten sie feststellen, dass trotz ihrer Bemühungen um Integration den Fortschritten nun neue Hindernisse gegenüberstanden: Im Osten erschütterten Pogrome ihren Alltag, im Westen war ein neuartiger, rassisch begründeter Antisemitismus entstanden.

Die Juden konnten versuchen zu flüchten: in eine andere Religion oder in einen anderen Kontinent. Doch beide Fluchtwege waren nur für eine Minderheit gangbar und versprachen nicht immer Linderung, denn auch nach der Taufe wurden sie von den Antisemiten als Juden gesehen, und nach der Ankunft in Amerika erwartete sie oft unbeschreibliches Elend. Die meisten Juden blieben daher Juden und Europäer. Aber sie suchten verstärkt nach neuen Wegen, um die von Aufklärung und Emanzipation versprochene Normalisierung endlich zu erreichen.

Im Jahr 1897 wurden gleich mehrere Wege konzipiert, die in ganz verschiedene Richtungen führten. In Berlin verfasste der Industrielle und spätere deutsche Außenminister Walther Rathenau ein radikales Plädoyer für ein völliges Aufgehen der Juden in ihrer Umgebung. In Wien konkretisierte der Feuilletonredakteur der *Neuen Freien Presse* Theodor Herzl unmittelbar nach der Wahl des Antisemiten Karl Lueger zum Bürgermeister seine zionistischen Pläne. Er berief im August den ersten Zionistenkongress nach Basel ein. Nur wenig später trafen sich in Wilna die führenden Köpfe des Allgemeinen Jüdischen Arbeiterbunds, um die erste jüdische sozialistische Bewegung ins Leben zu rufen. Und in Odessa schrieb Simon Dubnow, einer der wichtigsten Historiker jüdischer Geschichte, an der theoretischen Untermauerung des jüdischen Diasporanationalismus, der auf einer kulturellen Autonomie der Juden Osteuropas aufbaute.

Innerhalb weniger Monate lagen damit die wesentlichen Konzepte der jüdischen Moderne vor: Sie standen für die bedingungslose Assimilation, für den Zionismus, für den sozialistischen Bundismus und für die jüdische Autonomiebewegung. Während sich ihre Wege grundsätzlich unterschieden, sollten sie nach dem Willen ihrer Träger doch alle dasselbe Ziel erreichen: die Normalisierung der Juden.

## Winter in Berlin

Zu Beginn des Jahres 1897 erschien in der angesehenen Zeitschrift *Die Zukunft*, die von dem zum Protestantismus konvertierten Publizisten Maximilian Harden herausgegeben wurde, ein mit W. Hartenau gezeichneter Aufsatz unter dem Titel «Höre, Israel!». Dass sich hinter diesem Pseudonym der Großindustrielle, Intellektuelle und aufstrebende Politiker Walther Rathenau verbarg, war auch für die Zeitgenossen unschwer auszumachen. Rathenau suchte nach einer radikalen Lösung für die «Judenfrage» und forderte «ein Ereignis ohne geschichtlichen Vorgang». Er verlangte mit aller Gewalt nach einer Normalisierung der Situation für die Juden in Deutschland. Gewiss, sie waren seit 1871 gleichberechtigte Bürger, sie waren wirtschaftlich aufgestiegen und konnten gesellschaftliche Erfolge aufzeigen. Doch «ganz normale Deutsche» waren sie nicht geworden. Von politischen

Ämtern blieben sie ebenso ausgeschlossen wie von militärischen Rängen.

Rathenau machte seine eigenen Stammesgenossen, wie er sie nannte, dafür mitverantwortlich. Für ihn waren die Juden ein Stamm unter den jeweiligen Völkern, unter denen sie lebten und zu denen sie sich zählten. Sie sollten als ein «deutscher Stamm», ähnlich den Bayern, Schwaben und Sachsen, in der deutschen Nation aufgehen.

Rathenaus Aufsatz hat Bekenntnischarakter, so etwa, wenn er eingangs feststellt: «Von vornherein will ich bekennen, daß ich Jude bin.» Wäre einem die Identität des Autors unbekannt, könnte man in der Tat eher annehmen, es handle sich um einen Antisemiten, und so findet sich in einer früheren Version des Aufsatzes auch die später gestrichene Bemerkung: «Bedarf es einer Erklärung, wenn ich zum Antisemitismus neige?»[1] In der Endfassung beibehalten wurde dagegen folgende Passage: «Inmitten deutschen Lebens ein abgesondert fremdartiger Menschenstamm, glänzend und auffällig staffirt, von heißblütig beweglichem Gebahren. Auf märkischem Sand eine asiatische Horde ... so leben sie in einem halb freiwilligen, unsichtbaren Ghetto, kein lebendes Glied des Volkes, sondern ein fremder Organismus in seinem Leibe.» Und der Berliner Jude Rathenau fragt: «Was also muß geschehen?» Seine Vision lautete: «die bewußte Selbsterziehung einer Rasse zur Anpassung nicht im Sinne der ‹mimicry› Darwins ..., sondern eine Anartung in dem Sinne, daß Stammeseigenschaften, gleichviel ob gute oder schlechte, von denen es erwiesen ist, daß sie den Landesgenossen verhaßt sind, abgelegt und durch geeignetere ersetzt werden.»[2]

Rathenaus Vater Emil war einer der wohlhabendsten Vertreter des Berliner Bürgertums. Als Gründer und Generaldirektor der mächtigen Allgemeinen Elektrizitätsgesellschaft (AEG) war er in den Worten Maximilian Hardens der «Bismarck eines Industriereichs». Walther Rathenau wuchs zwar nominell jüdisch auf, doch praktizierte er die jüdische Religion nicht. Zum Christentum zu konvertieren, hielt Rathenau zeitlebens für opportunistisch und scheinheilig. Überdies nütze es ohnehin nicht, um gesellschaftlich weiterzukommen, denn man wisse schließlich, «daß ein getaufter Jude immer noch nicht ein getaufter

Walther Rathenau als Garde-Kürassier in Berlin, 1890/91

Christ ist».[3] Und an anderer Stelle schrieb er: «Denn würde die Hälfte von ganz Israel bekehrt, so könnte nichts anderes entstehen als ein leidenschaftlicher Antisemitismus gegen Getaufte.»[4]

Rathenau erkannte die ihm durch den «Makel der Geburt» entstandenen vorgegebenen Grenzen an. Er bemühte sich vergebens, als Reserveoffizier die ihm zustehende gesellschaftliche Anerkennung zu erhalten. Er mag diesen Augenblick im Sinne gehabt haben, als er bitter feststellte: «In den Jugendjahren eines jeden deutschen Juden gibt es einen schmerzlichen Augenblick, an den er sich zeitlebens erinnert: wenn ihm zum ersten Male voll bewußt wird, daß er als Bürger zweiter Klasse in die Welt getreten ist und keine Tüchtigkeit und kein Verdienst ihn aus dieser Lage befreien kann.»[5]

Eine Rückkehr der Juden in ihre historische Heimat hielt Rathenau zeitlebens für inakzeptabel. Kurz nach Ende des Ersten Weltkriegs schrieb er: «Die überwältigende Mehrheit der deutschen Juden ... hat nur ein einziges Nationalgefühl: das deutsche. Wir wollen, wie unsere Väter, in Deutschland und für Deutschland leben und sterben. Mögen andere ein Reich in Palästina begründen: uns zieht nichts nach Asien.»[6] Er drückte seine Position zwar radikaler aus als die meisten deutschen Juden, aber in ihrer Ablehnung des Zionismus waren sie sich fast alle einig. Egal, ob sie sich als deutsche Staatsbürger jüdischen Glaubens oder als deutsche Staatsbürger jüdischen Stammes betrachteten, ihre Heimat war Europa, in Asien hatten sie nichts verloren.

Wenige Jahre später sollte der junge Wiener Jude Otto Weininger noch einen Schritt weiter gehen und in seinem Werk *Geschlecht und Charakter* die Juden auffordern, alles Jüdische zu überwinden. Die Juden, die er als verweiblicht betrachtete, müssten «gegen sich kämpfen, innerlich das Judentum in sich besiegen wollen»,[7] um Männer zu werden. Weininger, der sich 1903 im Alter von dreiundzwanzig Jahren in Beethovens Sterbezimmer erschoss, kultivierte jene Eigenart, die der Philosoph Theodor Lessing als «jüdischen Selbsthass» charakterisierte.[8]

Rathenau und Weininger waren unterschiedlich extreme Beispiele eines Dranges nach vollständiger Assimilation unter den mitteleuropäischen Juden der Jahrhundertwende. Für den Großteil der deutschen, österreichischen und französischen Juden war die Überzeugung, Staatsbürger jüdischen Glaubens bei gleichzeitiger Zugehörigkeit zu ihrer jeweiligen Nation sein zu können, trotz gesellschaftlicher Barrieren und mancher politischer Erfolge der Antisemiten noch ungebrochen. In Wien allerdings trübten im Frühjahr 1897 dunkle Wolken das Kaiserwetter der österreichischen Juden.

## Frühling in Wien

Zunächst schien es ein heiliger Frühling in der Stadt Wien zu werden. *Ver sacrum*, so nennen die Avantgarde-Künstler der am 3. April 1897 gegründeten Wiener Secession um Gustav Klimt, Koloman Moser und Josef Hofmann ihre Zeitschrift, die mit dem Stil ihrer Väter brechen und ein neues Zeitalter einleiten soll. Ein Zeitalter, dem es beschieden sei, wie der Architekt Otto Wagner es ausdrückte, «dem modernen Menschen sein wahres Gesicht zu zeigen».[9] Sie waren kurz vorher aus der etablierten Künstlerhausgenossenschaft ausgetreten und hatten ihre eigene «Vereinigung bildender Künstler Österreichs» gegründet. Eine neue Heimat fanden auch die Literaten des Jungen Wien, deren Treffpunkt, das traditionsreiche Café Griensteidl, im Januar 1897 abgerissen worden war und dem ein unbekannter junger Kritiker unter dem Titel *Die demolirte Literatur* einen polemischen Nachruf in der *Wiener Rundschau* widmete. «Wien wird jetzt zur Großstadt demolirt», schrieb er und fragte: «Wohin steuert nun unsere junge Literatur? Und welches ist ihr künftiges Griensteidl?»[10] Nun, der neue Treffpunkt war das Café Central, und der aufsteigende Stern am literarischen Himmel über Wien hieß Karl Kraus, der zweiundzwanzigjährige Autor dieser Polemik.

Frühling wird es nur einen Tag später auch in der Musikmetropole an der Donau. Gustav Mahler, gefeierter Kapellmeister in Hamburg, kehrt nach Wien zurück, wo er seine Studienjahre verbracht hatte. Am 4. April, einen Tag nach Gründung der Secession (und nach dem Todestag Johannes Brahms'), unterschreibt er seinen Vorvertrag als Hofoperndirigent und Erster Kapellmeister in Wien. Am 15. April wird der Vertrag besiegelt. Kurz vorher freilich musste er noch einen kleinen Geburtsfehler berichtigen und zum Katholizismus übertreten. Als Jude, so wusste er nur allzu gut, wäre ihm eine solche Stelle verschlossen geblieben: «Mein Judentum verwehrt mir, wie die Sachen jetzt stehen, den Eintritt in jedes Hoftheater.»[11] Dass der Taufzettel am Ende des Jahrhunderts aber nicht mehr das «Entréebillet zur europäischen Kultur» war, wie Heinrich Heine einmal diesen Schritt bezeichnet hatte, zeigen die Reaktionen der konservativen Presse wie

etwa der *Reichspost*, die am 14. April Mahler als «unverfälschten –
Juden» bezeichnete und in antisemitischer Diktion kommentierte:
«Die Judenpresse mag zusehen, ob die Lobhudeleien, mit denen sie
jetzt ihren Götzen überkleistert, nicht vom Regen der Wirklichkeit
weggeschwemmt werden, sobald der Herr Mahler am Dirigentenpult
mauschelt.»[12] Der junge Korrespondent der *Breslauer Zeitung* dagegen feierte Mahlers Einstand überschwänglich: «Mit Siegfriedsallüren
ist in das Opernhaus dieser Tage ein neuer Dirigent eingezogen, dem
man es vom Gesicht ablesen kann, daß er mit der alten Mißwirtschaft
energisch aufräumen wird. Herr Mahler dirigierte zum ersten Mal
Lohengrin und hatte einen von allen Blättern einstimmig anerkannten
Erfolg.»[13] Wir kennen den jungen Autor bereits. Er heißt Karl Kraus
und wird zwei Jahre später seine Zeitschrift *Die Fackel* aus der Taufe
heben (und im selben Jahr aus der jüdischen Glaubensgemeinschaft
austreten).

Frühlingshafte Gefühle überkommen die tschechischen Bürger in
der Habsburgermonarchie, als Ministerpräsident Graf Badeni am
5. April die Sprachenverordnung erlässt, die in Böhmen und Mähren
eine doppelsprachige Amtsführung festlegt. Insbesondere in den vorwiegend deutschsprachigen Bezirken geraten die deutschen Beamten,
die in Zukunft eine tschechische Sprachprüfung abzulegen haben, in
Rage, die sich bald auf das Parlament und die Straße erstreckt, sich
mitunter auch gezielt gegen die zumeist deutschsprachige jüdische
Bevölkerung richtet und Badeni ein halbes Jahr später seine Position
kosten wird.

Auch im Wiener Rathaus bricht im April 1897 der Frühling an.
Zumindest für die Populisten um Karl Lueger. Lueger war seit 1895
bereits drei Mal vom Gemeinderat zum Bürgermeister gewählt worden. Aber erst nach der vierten Wahl am Karfreitag, dem 16. April,
gibt Kaiser Franz Joseph seinen Widerstand auf und bestätigt die
Wahl des Populisten. Bei den Juden ist er nicht beliebt, doch diese
machen ja nur etwa 8 Prozent der Bevölkerung aus. Mit gemischten
Gefühlen begehen sie an diesem Abend das Pessachfest. Ihnen ist nicht
danach, den Auszug aus der Knechtschaft in die Befreiung nachzu-
empfinden. Unter den restlichen 92 Prozent aber lässt sich mit Anti-

Der Wiener Bürgermeister Karl Lueger mit Amtskette, vor 1900

semitismus Stimmenfang betreiben. Lueger bedient sich im Wahlkampf und in seiner Amtszeit gezielt antijüdischer Rhetorik. Seiner
Popularität tut dies keinen Abbruch. Bis zu seinem Tod 1910 wird er
als Bürgermeister immer wieder gewählt. Der Volksmund nennt ihn
den «Herrgott von Wien».[14]

Manchen Juden sollte Luegers Wahl die Augen öffnen. Der Feuilletonredakteur der *Neuen Freien Presse* ist einer von ihnen. Er hält folgende zufällige Begegnung mit Lueger fest: «Begeisterte Hochrufe, aus
den Fenstern schwenkten Frauen weisse Tücher. Die Polizei hielt die
Leute zurück. Neben mir sagte Einer mit zärtlicher Wärme aber in stil-

lem Ton: ‹Das ist unser Führer!› Mehr eigentlich als alle Declamatio-
nen und Schimpfereien hat mir dieses Wort gezeigt wie tief der Antisemitismus in den Herzen dieser Bevölkerung wurzelt.»[15] Einer, der
später einmal zum Führer werden wird, aber während Luegers Amtszeit als armer Künstler von Linz nach Wien zieht, schreibt später in
seinem Buch *Mein Kampf:* «Heute sehe ich in dem Manne mehr noch
als früher den gewaltigsten deutschen Bürgermeister aller Zeiten.» Im
Zusammenhang mit seiner Bewunderung für Lueger spricht Hitler
davon, dass sich in jener Zeit seine Ansichten in Bezug auf den Antisemitismus änderten, was «wohl meine schwerste Wandlung überhaupt» war.[16]

Der Wiener Frühling 1897: Im Rathaus regiert Karl Lueger, in der
Oper dirigiert Gustav Mahler, in der Secession stellt Gustav Klimt
aus, in der Bergstraße beginnt Sigmund Freud mit seiner Selbstana-
lyse, am Prater wird das Riesenrad eingeweiht, und in der *Neuen
Freien Presse*, Wiens wichtigster Zeitung, plant der Feuilletonredakteur einen Kongress. Der Redakteur ist kein Unbekannter in der Stadt.
Stefan Zweig beschreibt ihn in seiner Rückschau auf die Welt von gestern als eine der tonangebenden Personen in der Kultur des Wiener
Fin de Siècle. Voller Respekt erinnert sich Zweig, wie er die *Neue
Freie Presse* als junger Mann im Jahre 1901 erstmals betrat: «... dieser
Tempel des ‹Fortschritts› barg nun noch ein besonderes ‹Heiligtum›,
das sogenannte ‹Feuilleton›, das wie die sogenannten Pariser Tageszei-
tungen ... die gediegensten und vollendetsten Aufsätze über Dichtung,
Theater, Musik und Kunst ... publizierte ... Wer auf der ersten Seite
schrieb, hatte seinen Namen für Wien in Marmor gegraben.» Jüngere
Autoren erhielten, so Zweig, so gut wie nie die Gelegenheit, hier zu
veröffentlichen. Doch der junge, noch völlig unbekannte Zweig ließ
sich davon nicht abhalten und machte sich auf, persönlich vorstellig
zu werden. «Der Redakteur des Feuilletons empfing dort bloß an
einem Tag der Woche zwischen zwei und drei Uhr, da durch den regelmäßigen Turnus der berühmten, festangestellten Mitarbeiter nur ganz
selten Raum für die Arbeit eines Außenseiters war. Nicht ohne Herz-
klopfen stieg ich die kleine Wendeltreppe zu dem Büro empor und ließ
mich anmelden. Nach einigen Minuten kam der Diener zurück, der

Herr Feuilletonredakteur lasse bitten und ich trat in das enge, schmale Zimmer. Der ‹Feuilletonredakteur› der ‹Neuen Freien Presse› hieß Theodor Herzl, und es war der erste Mann welthistorischen Formats, dem ich in meinem Leben gegenüberstand.»[17] Herzl war als Dramatiker, dessen Stücke auch im Wiener Burgtheater aufgeführt wurden, vor allem aber als Feuilletonist, der Zweig zufolge zum «Liebling des Wiener Publikums» wurde, weit über seine Wirkungsstätte hinaus bekannt. Als Sigmund Freud ihm seine *Traumdeutung* in der Hoffnung auf eine Rezension zusandte, reagierte Herzl nicht. Er wusste nicht, wer Freud war, aber Freud wusste sehr wohl, wer Herzl war. Die beiden so unterschiedlichen Propheten wohnten einen Steinwurf voneinander entfernt: Freud in der Berggasse 19, Herzl in der Berggasse 6. Begegnet sind sie sich aber nur in Freuds Träumen.

Freud war ein aufmerksamer Leser Herzls, doch wie die meisten Wiener Juden lehnte er ab, was Herzl 1896 in seiner Broschüre *Der Judenstaat* schrieb. Sie brachte ihm unter den Wiener Juden vor allem Unglauben und Hohn ein. Die beiden jüdischen Herausgeber der *Neuen Freien Presse* weigerten sich beharrlich, auch nur mit einer Zeile in ihrer Zeitung auf die Pläne ihres Feuilletonredakteurs vom Judenstaat einzugehen, und der Kritiker Karl Kraus lachte Herzl öffentlich als «König von Zion» aus. Erst viele Jahre später sollte Freud eingestehen: «Meine Sprache ist deutsch, meine Kultur, meine Bildung sind deutsch. Ich betrachtete mich geistig als einen Deutschen, bis mir das Anwachsen des Antisemitismus in Deutschland und Deutsch-Österreich auffiel. Seit jener Zeit ziehe ich es vor, mich einen Juden zu nennen.»[18] Als tatsächlich königlich beschreibt Stefan Zweig Herzls Erscheinung: «Theodor Herzl erhob sich, um mich zu begrüßen, und unwillkürlich empfand ich, daß das höhnisch gemeinte Witzwort ‹der König von Zion› etwas Wahres traf: er sah wirklich königlich aus mit seiner hohen, freien Stirne, seinen klaren Zügen, seinem langen, fast bläulich-schwarzen Priesterbart und seinen tiefblauen, melancholischen Augen.» Nachdem Herzl im Rahmen einer kurzen Unterhaltung dem jungen Besucher mitgeteilt hatte, dass seine Erzählung angenommen sei, fühlte Zweig sich überwältigt: «Es war, als ob Napoleon auf dem Schlachtfelde einem jungen Sergeanten das Ritterkreuz der Ehrenlegion anheftete.»[19]

Dies also war der Mann, der im Jahre 1896 den in Europa verwurzelten Juden versucht hatte, alle Illusionen zu nehmen. Im *Judenstaat* schrieb er: «Wir haben überall ehrlich versucht, in der uns umgebenden Volksgemeinschaft unterzugehen und nur den Glauben unserer Väter zu bewahren. Man lässt es nicht zu. Vergebens sind wir treue und an manchen Orten sogar überschwängliche Patrioten, vergebens bringen wir dieselben Opfer an Gut und Blut wie unsere Mitbürger, vergebens bemühen wir uns den Ruhm unserer Vaterländer in Künsten und Wissenschaften, ihren Reichthum durch Handel und Verkehr zu erhöhen. In unseren Vaterländern, in denen wir ja auch schon seit Jahrhunderten wohnen, werden wir als Fremdlinge ausgeschrieen ... Wenn man uns in Ruhe liesse ... Aber ich glaube, man wird uns nicht in Ruhe lassen.»[20]

Eine ähnliches Bild vom Wien der Jahrhundertwende, wenngleich verbunden mit einem optimistischeren Blick in die Zukunft, vermittelte der Dramatiker Arthur Schnitzler: «Zu der Zeit, in der man diese Blätter möglicherweise lesen wird, wird man sich, so hoffe ich wenigstens, kaum mehr einen rechten Begriff zu bilden vermögen, was für eine Bedeutung, seelisch fast noch mehr als politisch und sozial, zur Zeit, da ich diese Zeilen schreibe, der sogenannten Judenfrage zukam. Es war nicht möglich, insbesondere für einen Juden, der in der Öffentlichkeit stand, davon abzusehen, daß er Jude war, da die andern es nicht taten, die Christen nicht und die Juden noch weniger. Man hatte die Wahl, für unempfindlich, zudringlich, frech oder für empfindlich zu gelten.»[21]

Die Erkenntnis, nicht in Ruhe gelassen zu werden, reifte in Herzl erst langsam heran. Seine Kindheit und Jugendzeit in Budapest waren von gelegentlichen antisemitischen Erfahrungen begleitet, doch als der Achtzehnjährige 1878 mit seinen Eltern nach Wien kam, glaubte er noch fest an das Aufgehen in der deutschen Kultur. Er wollte nicht der Außenseiter, der Andere sein, er wollte normal sein, dazugehören. Am liebsten so sehr dazugehören, dass ihn nichts aus der Mitte der

Gesellschaft reißen kann. Noch am 5. Juli 1895, als er bereits an seinem *Judenstaat* schrieb, vertraute er seinem Tagebuch an: «Uebrigens wenn ich etwas sein möchte, wär's ein preussischer Altadeliger.»[22] Dagegen waren die Bande an seine jüdische Herkunft weniger stark ausgeprägt. Er praktizierte die jüdische Religion nicht und ließ seinen Sohn Hans bei seiner Geburt nicht beschneiden. Doch wurde er von außen ständig an sein Judesein erinnert. Kurz nachdem er Mitglied bei der Burschenschaft «Albia» geworden war, nahm diese keine jüdischen Mitglieder mehr auf. Herzl begann über radikale Schritte zur «Lösung der Judenfrage» nachzudenken. Man könnte, so führte er in seinem Tagebuch detailliert aus, alle Wiener Juden der jüngeren Generation geschlossen in den Stephansdom führen, um sie katholisch taufen zu lassen. Doch bald musste er merken, dass der neue Antisemitismus vor den getauften Juden nicht mehr Halt machte. Es war ein rassischer, kein religiöser Judenhass. In dem Drama *Das neue Ghetto* zeigt Herzl, dass die Juden sich selbst aus dem neuen Ghetto befreien müssen, das sie sich geschaffen haben.

Wie Walther Rathenau wollte auch Herzl den Weg der Normalisierung gehen – nur führte er ihn in die entgegengesetzte Richtung. So schrieb er über Rathenaus radikale Assimilationsversuche: «Wenn er den Juden räth, sich einen anderen Knochenbau anzugewöhnen, so begleite ich ihn heiter in diese Zuchtwahlfernen. Ich spöttle darüber nicht, wie es jeder Durchschnittsjude thun wird, sondern will ihm beipflichten. Nur meine ich, dass die Juden den Phosphor für die neuen Knochen aus einem einzigen Boden ziehen können, nämlich aus ihrem eigenen.»[23]

Zu dieser Erkenntnis sollte Herzl vor allem durch seine Anwesenheit in Paris als Korrespondent seiner Zeitung gelangen, als der französische Offizier Alfred Dreyfus wegen Hochverrats angeklagt und verurteilt wurde. Nicht so sehr die Tatsache, dass Dreyfus öffentlich erniedrigt und auf die Teufelsinsel vor der Küste Französisch-Guyanas verbannt wurde, gab ihm zu denken. Vielmehr war es die Tatsache, dass als Zielscheibe für die Öffentlichkeit nicht der Offizier Alfred Dreyfus, sondern *die* Juden herhalten mussten. Antijüdische Parolen waren eine ständige Begleiterscheinung des Prozesses gegen den – wie sich später herausstellte – zu Unrecht verurteilten Dreyfus. Wenn selbst im Mutterland der Judenemanzipation die Rechte der Juden so leicht mit Füßen getreten werden konnten, dann gab es – so Herzl – keine Hoffnung mehr, in Ruhe gelassen zu werden.

In Paris nicht, und sicherlich nicht in Wien, wohin Herzl 1895 zurückkehrte. Wie ein Besessener widmet er sich der «Lösung der Judenfrage». Er ist überzeugt davon, dass er berufen ist, die Juden, genauer gesagt: das jüdische Volk, zu retten. Am 16. Juni 1895 notiert er in sein Tagebuch: «Ich glaube für mich hat das Leben aufgehört und die Weltgeschichte begonnen.»[24] Er war gerade dabei aufzuzeigen, wohin der Weg ging. Sein Buch *Der Judenstaat* sollte den Weg weisen.

Wenn einem Juden Normalität in Wien oder Paris verwehrt wird, dann muss er sie sich eben anderswo verschaffen. In Palästina oder in Argentinien, jedenfalls in einer neuen jüdischen Gesellschaft. Wenn den Juden die Zugehörigkeit zum deutschen oder französischen Volk verweigert wird, dann müssen sie sich eben auf die Zugehörigkeit zum jüdischen Volk besinnen. Und wie jedes normale Volk, so sollen auch die Juden ihren eigenen Staat bekommen.

«Wir sind ein Volk. Ein Volk»,[25] schreibt Herzl und provoziert damit die österreichischen, deutschen und französischen Juden, die sich als österreichische, deutsche und französische Staatsbürger jüdischen Glaubens betrachteten. Sie fühlten sich allein dem deutschen oder französischen Volk verbunden. Ihr Judentum bestand nur in der Religion, so behaupteten sie, selbst wenn von der Anhänglichkeit an die Religion nicht mehr viel übrig geblieben war. Auch Stefan Zweig kann sich an die allgemeine Verärgerung der bürgerlich-jüdischen Wiener Kreise über die Broschüre, die noch während seiner Gymnasialzeit erschien, erinnern: «Was ist, sagten sie unwirsch, in diesen sonst so gescheiten, witzigen und kultivierten Schriftsteller gefahren? Was treibt und schreibt er für Narrheiten? Warum sollen wir nach Palästina? Unsere Sprache ist deutsch und nicht hebräisch, unsere Heimat das schöne Österreich.»[26]

Karl Kraus ist einer von ihnen. Er reagiert sarkastisch und wirft ein, die Juden seien ja schließlich nicht «zur Hebung des Fremdenverkehrs» viele Jahrhunderte lang in Europa heimisch gewesen.[27] Nichts

Theodor Herzl im österreichischen Altaussee, August 1900

treibe sie nach Palästina. Als Herzl dem Wiener Oberrabbiner Moritz Güdemann seine Judenstaatspläne schmackhaft machen will, beißt er auch bei diesem auf Granit. Zwar zeigt er sich anfangs offen für Herzls Ideen, doch will er von politischen Plänen nichts wissen. Und als er am Heiligabend des Jahres 1895 überraschend bei Herzl erscheint, muss er angewidert zusehen, wie dieser gerade die Kerzen seines Weihnachtsbaums anzündet. Am erstaunlichsten aus heutiger Perspektive ist dabei, dass der spätere Zionistenführer sich nicht einmal bewusst ist, wie nahe er dem Rabbiner damit tritt. In seinem Tagebuch schreibt er: «Eben zündete ich meinen Kindern den Weihnachtsbaum an, als Güdemann kam. Er schien durch den ‹christlichen› Brauch verstimmt. Na, drücken lasse ich mich nicht! Aber meinetwegen soll's der Chanukabaum heißen — oder die Sonnenwende des Winters?»[28]

Herzl weiß, dass man ihn nicht ernst nimmt. Am 23. Februar 1896 notiert er: «In Wien macht man über mich Witze. Julius Bauer sagt: ‹Ich bin einverstanden, dass wir nach Palästina gehen, aber ich will die Republik mit dem Grossherzl an der Spitze.›»[29] Nicht nur in Wien stoßen seine Pläne auf Ablehnung unter den Juden. Als er den möglichen Finanziers seines Projekts, den Baronen Hirsch und Rothschild in Paris seine Pläne schildern will, zeigen sie ihm die kalte Schulter. Auch die orthodoxen Juden sind seinen Plänen gegenüber negativ eingestellt: Erst der Messias kann ihnen zufolge die Juden wieder in den Judenstaat führen. Und selbst wenn Herzls äußere Erscheinung für manchen etwas Messianisches an sich hatte, so warteten sie gewiss nicht auf einen säkularen Juden, der die Juden in ihre Heimat zurückführen würde.

Herzl lässt sich durch keinen dieser Widerstände von seinem Vorhaben abhalten. Nachdem sein *Judenstaat* in der Welt ist, macht er sich daran, die jüdischen Massen für seinen Plan zu begeistern und eine Organisation aus der Taufe zu heben. Er plant in großen Zügen. Seinem Freund Arthur Schnitzler verspricht er schon die Stelle des Theaterintendanten im neuen Judenstaat.[30] Und als Baron Maurice de Hirsch, der große Wohltäter für jüdische Belange, im April 1896 plötzlich stirbt, erklärt Herzl selbstbewusst: «Die Juden haben Hirsch verloren, aber sie haben mich.»[31] Im Juni wird er in Sofia als Messias empfangen, im Juli in London mit Columbus und Moses verglichen.

## Sommer in Basel

Herzl beließ es nicht bei einem schriftlichen Plan. Sobald der *Juden-staat* erschienen war, ging er daran, einen Zionistischen Kongress zu organisieren. In München sollte er stattfinden. Doch der Allgemeine Rabbiner-Verband in Deutschland protestierte ebenso lautstark dagegen wie die Münchner Israelitische Kultusgemeinde. Der Öffentlichkeit bekannt wurde der sich anbahnende Konflikt über den vorgesehenen Kongress in einer kurzen Notiz der *Münchner Neuesten Nachrichten* vom 5. Juni 1897. Hier wurde von den Plänen eines Zionistenkongresses in München berichtet, nicht ohne festzustellen: «Die deutschen Juden, sowie der bei weitem größte Theil der Judenschaft überhaupt weisen solche Bestrebungen weit von sich und halten sie für Phantasien, die, durch krankhafte Zustände erzeugt, ebenso schnell verschwinden werden, wie sie gekommen sind ... Der Jude fühlt sich eins mit seinem Vaterlande und geht in der Nationalität des Volkes auf, in dessen Mitte er lebt. Ob ein Kongreß der nationalen Zionisten, wie er in den Zeitungen gemeldet wird, thatsächlich hier stattfinden wird, ist in maßgebenden Kreisen noch nicht bekannt. Weder dem Münchener Rabbinat noch der hiesigen israelitischen Kultusverwaltung ist eine authentische Nachricht darüber zugegangen und beide sind mit der gesammten israelitischen Bevölkerung Münchens darin einig, daß die nationalzionistischen Bestrebungen dem Geiste des Judenthums widersprechen und mit aller Entschiedenheit zurückgewiesen werden müssen, und sie würden es lebhaft bedauern, wenn ein solcher Kongreß mit solchen Tendenzen hier stattfände.»[32] Die ersehnte Normalität, ihr Aufgehen in der deutschen Nation, war für die deutschen Juden durch Herzls Ruf nach dem Bekenntnis zur Zugehörigkeit zu einem jüdischen Volk und die Gründung eines eigenen Staates gefährdet.

Herzl gab zwar den Standort auf, nicht jedoch den Plan. «In der Schweiz» dagegen, schrieb er, «werden wir ruhig und geehrt tagen können.»[33] In der Tat wurde Basel zum neuen Tagungsort auserkoren. An Widerstand auch außerhalb der deutschen Rabbinerriege mangelte es nicht. Der britische Oberrabbiner Hermann Adler sprach von

einem «ungeheuerlichen Fehler», und der Wiener Oberrabbiner Güdemann, der Herzl beim Anzünden des Weihnachtsbaums ertappte,
reagierte 1897 mit einer antizionistischen Schrift, *Die Grundlagen des
Nationaljudentums*, in der er darlegte, dass das Judentum nur noch
Religion sei und ihm die Idee jüdischer Nationalität fern liege. Er forderte die Juden auf, weiterhin für die vollständige Emanzipation und
gesellschaftliche Integration zu kämpfen, und lehnte Herzls Weg als
frühzeitige Kapitulation ab. Herzl gegenüber betonte er, es sei die
Mission des Judentums, in aller Welt verstreut zu leben, worauf dieser
hinzufügte: «Von dieser ‹Mission› sprechen Alle [Juden], denen es am
jetzigen Wohnorte gut geht – aber auch nur die.»[34]

Trotz des heftigen Gegenwinds fand Herzl bei der Planung des ersten Zionistenkongresses auch in Wien eine kleine Schar von Mitstreitern. Unter seinen Wiener Freunden, die ihm beistanden, war Oskar
Marmorek, der als Architekt das «Venedig in Wien» auf der Kaiser-
wiese baute, das im Sommer 1897 um die Attraktion des Riesenrads
bereichert werden sollte. Herzl betrachtete den aus Galizien stammenden Marmorek aber vor allem als den «ersten Baumeister der jüdischen Renaissance».[35] Luegers Wahl zum Bürgermeister war ein entscheidender Anstoß für Oskar Marmorek und seinen Bruder, den Arzt
Alexander Marmorek, an der Zukunft jüdischen Lebens in Wien zu
zweifeln. Wenn Hitler später schrieb, dass durch Lueger seine wohl
«schwerste Wandlung überhaupt» ausgelöst wurde, so traf dies – in
ganz anderem Sinne freilich – auch für einige Wiener Juden zu. Sie
begannen ernsthaft an ihrer Integration zu zweifeln.

Kurz nachdem Lueger erstmals vom Gemeinderat gewählt worden
war, waren die Brüder Marmorek bei Herzl zum Mittagessen eingela-
den. Sie unterhielten sich über den Antisemitismus. Oskar Marmorek
klagte: «Es wird immer ärger», doch er fühlte sich durch die Weige-
rung des Kaisers, Luegers Wahl zu bestätigen, zunächst beruhigt.
Herzl belehrte ihn: «Was soll dann kommen? Entweder man lässt die
Verfassung wieder normal laufen – dann kommen die volksthümlichen
Antisemiten lärmend wieder. Und verstärkt! – oder man hebt die Verfassung ganz auf. Das geschieht dann mit einem heimlichen Liebes-
blick an die Antisemiten …» Oskars Bruder Alexander verstand so-

fort: «Es wird nichts übrigbleiben, als dass wir einen eigenen Staat angewiesen bekommen!» Herzl freute sich über so viel Einsicht und kommentierte in seinem Tagebuch: «Das ist der gescheite Bursche ... Solche Stützen brauche ich jetzt.» [36]

Eine weitere Stütze war der in diesen Jahren äußerst populäre Schriftsteller Max Nordau. Nordau war – wie Herzl – in Budapest geboren. Als Sohn des Rabbiners Gabriel Südfeld wuchs er jüdisch-traditionell auf, ohne diese Traditionen zu verinnerlichen. Er wollte nicht mit den südländischen Wurzeln des Judentums in Verbindung gebracht werden, sondern sah sich im nordischen Europa verankert.

Programmatisch änderte er seinen Namen von Süd-feld in Nord-au. 1880 ließ er sich als Arzt in Paris nieder und begann, kulturkritische Schriften zu verfassen. Seine *Conventionellen Lügen der Kultur-menschheit* (1883) wurden in fünfzehn Sprachen übersetzt und lösten eine europaweit ausgetragene Kontroverse aus. Sein 1892 erschiene-nes Buch *Entartung* setzte nicht nur einen später vielfach missbrauch-ten Begriff in die Welt, sondern war die Grundlage heftiger Auseinander-setzungen über den Charakter der Moderne und die Gefahren des heranbrechenden neuen Jahrhunderts. Und mit dem Trauerspiel *Doctor Cohn* über die Assimilation des jüdischen Bürgertums schrieb er ein Pendant zu Herzls Theaterstück *Das neue Ghetto*.

Nordau war Herzls Mann. In ihm hatte er seinen prominenten Mit-streiter gefunden. Die beiden kannten sich schon vor dem Erscheinen von Herzls *Judenstaat*, und als dieser erschien, verstand Nordau so-fort, was Herzl bewegte. «Erst das Anwachsen des Antisemitismus weckte in mir das Bewußtsein meiner Pflichten gegenüber meinem Volke und die Initiative fiel meinem teuren Freunde Herzl zu, zu dem ich in Paris in sehr nahe Beziehungen trat. Er wies mir den Weg zur Erfüllung meiner Pflichten gegenüber meinem Volke», schrieb Nordau in einer Rückschau auf sein Leben an seinem sechzigsten Geburts-tag. [37]

Als der Zionistenkongress vom 29. bis 31. August 1897 in Basel zu-sammentraf, maß Herzl Nordaus Präsenz besondere Bedeutung zu. Hier stand ein in ganz Europa respektierter Schriftsteller vor den etwa zweihundert Delegierten, die zumeist aus dem Zarenreich kamen und

Jiddisch sprachen. Auch wenn viele von ihnen Anwälte, Ärzte und Intellektuelle waren, blieben sie für Herzl doch Ostjuden. Mit Nordau dagegen ließ sich Staat machen. Umso enttäuschter war Herzl, als Nordau zur Eröffnung in einem hellen Anzug erschien: «Einer meiner ersten Ausführungsgedanken schon vor Monaten war es, dass man im Frack u. weisser Halsbinde zur Eröffnungssitzung kommen müsse. Das bewährte sich ausgezeichnet. Die Feiertagskleider machen die meisten Menschen steif. Aus dieser Steifheit entstand sofort ein gemessener Ton – den sie in hellen Sommer- u. Reisekleidern vielleicht nicht gehabt hätten – u. ich ermangelte nicht, diesen Ton noch ins Feierliche zu steigern. Nordau war am ersten Tag in der Redingote erschienen u. wollte durchaus nicht heimgehen u. den Frack nehmen. Ich zog ihn bei Seite, bat ihn, es mir zu Liebe zu thun... Nach einer Viertelstunde kam er im Frack wieder.»[38]

Herzl wusste genau, worum es bei solchen Kleinigkeiten ging: Die in Paris, Wien und München verlachte Bewegung musste Respekt erheischen. So änderte er in letzter Minute das ursprünglich vorgesehene Tagungslokal, das sich als verrauchter Bierkeller herausstellte, und mietete stattdessen das Stadtkasino. Ein würdiger Ort war – ebenso wie feste Kleidervorschriften – die Voraussetzung dafür, der Welt zu beweisen, dass es sich um eine ernstzunehmende Bewegung handelte.

Der Kongress verabschiedete das sogenannte Baseler Programm, dessen Kernpunkt lautet: «Der Zionismus erstrebt die Schaffung einer öffentlich-rechtlich gesicherten Heimstätte in Palästina für diejenigen Juden, die sich nicht anderswo assimilieren können oder wollen.» Die politische Umsetzung von Herzls Schrift *Der Judenstaat* war also von Anfang an recht vage. Herzl nahm sowohl Rücksicht auf die Interessen des osmanischen Sultans, der einem unabhängigen jüdischen Staat niemals zugestimmt hätte, wie auch auf die assimilierungswilligen Juden, denen er nicht vorschreiben wollte, ihre Heimat zu verlassen. Ob das endgültige Ziel ein unabhängiger Staat oder eine autonome jüdische Region innerhalb des Osmanischen Reichs sein sollte, ließen die Kongressteilnehmer bewusst offen. Diese Formulierung erlaubte zumindest die Interpretation, dass das Ziel des Zionismus die Erlan-

Theodor Herzl bei seiner Eröffnungsrede
zum sechsten Zionistenkongress in Basel, 1903

gung einer rechtlichen Grundlage war, die es erlaubte, große Flächen des Landes zu erwerben und weitgehende Autonomierechte zu erhalten.[39] Auf jeden Fall diente sie später als Grundlage für die Zusage der britischen Regierung für eine «nationale Heimstätte für das jüdische Volk», wie sie 1917 durch Außenminister Arthur Balfour verbrieft wurde.

Herzls Kongress war eine Antwort auf seine Gegner. Zwar hörten nicht alle auf zu spotten, aber es gab nun gewichtige Gegenstimmen, insbesondere aus Osteuropa, wo die Juden von Gewalt und Wirtschaftsnöten geplagt waren. Im ersten Jahrzehnt nach Beginn der Pogrome 1881 verließen durchschnittlich über 20 000 Juden pro Jahr das Land in Richtung Amerika. Der Kongress hinterließ ein starkes Echo unter den osteuropäischen Juden. Scholem Rabinovich, besser bekannt als Scholem Aleichem, der auf dem Weg war, der populärste jiddische Autor zu werden, verfasste gleich nach dem Baseler Kon-

gress eine jiddische Broschüre, in der er die Ziele des Zionismus präsentierte. Und andernorts mokierte er sich über jene, die die neue
Bewegung verlachten: «Einige werden sagen: ‹So, Ihr habt also einen
Kongress! Psha! Keine Prise Schnupftabak wert! Viel Gerede, Reden
und wiederum Reden! Darin wird sich alles erschöpfen!› Andere werden die ganze Angelegenheit verspotten. ‹Was meinst Du dazu? Zu
diesen Zionisten, die den Messias herbeiholen wollen!› Und andere
werden sich furchtbar aufregen, als ob etwas ihre gutgehenden Geschäfte stören würde. ‹Atheisten! Ungläubige! Wollen die Erlösung
aufhalten!›» Scholem Aleichem stimmte mit den fiktiven Kritikern
keineswegs überein. 1898 veröffentlichte er ein Flugblatt unter dem
Titel «Warum die Juden ein eigenes Land brauchen», das er in seiner
eigenen sarkastischen Weise beantwortete: «Was für eine Frage! ...
Das ist so, als ob sie Dich fragen, wozu brauchst Du ein Zuhause?
Selbstverständlich soll jeder ein Zuhause haben. Was denn sonst? Auf
der Straße bleiben?»[40]

Herzl hat den Zionismus nicht erfunden. Seit Jahrhunderten hatten
die in aller Welt verstreuten Juden dafür gebetet, in die Heimat, aus
der ihre Vorfahren vertrieben wurden, zurückzukehren. Schon die
biblischen Propheten haben voller Sehnsucht «von den Wassern von
Babylon» zum Berg Zion in Jerusalem geblickt. Im Mittelalter haben
spanische Juden die Rückkehr poetisch in Worte gefasst, und zu Beginn des achtzehnten Jahrhunderts machte sich eine Gruppe mystisch
gesinnter Juden aus Polen auf den Weg ins Heilige Land. Einzelne hatten immer wieder den Versuch gemacht, dahin aufzubrechen und zumindest in heiliger Erde bestattet zu werden. Erst im neunzehnten
Jahrhundert haben einige Rabbiner, wie Zvi Hirsch Kalischer und
Jehuda Alkalai, die geordnete Rückkehr auch religiös legitimiert. Sie
blieben allerdings ebenso Außenseiter wie die säkularen Vorreiter des
Zionismus. Der Weggefährte von Karl Marx, der Sozialist Moses
Heß, war von dem italienischen Risorgimento so sehr inspiriert, dass
er 1862 eine Broschüre mit dem Titel *Rom und Jerusalem* verfasste.
Was die Italiener schafften, das konnte auch den Juden gelingen: wie-
der einen eigenen Staat in der alten Heimat zu errichten! Herzl war
mit Heß' Schrift ebenso wenig vertraut wie mit dem 1882 im Gefolge

der russischen Pogrome erschienenen Text des jüdischen Arztes aus Odessa, Leon Pinsker, der den Titel *Autoemancipation* trug. Auch über die durch Pinsker mitinitiierte Auswanderungsbewegung der «Zionsliebenden» *(Chovevei Zion)* aus dem Zarenreich nach Palästina war er wenig informiert. Sein Zionismus war aus dem Wien und Paris des Fin de Siècle geboren.

Keinem dieser Vorläufer des politischen Zionismus war es gelungen, eine schlagfertige Bewegung aufzubauen. Dieses Privileg blieb Herzl vorbehalten, wie es der spätere Widersacher Herzls, der russische Zionist Menachem Ussischkin, in einem Brief an einen frühen Widersacher Herzls, Achad Ha'am, vor dem ersten Zionistenkongress formulierte: Herzl und seine Freunde «hoffen, aber sie haben auch einen konkreten Plan; wir hoffen, aber wir wissen nicht, was wir tun sollen».[41] Der Zionistische Kongress wurde für Herzl und seine Mitstreiter ein voller Erfolg. «Fasse ich den Baseler Congress in ein Wort zusammen – das ich mich hüten werde öffentlich auszusprechen – so ist es dieses: in Basel habe ich den Judenstaat gegründet. Wenn ich das heute laut sagte, würde mir ein universelles Gelächter antworten. Vielleicht in fünf Jahren, jedenfalls in fünfzig wird es Jeder einsehen.» Herzl hat sich um ein knappes Jahr vertan. Im Mai 1948 rief David Ben Gurion in Tel Aviv den Staat Israel aus. Über ihm hing ein überlebensgroßes Porträt Theodor Herzls.

## Herbst in Wilna

Der Zionismus war nicht die einzige jüdische Massenbewegung, die 1897 gegründet wurde, um die als anomal geltende Situation der Juden zu normalisieren und um eine Lösung dafür zu finden, was allgemein als die «Judenfrage» bezeichnet wurde. Nur wenige Wochen nach dem Baseler Kongress kamen am 25. September (nach gregorianischem Kalender am 7. Oktober) 1897 in Wilna (Vilnius) osteuropäische jüdische Sozialisten zusammen, um eine Organisation namens *Algemeyner Yidisher Arbeter Bund in Poyln un Rusland* zu begründen.[42] Für sie war die «Judenfrage» vor allem eine soziale und wirtschaftliche, weniger eine politische Angelegenheit. Ihr konkretes

Ziel war es, alle jüdischen Proletarier zu vereinigen, die sich bereits seit den späten achtziger Jahren in lokalen Gruppen organisiert hatten. Ursprünglich war der Bund, wie er zumeist im Volksmund hieß, nur daran interessiert, bessere Bedingungen für die jiddischsprachigen Arbeiter zu schaffen. Die Tatsache, dass die Gründungskonferenz des Bund am jüdischen Neujahrsfest stattfand – einem Tag, den religiöse Juden in der Synagoge verbringen –, unterstrich die antireligiöse Ausrichtung seiner Gründer. An dieser hielten seine Repräsentanten prinzipiell fest, doch im Laufe der Zeit – und gewiss auch unter Einfluss des Zionismus und der jüdischen Autonomiebewegung – setzte sich der Bund entschieden für die Belange einer nationalen jüdischen Minderheit ein und kämpfte gleichermaßen gegen die jüdische «Bourgeoisie» wie gegen die Antisemiten.[43]

Wie die Zionisten, so hatten auch die Bundisten erkannt, dass die Juden neue Wege beschreiten mussten. Die Zukunft der Juden lag für sie allerdings nicht in Palästina, sondern in Osteuropa oder Amerika, die Lösung der «Judenfrage» war nicht der Nationalismus, sondern der Sozialismus. Der Klassenkampf war für sie ein wichtiges Element im Kampf um Integration. Nur mit dem Ende der kapitalistischen Gesellschaft würde ihrer Meinung nach der Antisemitismus verschwinden und würden die Juden ein normales Leben führen können, in dem auch ihre Berufsstruktur an die der Umgebung angepasst sein würde. Der Bund bekämpfte die Zionisten als bürgerliche Reaktionäre. Der Zionismus lehnte die Bundisten als blind gegenüber den Gefahren der Diaspora ab.

Während der Zionismus sein Ziel erreichte und einen jüdischen Staat aufbaute, fiel der Bund wie die meisten seiner Mitglieder dem nationalsozialistischen Judenmord zum Opfer und ist heute aus dem allgemeinen Bewusstsein verschwunden. Weitgehend vergessen ist, dass in den Jahrzehnten nach dem Ersten Weltkrieg die Zionisten und die Bundisten nahezu gleich starke Rivalen im Kampf um die Vorherrschaft in den jüdischen Gemeinden Osteuropas waren. In der Sowjetunion verboten, entwickelte der Bund seine wichtigsten Aktivitäten im Polen der Zwischenkriegszeit, wo er ein eigenes Schulsystem unterhielt, Sportvereine begründete *(Morgenshtern)*, Zeitungen herausgab und im Kampf gegen

den Antisemitismus beträchtliche Erfolge erzielte. Bei den jüdischen
Gemeindewahlen etablierte sich der Bund nach 1936 in den Großstädten als stärkste Partei. Nach Schätzungen gaben vor Ausbruch des
Zweiten Weltkriegs etwa 40 Prozent aller Wähler in den sieben größten
jüdischen Gemeinden Polens dem Bund ihre Stimme.[44]

Die Gründung des Bund ließ dies nicht erahnen. Sie war bescheiden
und stand in deutlichem Gegensatz zum Baseler Kongress. Herzl lag
an einem respektablen und öffentlich wahrnehmbaren Ereignis, zu
dem er lokale Honoratioren einlud. Daher wich er von dem schumm-
rigen Bierlokal in das angesehene Casino aus. Den Gründern des
Bund dagegen ging es im autokratischen Zarenreich darum, möglichst
unbemerkt von den offiziellen Autoritäten zu tagen. «Es sollte ein ge-
heimes Treffen von Eingeweihten sein, keine verfassungsgebende Versammlung.»[45]

Herzl war auf Basel ausgewichen, da ihm dort kein Widerstand
einer etablierten jüdischen Gemeinde drohte. Wilna dagegen, Grün-
dungsstätte des Bund, war das «litauische Jerusalem», eine der wichtigsten Metropolen der jüdischen Welt. Als Heimat bedeutender Tal-
mudgelehrter ragte es in der Welt der jüdischen Gelehrsamkeit seit
langem heraus. Am Ende des neunzehnten Jahrhunderts war die Stadt,
in der die Mehrzahl der Einwohner Juden waren, auch zu einem Zentrum der jüdischen Aufklärungsbewegung, der hebräischen und der
jiddischen Publizistik sowie der frühesten jüdisch-sozialistischen Aktivitäten geworden.

In dem bescheidenen Privathaus am Stadtrand von Wilna kamen
nur dreizehn Delegierte aus fünf Städten (davon sechs aus Wilna und
drei aus Warschau, elf Männer und zwei Frauen) zusammen, doch sie
repräsentierten bereits zwei bestehende Zeitungen (*Arbeterstimme*
und *Der yiddishe Arbeter*) und etwa 3500 Anhänger der Bewegung.
Das aus der Konferenz von Wilna hervorgehende Zentralkomitee
bündelte von nun an all diese Aktivitäten. Der Bund bildete einen
bedeutenden Teil der sich gerade organisierenden Arbeiterbewegung.
Als ein Jahr später neun Delegierte die Russische Sozialdemokratische
Arbeiterpartei gründeten, gehörten drei von ihnen dem Bund an.

Im Gegensatz zu Herzl, der auf ein Gründungsspektakel setzte, das in alle Welt hinauswirken sollte, sah der spätere führende Stratege der Partei, Vladimir Medem, die Anfänge der Bewegung als organische Entwicklung: «Der Bund! Gegründet? Das ist der falsche Ausdruck. Er wurde nicht gegründet, sondern er wurde geboren, er entwickelte sich, er wuchs wie ein Organismus sich entwickelt und wächst.»[46]

Dem Bund fehlte anfangs eine charismatische Führungsfigur vom Schlage Herzls. Dies hing auch mit den anders gelagerten Aufgaben der Organisation zusammen. Um einen Staat zu gründen, verhandelte Herzl mit Staatsmännern aus aller Welt. Die Bundisten dagegen organisierten Streiks, um bessere Bedingungen für die Arbeiter zu erzielen. Unter der Führung Arkadi Kremers lehnten sie ursprünglich jeglichen separatistischen Charakter ab und vereinigten die jüdischen Proletarier nur, um sie in die wenig später gegründete Russische Sozialdemokratische Partei zu überführen.[47] Die Organisation hatte einen konspirativen Charakter, da sie nicht an der Oberfläche agieren konnte. So war man darauf bedacht, die Identität der intellektuellen Drahtzieher auch gegenüber den eigenen Anhängern möglichst zu verdecken und nur durch Mittelsmänner zu agieren.[48]

Erst ab dem vierten Parteikongress 1901 in Bialystok propagierte der Bund, der sich bis dahin als Teil der russischen Sozialdemokratie gesehen hatte, explizit Rechte der jüdischen Minderheit und forderte eine föderale Struktur des Russländischen Reiches, in dem jede Nation ihre autonomen Minderheitenrechte genießen sollte.[49] Der Bund war zu diesem Zeitpunkt zu einer Massenbewegung herangewachsen, die 34 000 Mitglieder in 276 Ortsgruppen aufwies.

Und er vertrat ein jüdisches Proletariat, das sich auf beiden Seiten des Atlantiks ausbreitete. Im gleichen Jahr, in dem der Bund als Vertreter des jüdischen Proletariats in der Alten Welt etabliert wurde, rief Abraham Cahan mit einigen Gleichgesinnten die wichtigste Institution für die aus Osteuropa in die Neue Welt emigrierten jüdischen Arbeiter und Arbeiterinnen ins Leben. Am 22. April 1897 gründeten sie in New York eine jiddische Zeitung, die den jüdischen Einwanderern aus Osteuropa die Ideen des Sozialismus näherbringen sollte. Der *Jewish Daily Forward* oder, wie er auf Jiddisch hieß, der *Forverts* wurde nach zähem Start zur wichtigsten Stimme der jüdischen Arbei-

Bundisten und andere Sozialisten in Wilna
gedenken der Opfer der Pogrome vom Oktober 1905.

terbewegung in dem neuen Zentrum jüdischen Lebens auf der anderen Seite des Atlantiks. In den Worten eines Kritikers war «der *Forverts* weit mehr als nur eine Zeitung. Er ist die Institution, die den stärksten moralischen (oder vielleicht unmoralischen) Einfluss auf die jüdische Straße besitzt. Der *Forverts* ist für die Juden das, was die Kirche für die Christen bedeutet... Der Herausgeber ist ihr Papst... die Zeitung ihre Universität.»[50]

Der *Forverts* nahm 1897 die Entstehung der zionistischen Bewegung kurz nach seiner eigenen Gründung mit wenig Wohlwollen wahr. Herzl, der es schon gewohnt war, in Wien und Paris verspottet zu werden, erntete auch aus den sozialistischen Kreisen New Yorks nichts als Hohn. Er sei wohl «der neue Moses, der die Juden in ihr Land, in dem Milch und Honig fließen, bringt», hieß es mit sarkastischem Unterton.[51] Der *Forverts* wollte keine bürgerliche nationale jüdische Heimstätte, sondern eine klassenlose sozialistische Internationale. Zudem war man gerade aus Osteuropa nach Amerika eingewandert. Auch wenn die Lower East Side mit ihren *sweatshops*, ihren

*tenement houses* und den auch hier bestehenden antijüdischen Vorur-
teilen nicht gerade die «Goldene Medine» war, die sich mancher versprochen hatte, so verhieß Amerika doch den Traum von Freiheit und
versprach Chancen, die Europa nicht zu bieten hatte. Die neue Heimat war auch für die Herausgeber des *Forverts* nun einmal Amerika
und nicht Palästina.

Abraham Liessin, der als Korrespondent vom Zionistischen Kongress berichtete, mokierte sich darüber, dass man bei den Juden überhaupt von «einem Volk» sprechen kann. Die ganze Rede von der Einheit der Juden sei Wasser auf die Mühlen der Antisemiten. Der Zionismus spreche «mehr mit dem Herzen als mit dem Verstand». Die Juden
seien kein Volk, da sie «keine gemeinsame Sprache, keine gemeinsame
Tradition und keine gemeinsamen Ziele für die Zukunft» hätten. Man
könne Zionismus und Sozialismus nicht zusammenbringen, da der
Zionismus ein durch und durch bürgerliches Unternehmen sei.

Die antizionistische Linie des *Forverts* stützte sich auf praktische
Argumente. Das Land sei zu rückständig, um den notleidenden jüdischen Massen eine realistische Alternative zu bieten. Und selbst wenn
zwei Millionen Juden sich hier ansiedelten, wäre dies immer noch
keine Lösung der «Judenfrage». Die Normalisierung der Juden
konnte, gemäß der Überzeugungen des *Forverts*, nur in der Neuen
Welt Realität werden.


### Winter in Odessa

Auch Odessa war ein Stück Neue Welt. Die Stadt war erst 1794 unter
Katharina der Großen in den wenige Jahre zuvor vom Osmanischen
Reich eroberten Gebieten am Schwarzen Meer als Militärhafen ange-
legt worden. In der modernen, kosmopolitischen Handelsmetropole
lebten außer Russen, Ukrainern und Rumänen bedeutende griechi-
sche, armenische, türkische und westeuropäische Bevölkerungsgruppen. 1897 zählte die Stadt 403 000 Einwohner, davon waren etwa ein
Drittel Juden, die aus dem sogenannten Ansiedlungsrayon kamen, auf
den die jüdische Bevölkerung Russlands nach der Aufteilung Polens
beschränkt geblieben war.

Das Leben in Odessa wurde «durch den Getreidehandel und nicht durch Wissenschaft oder Kultur bestimmt».[52] Aber seit der Mitte des neunzehnten Jahrhunderts wurde die Stadt zum Mekka für aufgeklärte jüdische Intellektuelle aus dem gesamten Zarenreich. Hier schrieb der Arzt Leon Pinsker 1881 seinen Aufruf *Autoemancipation*, in dem er viele der Ideen Herzls vorwegnahm. Hier rief der Publizist Moshe Leib Lilienblum gemeinsam mit Pinsker 1883 die *Chibbat-Zion*-Bewegung (Zionsliebe-Bewegung) und 1890 die «Gesellschaft zur Unterstützung jüdischer Bauern und Handwerker in Syrien und Palästina» ins Leben. Hier gründete Ascher Ginsberg, der als Achad Ha'am bekannt werden sollte, seinen elitären Zirkel der *Bnei Moshe*. Hier verfassten die Schriftsteller Scholem Yankev Abramovitsch, besser bekannt unter seinem Pseudonym Mendele Mojcher Sforim, Mordechai Rabinovitch (Ben Ami) und Chajim Nachman Bialik ihre jiddischen und hebräischen Romane, Erzählungen und Gedichte. Odessa war am Ende des neunzehnten Jahrhunderts ein «Laboratorium der Moderne» für die aufgeklärten Juden und insbesondere die frühen Zionisten. «Nur in Odessa konnte diese besondere Verbindung von Judentum und Modernität erfolgen», schreibt der Historiker Steven Zipperstein.[53]

In Odessa lebte auch der Historiker Simon Dubnow, in dessen Worten das Jahr «1897 ... eine Wende im gesellschaftlichen Leben der russischen Juden ein[leitete]. Die Stagnation in der Gesellschaft, die etwa fünfzehn Jahre angedauert hatte, wich nun Bewegungen nationalen und sozialen Charakters.»[54] Eine dieser Bewegungen war der von Dubnow selbst begründete Diasporanationalismus mit seiner Forderung nach Autonomie für die in Osteuropa lebenden Juden.

Dubnow war im gleichen Jahr wie Herzl, 1860, geboren. Sein Familienhintergrund aber hätte sich nicht stärker von dem Herzls unterscheiden können. Er wurde in einem Schtetl Weißrusslands in eine religiöse jüdische Familie hineingeboren. Bereits in jungen Jahren entfernte er sich von der Religion, brachte sich selbst Sprachen und säkulares Wissen bei und wurde zum wichtigsten russisch-jüdischen Historiker.

1890 ließ sich Dubnow in Odessa nieder, auf der Suche nach Sonne

ebenso wie nach intellektueller Anregung: «Nach Odessa zog mich
außer dem südlichen Klima einzig die Tatsache, daß die Stadt ein be-
deutendes, europäisch geprägtes jüdisches Zentrum mit einer zahlenmäßig großen jüdischen, wenngleich in der Mehrzahl assimilierten,
Intelligenzija darstellte.»[55] 1897 war auch für Odessa ein Wendepunkt.
Das Echo des Zionistenkongresses war hier nicht zu überhören, wie
Dubnow sich erinnert: «Odessa hallte damals wider von diesem ersten alljüdischen Kongreß.»[56]

Im Winter 1897 war im jüdisch-intellektuellen Leben Odessas deutliche Bewegung zu spüren. Im Schatten des Baseler Kongresses traf sich
ab Dezember 1897 wöchentlich eine Gruppe jüdischer Intellektueller,
die dem Zionismus zwar positiv gegenüberstanden, aber Bedenken
gegenüber Herzl und dem politischen Zionismus hatten. Unter ihnen
waren Dubnow, Achad Ha'am und Mendele Mojcher Sforim. Sie diskutierten über verschiedene Zukunftsoptionen jüdischen Lebens, wie
den politischen und den kulturellen Zionismus oder den Diasporanationalismus. In seinen Erinnerungen schreibt Dubnow: «Jeden Sonn-
abendabend trafen wir uns in der luxuriösen Villa des Vorsitzenden der
Gesellschaft für Aufklärung, G. E. Weinstejn, in der Nadjeschdins-
kaja. Wir saßen im großen Arbeitszimmer in weichen Sesseln und
führten unsere Gespräche bei einem Glas Tee … Die Debatten in unserem kleinen Zirkel, der bis zum Frühjahr 1898 regelmäßig zusammenkam, waren für die Teilnehmer sehr fruchtbar: Sie trieben die
Gedanken voran, spitzten sie zu und vertieften sie. Achad Haam und
mir gaben diese Gespräche Impulse für die Weiterentwicklung unserer
literarischen Systeme.»

Ebenfalls im Dezember 1897 kamen in Odessa anlässlich des Cha-
nukkafests nationaljüdisch gesinnte Studenten zusammen, um ge-
meinsam mit den «Alten» ihre Vorstellungen zu diskutieren. Neben
Dubnow, Achad Ha'am und Mendele gehörten auch der hebräische
Dichter Chajim Nachman Bialik, der spätere Bürgermeister von Tel
Aviv, Meir Dizengoff, und viele andere Intellektuelle zu der jüngeren
Generation, deren Zukunftsperspektiven sich vor allem auf die Reali-
sierung des Zionismus konzentrierten.

Als der erste Zionistenkongress in Basel einberufen wurde, war

Dubnow selbst gerade nicht in Odessa gewesen, sondern in nächster Nachbarschaft des Geschehens, nämlich zur Erholung auf dem Uetliberg am Zürichsee. Dubnow wollte jedoch nicht nach Basel fahren. Er fürchtete, unter den Zionisten mit seinen Ideen zum Diasporanationalismus alleine dazustehen, und war, wie er später schrieb, der «Überzeugung, daß unter diesen neuen Messianisten kein Platz für mich war».[57]

Doch der Zionistenkongress spornte Dubnow an, seine eigene Zukunftsvision für das jüdische Volk zu Papier zu bringen. Im Oktober 1897, unmittelbar nach seiner Rückkehr nach Odessa, veröffentlichte er in der russisch-jüdischen Zeitschrift *Voskhod* den ersten seiner *Briefe über das alte und neue Judentum*, die als Grundlage für den jüdischen Diasporanationalismus gelten, dem er mit der Gründung der Jüdischen Volkspartei 1906 institutionellen Ausdruck verlieh.

Wie Herzl betrachtete Dubnow die Juden als eine Nation. Wie der Bund sah er die Zukunft der Juden aber in ihrer europäischen Heimat, verbunden mit der jiddischen Sprache, und lehnte den Anspruch der jüdischen Nation auf ein bestimmtes Territorium ab. Doch wollte er seinen Autonomismus vom Sozialismus des Bund trennen. Auch den Verfechtern der Assimilation vom Schlage Walther Rathenaus stand er ablehnend gegenüber: «Die Assimilation hielt ich sowohl für einen theoretischen Fehler, als auch für eine moralische Verfehlung, da sie die Desertion aus der ‹Belagerung› verschleierte. Den Zionisten mit ihrer Losung ‹nach Hause› hielt ich entgegen, die jüdische Diaspora habe ein historisches Anrecht auf ein Leben in Europa, mit dem sie seit der Gründung der ersten europäischen Staaten auf den Ruinen des einstigen Römischen Reichs verbunden sei.»[58]

Geprägt durch die in der Habsburgermonarchie entwickelten Autonomietheorien, plädierte er stattdessen für den Verbleib der Juden in Osteuropa und forderte dort ihre Rechte als nationale Minderheit mit eigener Sprache und Kultur ein. Die jüdische Nation sei durch ihre jahrtausendealte Diasporaexistenz zu einem Diasporavolk par excellence geworden. «Das jüdische Volk ist eine Nation, die auch fürderhin ihre Individualität und Eigenart zu wahren bestrebt ist. Da ihr aber schon seit langer Zeit eines der materiellen Attribute einer Nation, die

Staatseinheit, abgeht, so muss sie zur Unterscheidung von anderen Nationen als eine geistig-historische Nation bezeichnet werden.»[59]

Mit anderen Worten: Die Juden seien mit solcher Selbstverständlichkeit Nation, dass sie kein eigenes Gebiet, keinen eigenen Staat mehr benötigen. Die Judenheit habe, so Dubnow, alle herkömmlichen Phasen der nationalen Entwicklung durchlaufen und bilde nun eine geistig-historische Nation, die keines eigenen Territoriums mehr bedürfe, um Nation zu bleiben. Sie brauchen keinen eigenen Staat, sondern bilden als nationale Minderheit mit autonomen Rechten in den jeweiligen Gesellschaften eine Art «Staat im Staate».[60]

In seiner Darstellung der jüdischen Geschichte ließ Dubnow ebenfalls keinen Zweifel daran, dass diese bis in die Gegenwart hinein die Geschichte eines Volkes sei: «Der Gegenstand einer wissenschaftlichen Geschichtsschreibung ist eben das Volk, *die nationale Individualität, ihre Entstehung ihr Wachstum und ihr Kampf ums Dasein.*»[61] Dabei machte er klar, dass die jüdische Geschichte nicht ein einziges Zentrum habe, sondern um wechselnde Zentren kreise. Sie sei auch nicht auf ein Staatswesen angewiesen, sondern finde in den autonomen jüdischen Gemeinden ihren politischen Kern. Die Zerstreuung der Juden in der ganzen Welt sei ein Charakteristikum der jüdischen Geschichte. Die Geschichte der Juden sei daher die Geschichte eines Diasporavolkes. Genau diese erzählt Dubnow in seiner zehnbändigen *Weltgeschichte des jüdischen Volkes.*

Am Ende des neunzehnten Jahrhunderts waren viele europäische Juden in eine Sackgasse gelangt. Der Weg der Integration in die europäischen Gesellschaften, wie er sich während des neunzehnten Jahrhunderts im Westen abgezeichnet hatte, schien ebenso viele Hindernisse aufzuweisen wie der Verbleib in einer traditionell-jüdischen Lebenswelt im Osten Europas.

1897 öffneten sich den Juden Europas verschiedene neue Wege: der Weg der radikalen Assimilation, der Weg des Zionismus, der Weg des Sozialismus und der Weg der nationalen Autonomie. In literarischer Form hat der Wiener Arzt und Schriftsteller Arthur Schnitzler später diese Alternativen in seinem Roman *Der Weg ins Freie*, dessen Handlung ebenfalls in den letzten Jahren des neunzehnten Jahrhunderts angesiedelt ist, aufgezeichnet. Schnitzler, ein literarischer Hauptvertreter des Jungen Wien, war sowohl mit Freud als auch mit Herzl bekannt. In seinem Roman debattieren eine jüdische Sozialistin, ein Zionist und ein Vertreter des assimilierten Judentums über die Zukunftsaussichten der Juden.

Einer der Protagonisten, Leo Golowski, erzählt «von seinen Erlebnissen auf dem Basler Zionistenkongreß, an dem er im vorigen Jahre teilgenommen hatte und wo ihm ein tieferer Einblick in das Wesen und den Gemütszustand des jüdischen Volkes gewährt worden wäre als je zuvor. In diese Menschen, die er zum erstenmal in der Nähe gesehen, war die Sehnsucht nach Palästina, das wußte er nun, nicht künstlich hineingetragen; in ihnen wirkte sie als ein echtes, nie erloschenes und nun mit Notwendigkeit neu aufflammendes Gefühl.» Dagegen setzt Schnitzler den zynischen assimilierten Juden Heinrich Bermann: «Verwundert, ja ein wenig ergriffen hatte Georg zugehört. Heinrich aber, der während Leos Erzählung mit kurzen Schritten auf der Wiese hin und hergegangen war, erklärte, daß ihm der Zionismus als die schlimmste Heimsuchung erschiene, die jemals über die Juden hereingebrochen war …»

Schließlich entspann sich folgender Dialog: «‹Hm›, sagte Leo, ‹aber wenn die Scheiterhaufen wieder angezündet werden …?› ‹Für diesen Fall›, entgegnete Heinrich, ‹dazu verpflichte ich mich hiermit feierlich, werde ich mich vollkommen nach Ihnen richten.› ‹O›, wandte Georg ein, ‹diese Zeiten kommen doch nicht mehr wieder.›»[62]

## 2. Der Traum vom Siebenstundenland (1897–1917)

«Das Siebenstundenland ist nicht nur das Musterland für soziale Versuche, nicht nur die Schatzkammer der Kunstwerke – auch in aller Cultur ein Wunderland.»
Theodor Herzl

### Pogromland

Die Nachricht, dass im Februar 1903 die Leiche eines christlichen Jungen in der Stadt Dubossary, 25 Kilometer nördlich von Kischinew, aufgefunden wurde, verhieß nichts Gutes für die in der Gegend lebenden Juden. Sie wussten, wie tief das mittelalterliche Vorurteil, sie würden zum bald bevorstehenden Pessachfest zu rituellen Zwecken das Blut christlicher Kinder verwenden, im Bewusstsein der christlichen Bevölkerung verankert war. Als wenige Tage vor dem Osterfest, an dem die Juden in den Kirchen als Gottesmörder verdammt wurden, eine junge christliche Angestellte in einem jüdischen Haushalt Selbstmord beging und dies von vielen Christen als Mord ausgelegt wurde, versetzte dieses Gerücht die jüdische Gemeinschaft in Angst und Schrecken. Aufgehetzt von der einzigen Tageszeitung in der Gegend, *Bessarabetz*, war die Bevölkerung überzeugt davon, dass das Volk der Gottesmörder sowohl für den Tod des Jungen als auch den des Mädchens verantwortlich war. Der Herausgeber der Zeitung, Pawel Kruschewan, einer der Urheber des berüchtigten antisemitischen Machwerks *Die Protokolle der Weisen von Zion*, bläute der Bevölkerung ein, während der Osterfeiertage würden antijüdische Exzesse ungestraft bleiben.

Am 19. April 1903, als die Juden das Pessachfest begingen, feierten die Christen Ostersonntag. Kurz nachdem die Gläubigen aus den Kirchen strömten, brach die Gewalt über die Juden in Kischinew los. In einem zeitgenössischen Bericht über das Geschehen an jenem Ostersonntag heißt es:

«Es war etwa drei Uhr nachmittags, als plötzlich auf dem Platze Nowyi-Bazar ein Haufen von Männern erschien, alle in rote Hemden gekleidet... Die Leute brüllten wie Besessene. Unaufhörlich schrien sie: ‹Tod den Juden! Schlaget die Juden!› Von der Schenke ‹Moskwa› aus... teilte sich dieser Haufe von einigen Hundert in 24 Abteilungen zu etwa 10 bis 15 Mann. Und von da ab begann systematisch zu gleicher Zeit in 24 Teilen der Stadt die Zerstörung, Plünderung und Beraubung jüdischer Häuser und Läden. Man fing damit an, Steine in solcher Menge und mit solcher Wucht in die Häuser zu werfen, dass man nicht nur die Fensterscheiben, sondern auch die Läden zertrümmerte. Dann riss man Türen und Fenster aus, drang in die Häuser und in die jüdischen Wohnungen ein und zerschlug und zerbrach, was man an Möbeln und an Einrichtung vorfand... Im Stadtgarten musizierten unterdessen Kapellen, und die Leute sagten: ‹Jetzt kann man wenigstens fröhlich promenieren. Man muss nicht mehr den Geruch von Juden verspüren.› In die Klänge der Musik mischte sich das Geschrei und Gebrüll der Exzedenten, das dumpfe Geräusch der auffallenden Möbel und das Klirren der zertrümmerten Fensterscheiben in den Gassen der Stadt. In den Gassen aber, in denen die Meute raste, fuhr die elegante Welt in Wagen vorüber, um sich an dem Schauspiel der wüsten Zerstörung zu weiden.»[1]

In den nächsten drei Tagen wurden 49 Juden bei den antijüdischen Ausschreitungen getötet, knapp hundert schwer verletzt und über 700 Häuser und Geschäfte zerstört oder geplündert. Erst nach neunzehn Tagen waren die Gewalttaten vorüber. Die Polizei sah entweder tatenlos zu oder stand dem Mob bei.[2]

In seinem fiktiven *Tagebuch eines Soldaten,* das auf zahlreichen historischen Dokumenten beruht, gibt der Historiker Simon Dubnow der Verzweiflung eines jungen russischen Juden über den Pogrom in Kischinew Ausdruck: «Meine Seele war in Aufruhr. Schmerz und Scham überfluteten mich: Schmerz wegen der gemarterten und entehrten Menschen, Scham wegen unserer Brüder, die ihre Nächsten Verstümmelung und Tod ausgeliefert hatten, ohne sich den brutalen, betrunkenen Pogromleuten in den Weg zu stellen. Warum war keine jüdische Selbstwehr organisiert worden, wenn Polizei und Armee auf der Seite der Barbaren waren?»[3] Damit war der Ruf nach jüdischer Selbstwehr geboren. Er wurde von dem Dichter Chajim Nachman Bialik in seinem Gedicht «Die Stadt des Schlachtens» in poetischer Form zum Ausdruck gebracht. Die Juden, so die Aussage des späteren hebräischen Nationaldichters, müssten sich wehren, um ihre Selbstachtung wiederzufinden.[4]

Kischinew war die Hauptstadt der russischen Provinz Bessarabien, die etwa dem heutigen Moldawien entspricht und ein Grenzgebiet zwischen dem Zarenreich, dem Osmanischen Reich und Rumänien bildete. Die Stadt zählte um die Jahrhundertwende gut 100 000 Einwohner, davon waren etwa 45 Prozent Juden, knapp 30 Prozent Russen und knapp 20 Prozent Moldawier. Der Rest teilte sich in Armenier, Griechen und zahlreiche andere ethnische Gruppen auf. Juden waren politisch diskriminiert: Nur wenige von ihnen durften wählen, und ihre Aufnahme in den Stadtrat war nur durch Ernennung möglich und blieb dabei auf höchstens 10 Prozent beschränkt.[5]

1903 wurde Kischinew zum Inbegriff antijüdischer Gewalt im Zarenreich. Unter der aufgeklärten russischen Bevölkerung kam es erstmals zu einer größeren Welle der Solidarität mit den Juden. Maxim Gorki und Leo Tolstoi, die zu den bisherigen Pogromen geschwiegen hatten, beschuldigten die russische Regierung der Beihilfe am Ausbruch der Gewalt. Die Weltpresse berichtete ausführlich über die Ereignisse aus der bessarabischen Stadt, in Amerika und Westeuropa gründeten sich Komitees zur Hilfe der verfolgten Juden. Einer der Initiatoren eines solchen Komitees in New York war Abraham Cahan, der Herausgeber des *Forverts*, der wichtigsten jiddischen sozialistischen Tageszeitung Amerikas. Wenige Jahre später entstand das American Jewish Committee als bedeutende Hilfsorganisation für die von den Pogromen verfolgten Juden.

Von der erhofften Normalisierung ihrer Situation spürten die Juden Osteuropas um die Jahrhundertwende wenig. Als russische Staatsbürger jüdischen Glaubens integriert zu werden wie in Deutschland oder Frankreich, dies blieb für die meisten von ihnen ein unerreichbares Ziel. Sie konnten sich verteidigen und Selbstwehrgruppen, die oft vom Bund organisiert waren, ins Leben rufen. Sie konnten die politische

Autonomie fordern. Und sie konnten sich den allgemeinen sozialistischen Organisationen anschließen. Doch für viele zeigte Kischinew, wie hoffnungslos ihre Situation war. Für sie bedeutete der Weg ins Freie die Flucht in einen anderen Kontinent: Zwei Millionen osteuropäischer Juden machten sich zwischen 1880 und 1920 auf den Weg nach Nordamerika. Kischinew wurde zum Symbol dafür, dass die Juden eine neue Heimat benötigten – und verlieh damit dem Zionismus das Argument der Dringlichkeit. Herzl mochte Recht gehabt haben, wenn er sagte, er hätte in Basel den Judenstaat gegründet, doch die zukünftigen Einwohner für seinen Staat gewann er erst durch das Pogrom von Kischinew. Und Kischinew war nicht nur ein kleiner Ort an der Peripherie des großen Russländischen Reichs.

«Kischenew ist überall, wo Juden an Leib oder Seele gequält, an der Ehre gekränkt, an der Seele geschädigt werden, weil sie Juden sind. Retten wir die, welche noch zu retten sind.»[6] So begann Theodor Herzl seine Eröffnungsrede zum sechsten Zionistischen Kongress, der vom 23. bis 28. August 1903 in Basel stattfand. Kischinew bestärkte Herzl auch in dem Wunsch, den Judenstaat – zumindest vorerst – dort einzurichten, wo es gerade möglich war. Trotz seiner Reisediplomatie, seines Charismas und seiner wachsenden Anerkennung war Herzl der Erfüllung des Baseler Programms, das während des ersten Zionistenkongresses 1897 verabschiedet worden war, nicht entscheidend näher gerückt. Es lautete: «Der Zionismus erstrebt für das jüdische Volk die Schaffung einer öffentlich-rechtlich gesicherten Heimstätte in Palästina.»

Es sollte der letzte Kongress für Herzl werden. Im April 1904 stellten seine Ärzte ein Herzleiden fest, am 3. Juli starb er in einem Sanatorium in Edlach in der Nähe von Wien. Herzl hinterließ keinen Nachfolger. Doch er hinterließ zwei Bücher, in denen er seine Vorstellung von einer öffentlich-rechtlichen Heimstätte für die Juden in bunten Farben ausmalte: das politische Programm *Der Judenstaat. Versuch einer modernen Lösung der Judenfrage* von 1896 sowie den utopischen Roman *Altneuland* von 1902.

## Altneuland

Von einem «Staat Israel» ist bei Theodor Herzl nirgends die Rede. In seinem Buch *Der Judenstaat* gibt er dem zukünftigen Staat einen heute in Vergessenheit geratenen Namen: das «Siebenstundenland».[7] Dies ist keineswegs ein nebensächlicher Hinweis, sondern ein ganz zentraler Aspekt des «Judenstaats». Herzl beschreibt ausführlich die Einführung des Siebenstundentags, ein für damalige Verhältnisse revolutionärer Vorschlag. Niemand solle mehr als sieben Stunden am Tag arbeiten, wobei es zwei Schichten gibt, sodass ein Arbeitstag insgesamt vierzehn Stunden hat. Wie wichtig es Herzl damit war, zeigt sein Entwurf der zukünftigen Staatsflagge: «Ich denke mir eine weisse Fahne, mit sieben goldenen Sternen. Das weisse Feld bedeutet das neue, reine Leben; die Sterne sind die sieben goldenen Stunden unseres Arbeitstages. Denn im Zeichen der Arbeit gehen die Juden in das neue Land.»[8] Diese Fahne zeichnete er auch in sein Tagebuch.

Der Siebenstundentag sollte den Juden endlich den Weg in die lang ersehnte Normalität weisen, aber Herzl gab sich mit einem «normalen» Staat nicht zufrieden. Sein «Experiment zum Wohle der ganzen Menschheit» sollte nicht nur den von Verfolgung bedrohten Juden eine sichere Heimat bieten, sondern auch eine Besserungsanstalt für Menschen aller Nationen und Religionen werden. In seinem Tagebuch notierte er: «Anfangs werden wir nur in aller Stille, an und für uns arbeiten. Aber der Judenstaat wird merkwürdig werden. Das Siebenstundenland ist nicht nur das Musterland für sociale Versuche, nicht nur die Schatzkammer der Kunstwerke – auch in aller Cultur ein Wunderland. Es wird ein Ziel für die Culturwelt, die uns besuchen kommen wird, so wie man nach Lourdes, Mekka, Sadagora geht.»[9] Und im *Judenstaat* heißt es dann: «Wir werden für alle Lebensalter, für alle Lebensstufen die sittliche Beseligung der Arbeit suchen. So wird unser Volk seine Tüchtigkeit wiederfinden im Siebenstundenlande.»[10] Bereits eingangs konstatiert er: «Ja, wir haben die Kraft, einen Staat, und zwar einen Musterstaat zu bilden.»[11]

Das Siebenstundenland, das Wunderland, der Musterstaat: Dies waren Herzls Visionen eines Judenstaats. Sein Modell war ein zutiefst

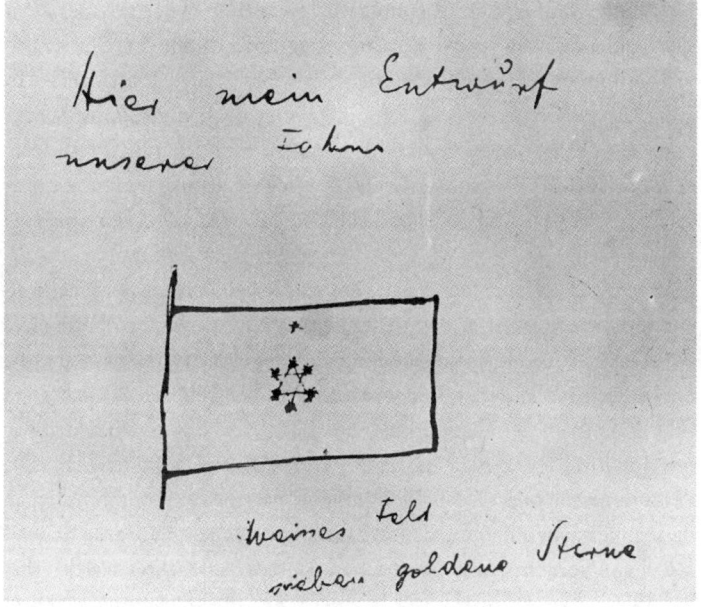

Herzls Entwurf der Fahne des «Siebenstundenlandes»

universalistisches. Das partikulär Jüdische spielte in seinen Beschreibungen vom zukünftigen Staatswesen eine deutlich kleinere Rolle. Gewiss, es sollte auch im Siebenstundenland gebetet werden und Rabbiner geben, ebenso wie Opern über die Helden jüdischer Geschichte und sogar den wiederaufgebauten Tempel. Doch all dies scheint höchstens von symbolischer Bedeutung zu sein.

Was in der Forschung und der populären Vorstellung oftmals als nebensächlich erscheint, ist bei genauerem Hinsehen für Herzl von zentraler Bedeutung: Die von ihm geplante «Neue Gesellschaft» ist weit mehr als der Zufluchtsort einer winzigen Minderheit, sie ist ein Menschheitsexperiment. Bereits hier zeigt sich, was den Zionismus als Bewegung auch zukünftig kennzeichnen sollte: das Paradox, einerseits ein ganz normaler Staat zu sein, andererseits ein ganz besonderer Staat. Der Judenstaat beruht auf einem «Gestor», nämlich der «Society of Jews»: «Der Judenstaat ist allerdings als eine ganz eigenthümliche

Neubildung auf noch unbestimmtem Territorium gedacht. Aber nicht die Länderstrecken sind der Staat, sondern die durch eine Souveränität zusammengefassten Menschen sind es.»[12] Als Staatsform sieht Herzl eine «aristokratische Republik» vor, denn man könne weder nach zwei Jahrtausenden eine Monarchie unter den Juden restaurieren, noch wäre es wünschenswert, eine reine Demokratie mit «Parlamentsgeschwätz» und der «hässlichen Kategorie der Berufspolitiker»[13] einzuführen.

Zur Sprache stellte Herzl sich vor: «Jeder behält seine Sprache, welche die liebe Heimat seiner Gedanken ist.» Doch ganz so hatte er es wohl nicht gemeint. Denn für ihn gehörten gerade die Sprachen, die die meisten Juden seiner Zeit sprachen, nämlich Jiddisch in Osteuropa und Ladino auf dem Balkan und in der Türkei ebenso wenig dazu wie das Judäo-Arabisch der Juden aus den Ländern Nordafrikas: «Die verkümmerten und verdrückten Jargons, deren wir uns jetzt bedienen, diese Ghettosprachen werden wir uns abgewöhnen. Es waren die verstohlenen Sprachen von Gefangenen. Unsere Volkslehrer werden dieser Sache ihre Aufmerksamkeit zuwenden.» Und Hebräisch? Dazu hatte er seine klare Meinung: «Wir können doch nicht Hebräisch miteinander reden. Wer von uns weiss genug Hebräisch, um in dieser Sprache ein Bahnbillet zu verlangen? Das gibt es nicht.»[14]

Die Rabbiner will Herzl in ihren Synagogen halten und die Generäle durch ein kleines Berufsheer in ihrer Macht begrenzen. Durchgeführt werden soll das ganze Unternehmen von einer «Jewish Company», die «zum Theil nach dem Vorbilde der grossen Landnahmegesellschaften … als eine Actiengesellschaft gegründet, mit der englischen Rechtssubjectivität, nach den Gesetzen und unter dem Schutze Englands» vor allem zum Landerwerb gedacht ist.[15] Ein Großteil seiner Abhandlung gilt praktischen Dingen, wie der Immigration, der Gründung von Arbeitersiedlungen, dem Gelderwerb oder der Ansiedlung von Facharbeitern.

Besonders wichtig sind die «kleinen Gewohnheiten» für den Zusammenhalt der neuen Gesellschaft. Herzl widmet ihnen im *Judenstaat* ein eigenes Kapitel. Dabei handelt es sich um die aus Europa gewohnten Bequemlichkeiten, die man auch im *Judenstaat* vorfinden solle: «Es gibt englische Hotels in Egypten und auf den Berggipfeln der Schweiz, Wiener Cafés in Südafrika, französische Theater in Russland, deutsche Opern in Amerika und das beste bairische Bier in Paris. Wenn wir noch einmal aus Mizraim [Ägypten] wandern, werden wir die Fleischtöpfe nicht vergessen. In jeder Ortsgruppe kann und wird Jeder seine kleinen Gewohnheiten wiederfinden, nur besser, schöner, angenehmer.»[16] Das kolonialistische Beispiel der europäischen Ansiedlung in Südafrika klar zurückweisend, notierte er in sein Tagebuch: «Wir wollen keinen Boëren-Staat, sondern ein Venedig.»[17]

Sechs Jahre nach dem Erscheinen des *Judenstaats* legte Herzl dann in seinem utopischen Roman *Altneuland* die plastisch beschriebene Vision seiner Erfüllung vor. Die meisten Darstellungen Herzls zeigen ein statisches Bild vom zukünftigen Judenstaat. Sie übersehen, dass Herzl in diesen sechs Jahren seine Meinungen entscheidend weiterentwickelt und das Bild einer radikal universalistischen Gesellschaft entworfen hat. Anstatt einer «Society of Jews» gibt es jetzt nur noch eine allgemeine «Neue Gesellschaft», deren Mehrheit zwar Juden sind, zu der aber arabische Muslime ebenso wie preußische Protestanten gehören können. Nur Fundamentalisten aller Art sind ausgeschlossen. In den sechs Jahren zwischen den beiden Werken liegen fünf zionistische Kongresse und zahlreiche frustrierende Versuche Herzls, bei den Mächtigen der Welt politische Anerkennung zu erheischen.

*Altneuland* erzählt von einem Wiener Juden und einem preußischen Adligen, die aus der europäischen Gesellschaft aussteigen und in die Südsee reisen. Bei einem kurzen Zwischenstopp in Palästina sind sie über den in jeder Hinsicht deprimierenden Zustand des Landes entsetzt. Als sie zwanzig Jahre später, im Jahre 1923, nach Europa zurückkehren wollen, erkennen sie bei einem erneuten Halt in Palästina das Land nicht mehr wieder. Die inzwischen gegründete «Neue Gesellschaft» hat eine blühende Infrastruktur mit kulturellen Höchstleistungen und einer funktionierenden Demokratie geschaffen. Wie bereits die «Society of Jews» im *Judenstaat*, so weist auch Herzls Beschreibung der «Neuen Gesellschaft» in *Altneuland* nur sehr wenig spezifisch Jüdisches auf, er geht allerdings einen Schritt weiter. Getragen wird die «Neue Gesellschaft» selbstverständlich vor allem (allerdings nicht ausschließlich) von Juden, doch stellt sie ein kleines kosmopolitisches Europa im Nahen Osten dar. Juden und Araber leben friedlich miteinander, es kommt kaum zu politischen Konflikten.

Im Altneuland ist der Siebenstundentag Wirklichkeit geworden. Frauen genießen Gleichberechtigung, inklusive des damals in Europa für sie noch lange nicht realisierten aktiven und passiven Wahlrechts. Die Erziehung ist ebenso kostenlos wie das Gesundheitswesen. Es gibt Rentenbezüge und Altersheime. Und an den Palmen hängen, für die Jahrhundertwende ebenfalls eine revolutionäre Neuerung, «elektrische Straßenlampen ... wie große gläserne Früchte».[18] Auch diese sollen eine breite gesellschaftliche Funktion erfüllen, wie Herzl ausführt: «Nun meine ich, dass das elektrische Licht durchaus nicht erfunden wurde, damit einige Snobs ihre Prunkgemächer beleuchten, sondern damit wir bei seinem Scheine die Fragen der Menschheit lösen.»[19] Man fährt mit der Schwebebahn durch Haifa und erhält seine Informationen – fast wie im modernen Internet – aus einer «Telephonzeitung».[20] Tagsüber kann man in einem Wiener Kaffeehaus eine Melange trinken, abends «in die Oper oder in das deutsche, englische, französische, italienische, spanische Theater» gehen.[21] Dass die einheimische arabische Bevölkerung sich vor diesem politisch und sozial perfekten System nicht verschließen würde, bedarf in Herzls Vorstellung keiner besonderen Erklärung mehr.

In Herzls aristokratischer Demokratie gibt es zwar ein Parlament, doch tagt es nur für eine kurze Legislaturperiode. Wichtige Fragen, wie die Wahl des Präsidenten, werden durch Gentlemen's Agreement und nicht durch heftige Parteikonflikte gelöst. Genau besehen ist die Neue Gesellschaft kein Staat, «denn wir sind kein Staat ... Wir sind einfach eine Genossenschaft, eine große Genossenschaft, innerhalb deren es wieder eine Anzahl kleinerer Zweckgenossenschaften gibt. Und dieser unser Kongreß ist im Grunde nichts als die Generalversammlung der Genossenschaft, welche die neue Gesellschaft genannt wird.»[22]

Wenn die «Neue Gesellschaft» bereits recht kosmopolitisch ist, so ist das Urteil, dem sie sich aus freien Stücken unterwirft, vollends international. Denn begutachtet wird die «Neue Gesellschaft» alle fünfundzwanzig Jahre von einer internationalen Jury, bestehend aus

500 Damen und Herren, dem «erlauchtesten Geistesadel der Kultur-
welt». Ausgewählt werden diese von einem «Komitee von Schriftstel-
lern und Künstlern ... Die Besten aus aller Welt wurden gerufen,
selbstverständlich ohne Unterschied von Nationalität und Konfes-
sion.»[23] Typisch für Herzls Einstellung ist das «selbstverständlich» in
diesem Satz. Es wäre ihm nicht eingefallen, nur jüdische Richter die
jüdische Gesellschaft bewerten zu lassen. Diese «edelsten Geister der
Menschheit» begeben sich auf einen Luxusdampfer namens *Futuro*,
der sie von Genua nach Haifa bringt. Bereits unterwegs tauschen sie
sich über die Errungenschaften der «Neuen Gesellschaft» aus. Ihre
Tischgespräche an Bord werden später zu einer «Kostbarkeit der
Weltliteratur». In Haifa angelangt, strömen sie aus und begutachten
staunend das Land. Die Geologen, Botaniker, Elektrotechniker, Architekten und Künstler begutachten jeweils die Bereiche der Gesellschaft,
die ihrer Expertise nahekommen. Die Politiker der «Neuen Gesellschaft» versprechen, das wahre Gesicht ihrer Gesellschaft zu zeigen
und «nicht die Potemkinschen Dörfer einer Weltausstellung aufrich-
ten» zu wollen. Sie beschließen zudem, sich dem Urteil dieser «werte[n]
Jury» zu beugen.[24]

Die Feinde dieser offenen und kosmopolitischen Gesellschaft sind
diejenigen, die eine engstirnig nationalistische Haltung vertreten. In
*Altneuland* ist dies vor allem ein Protagonist: der negativ gezeichnete
Rabbiner Dr. Geyer. Was ist sein Vergehen? Er und seine Partei fordern einen exklusiv jüdischen Staat. Dies verstößt ganz klar gegen die
Prinzipien von Herzls Helden, dem alten Präsidenten Eichenstamm
und seinem Nachfolger David Littwak, einem literarischen Spiegelbild von Herzls realem Nachfolger, dem aus Litauen stammenden und
in Köln lebenden Holzhändler David Wolffsohn. Bevor Eichenstamm
stirbt, übermittelt Littwak seinem Vorgänger die zentrale Botschaft
seines Wirkens, «das Wort als letztes, das wir oft von ihm gehört
haben: ‹Der Fremde soll sich bei uns wohlfühlen!›.»[25]

Dr. Geyer, der ein jüdisches Spiegelbild des antisemitischen Wiener
Bürgermeisters Dr. Lueger ist, vertritt dagegen die Auffassung, nur
Juden könnten Mitglieder der «Neuen Gesellschaft» sein. Die wirkliche
Konfliktlinie in der «Neuen Gesellschaft» ist somit die Frage der Ex-

klusivität: Soll diese Gesellschaft nur für Juden oder für alle Bürger offen sein? Herzls Antwort auf diese Frage ist eindeutig. Als der preußische Adlige Kingscourt Zweifel äußert, ob er denn Mitglied der «Neuen Gesellschaft» werden könne, ruft David Littwak aus: «Lassen Sie sich sagen, daß meine Genossen und ich keinen Unterschied zwischen den Menschen machen. Wir fragen nicht, welchen Glaubens und welcher Rasse einer ist. Ein Mensch soll er sein, das genügt uns.»[26] Herzl schließt in der «Neuen Gesellschaft» den muslimischen Araber Reshid Bey ebenso selbstverständlich ein wie den protestantischen Preußen Kingscourt und lässt seinen Protagonisten Littwak die Mission der Juden nach der Rückkehr in ihr Land folgendermaßen formulieren: «Und darum sage ich euch, daß ihr daran festhalten sollt, was uns groß gemacht hat: am Freisinn, an der Duldung, an der Menschenliebe. Zion ist nur dann Zion!»[27]

Jene, die Nichtjuden die gleichen Rechte versagen wollen, haben für Herzl keinen Platz in der «Neuen Gesellschaft». Ihnen wird die Mitgliedschaft verwehrt. Herzl lässt den hochangesehenen Architekten Steineck in Wut geraten, wenn er über Dr. Geyer spricht: «Ein vermaledeiter Pfaffe ist er, ein Augenverdreher, Leutverhetzer und Herrgottsfopper. Die Intoleranz will er bei uns einführen, der Halunke. Ich bin gewiß ein ruhiger Mensch, aber wenn ich so einen intoleranten Kerl sehe, den könnte ich mit Vergnügen ermorden.»[28] Geyer wird nicht nur als intoleranter Politiker gezeichnet, der der nichtjüdischen Bevölkerung die Integration verweigert, sondern auch als Opportunist und Heuchler. Solange der Zionismus nicht en vogue war, war er ein Antizionist. Sobald die Bewegung aber an Einfluss gewann, schloss er sich ihr an, um sich nun als besonders überzeugter Zionist zu präsentieren: «Er ist der Patriot, er ist der Nationaljude – wir sind die Fremdenfreunde, und wenn wir ihm noch lang zuhören, sind wir die schlechten Juden oder gar auch Fremde in seinem Land Palästina», lässt Herzl Geyers Gegner sagen.[29] In den Wahlen zum Kongress verliert Geyers Partei in nahezu allen Wahlkreisen gegen die liberalen und weltoffenen Kandidaten, allen voran Herzls Helden David Littwak und der Architekt Steineck (dessen Vorbild im realen Leben Oscar Marmorek war).

Dass die in Herzls *Altneuland* gestellten Fragen weiterhin an offene Wunden rühren, zeigt die moderne Rezeption des Romans, die zumeist entlang moderner politischer Ausrichtungen verläuft. Einige Interpreten, die sich in der Regel rechts von der Mitte einordnen lassen, versuchen den Text als utopischen Roman abzutun, den man politisch nicht ernst zu nehmen brauche.[30] Andere, zumeist aus dem politisch linken Lager, dagegen verteidigen *Altneuland* als «im Wesentlichen eine Blaupause von Herzls Ideen in Form eines populären Romans».[31]

Herzl selbst war der Erste, der seine Kritiker davor warnte, seine Ideen nur als Utopie zu betrachten. «Gegen die Behandlung als Utopie muß ich meinen Entwurf zuerst vertheidigen», schreibt er bereits auf der ersten Seite des *Judenstaates*. Er fährt fort: «Eigentlich bewahre ich damit nur die oberflächlichen Beurtheiler vor einer Albernheit, die sie begehen könnten. Es wäre ja keine Schande, eine menschenfreundliche Utopie geschrieben zu haben. Ich könnte mir auch einen leichteren literarischen Erfolg bereiten, wenn ich für Leser, die sich unterhalten wollen, diesen Plan in den gleichsam unverantwortlichen Vortrag eines Romans brächte. Aber das ist keine solche liebenswürdige Utopie, wie man sie vor und nach Thomas Morus so häufig producirt hat.»[32]

Als Herzl seine Ideen dann tatsächlich wenige Jahre später in Form eines Romans kleidet, steht dieser in der Tradition eines literarischen Genres, das das Wiener Fin de Siècle prägte und zu dem auch Bertha von Suttners *Die Waffen nieder!* (1889), Josef von Neupachers *Oesterreich im Jahre 2020* (1893) und insbesondere Theodor Hertzkas Romane *Freiland* (1890), *Reise nach Freiland* (1893) und *Entrückt in die Zukunft* (1895) gehörten. Herzl war auch nicht der einzige Verfasser einer Utopie vom jüdischen Staat. Bereits vor *Altneuland* hatten jüdische Autoren in verschiedenen nationalen Kontexten, darunter Menachem (Edmund) Eisler, Jacques Bachar, Elchanan Leeb Lewinsky und Scholem Aleichem Judenstaatsutopien entwickelt.[33]

In keiner dieser Utopien wird genau definiert, wie dieser Staat aussehen soll: welche Staatsform er haben soll, welche Grenzen vorgesehen sind und welche Form der Souveränität er genießt. Doch ein zentrales Prinzip liegt all diesen Entwürfen zugrunde: die Idee der Toleranz gegenüber den Nichtjuden. Jacques Bachar schreibt in seinem Entwurf: «Die Juden schafften in ihrem Staat alle Unterschiede zwischen den Religionen, Nationen und Rassen ab. Es gibt nur ein Gesetz für den Fremden und den Staatsbürger.» In Eislers Roman finden sich ganz ähnliche Ideen. Boris Schatz, der etwas später einen jüdischen Staat imaginiert, stellt fest: «Nicht nur Juden werden zu uns kommen, sondern auch Nichtjuden werden hier ihre Ruhe finden, wegen der Schönheit des Landes, wegen der hochstehenden Kultur und vor allem wegen unserer hohen moralischen Werte.» Alle Autoren sind sich darin einig, dass die Juden mit anderen Minderheiten besser umgehen werden, als sie selbst unter fremder Herrschaft behandelt wurden.[34]

Mit seiner Idee eines Modellstaats steht Herzl ebenfalls nicht allein. Rachel Elboim-Dror betont in ihrer Studie zu utopischen zionistischen Romanen: «Keiner der utopischen Romane beabsichtigte, ‹nur irgendeinen Staat› zu schaffen, sondern einen einzigartigen jüdischen Staat, der den Nationen der Welt als Musterstaat dienen wird.» Und sie fährt fort, die Widersprüche zu benennen, mit denen auch der spätere reale Judenstaat leben muss: Einen jüdischen Staat erstehen zu lassen, der einerseits säkular ist, andererseits aber auf religiösen Grundideen fußt, der zum einen universalistisch, zum anderen aber auch partikularistisch ist, «schafft Spannungen zwischen dem Bestreben nach Normalisierung – so wie alle anderen Nationen zu sein – und dem Anspruch, ein auserwähltes Volk zu sein».[35]

Auch wenn *Altneuland* einem anderen literarischen Genre angehört als *Der Judenstaat* und nicht frei von den sentimentalen Elementen ist, die für das Wien des Fin de Siècle typisch sind, besteht doch kein Zweifel daran, dass Herzl den Roman ernstgenommen haben wollte. Wie er im Buch selbst schreibt, ist es den Lesern überlassen, ob seine Idee ein Märchen bleibt oder Wahrheit wird. Die minutiösen Details, mit denen er das politische System der von ihm konzipierten Gesellschaft sowie ihre Helden und Antihelden beschreibt, zeigen dem Leser, wie sich seine Vision des Judenstaats in den letzten Jahren vor seinem Tode im Jahr 1904 weiterentwickelt hat.

Als Herzl Lord Rothschild eine Kopie des Romans zusandte, schrieb er in einem Begleitbrief: «Es wird natürlich dumme Leute geben, die weil ich die von Platon u. Thomas Morus u. Anderen gebrauchte *Form* der Utopie wählte die *Sache* für eine Utopie erklären. Von Ihnen befürchte ich ein solches Missverständnis nicht.»[36] In einem anderen Brief an Reichskanzler von Bülow betonte er: «Ich schrieb sogar die Utopie nur um zu zeigen, dass es keine ist.»[37]

In *Altneuland* malte Herzl letztlich nur zahlreiche Ideen aus, die er bereits im *Judenstaat* eingeführt hat. Gewiss darf man nicht jedes Detail seines utopischen Romans wörtlich nehmen. Doch die Grundideen, die sich darin finden, spiegeln zutiefst seine politischen Überzeugungen und seine Zukunftsvorstellungen wider.

Dazu gehört auch, dass die jüdische Religion auf den Tempelberg verbannt wird. Der erstaunte Leser erfährt nämlich von Herzls Vision eines wiederaufgebauten Tempels: «Er war wie einst aus Kalkquadern aufgebaut, die aus den nahen Steinbrüchen kamen und an der Luft zu härtestem Gestein sich festigten. Wieder standen die Säulen, aus Erz gegossen vor dem Heiligtume Israels ... Im Vorhofe stand ein gewaltiger erzener Altar, und auch der weite Wasserbehälter war da, den man das eherne Meer nannte, wie in den alten Zeiten, da Salomo, der König regierte.»[38] Welche Funktion der Altar haben soll, wird freilich nicht klar, denn von Tieropfern ist in *Altneuland* nicht die Rede. Überhaupt entsprach Herzls Vorstellung vom Tempel eher dem Herzl bekannten Wiener Stadttempel in der Seitenstettengasse denn jenem auf dem Berg Moriah. Die Frauen beteten auf der Empore, und die Tempelplätze wurden je nach Sicht verkauft. Ein Unterschied besteht lediglich darin, dass statt der Orgelbegleitung Lautenspiel ertönt. Wie vieles andere gehört auch der Tempel ins Reich der Symbole, die Herzl so sehr liebte. Vom Wiener Stephansdom, den Herzl in seinem ursprünglichen Konzept zur Lösung der «Judenfrage» als Ort der Massentaufe für die Wiener Juden vorgesehen hatte, bis hin zum Jerusalemer Tempel führt ein zwar langer, aber doch geradliniger Weg.

Herzl ging es weder um einen religiösen jüdischen Staat noch um die Schaffung eines Zentrums zur Belebung einer säkularen jüdischen Kultur mit hebräischer Sprache und jüdischen Werten, wie viele seiner osteuropäischen Mitstreiter dies beabsichtigten. War einmal ein siche-

rer Hafen vor der Verfolgung geschaffen, konnte alles so bleiben, wie
es die Juden in Europa gewohnt waren – nur eben ein bisschen besser.
Denn es steckte durchaus auch Kritik an der alten Dame Europa mit
ihren verkrusteten Strukturen und ihrem Judenhass in Herzls Schriften. *Altneuland* schuf ein toleranteres, verjüngtes, technisch und sozial modernisiertes Europa. Für westeuropäische Leser mochte dies
attraktiv sein, für die meisten Juden Osteuropas dagegen las sich der
Roman wie eine schlechte Parodie auf den Judenstaat, den sie sich
vorstellten. Es war einem von ihnen, Achad Ha'am, dessen eigentlicher
Name Ascher Ginsberg lautete und der sich lange vor Herzl für Zion
begeistert hatte, vorbehalten, seiner Verwunderung Ausdruck zu geben. Achad Ha'am wollte kein Klein-Europa im Orient, sondern ein
jüdisches Gemeinwesen, das auch in kultureller Hinsicht etwas Neues
und Eigenständiges darstellte.

## Hebräerland

«Odessa hallte damals wider von diesem ersten alljüdischen Kongreß.
Sämtliche zurückgekehrte Delegierte und Beobachter standen im
Banne Herzls, außer einem – Achad Ha'am. Dieser nüchterne Kopf
ließ sich von dem durch den neuen Messianismus erzeugten allgemei-
nen Rausch nicht gefangen nehmen. Zurück aus Basel, erklärte er in
seiner Zeitschrift *Ha-Schiloach* offen, er sei sich auf dem Kongreß wie
ein Mensch vorgekommen, der ‹in Trauerkleidung eine Hochzeit
besucht›, denn er sehe im ‹Herzlismus› lediglich den Versuch, einen
Judenstaat auf diplomatischem Wege zu schaffen, was nur in schwerer
Enttäuschung enden könne.»[39] So beschrieb Simon Dubnow Achad
Ha'ams Reaktion auf den ersten Zionistenkongress. Es sollte Achad
Ha'ams erste und letzte Teilnahme an einem solchen Kongress sein.

In einem Bericht über den ersten Zionistenkongress ließ er sich über
die Naivität der Zionisten aus, die meinten, innerhalb einer Generation ungeschehen machen zu können, was zweitausend Jahre Exil an-
gerichtet hatten. Selbst wenn sie es schaffen sollten, Souveränität für
ein Staatswesen zu erhalten, wem war damit geholfen? Die Juden
können nicht einfach ein «Albanien», einen unbedeutenden Klein-

staat im Nahen Osten aufbauen. Der jüdische Staat sei von Natur aus ein ganz besonderer Staat: «Nach jahrtausendelangen, unendlichen Leiden kann das jüdische Volk unmöglich seines Loses froh werden, wenn es endlich die Stellung eines kleinen und bedeutungslosen Volkes erlangt, dessen Staat ein Spielball wäre für seine mächtigen Nachbarn und nur diplomatischen Ränken und steter Erniedrigung vor den Mächtigen der Welt seine Existenz zu verdanken hätte; ein uraltes Volk, das der Menschheit das Licht gebracht hat, kann sich nicht damit begnügen, als Lohn für alles Leiden das Wenige zu erhalten, was andere Völker ohne Geschichte und ohne Kultur in kurzer Zeit erlangten, ohne auch nur einen kleinen Teil dessen zu erdulden, was unser Volk gelitten. Nicht zufällig sind in Israel Propheten entstanden, welche in ihren Visionen die Gerechtigkeit am Ende der Zeiten herrschen sahen.»[40]

Achad Ha'am konnte sich den Judenstaat nicht als einen normalen Staat vorstellen, den Diplomaten oder Soldaten auf den Weg bringen. Im Anklang an die biblische Vergangenheit mussten es schon moderne Propheten sein, die den Judenstaat etablierten. Trotz seiner imposanten Erscheinung war Herzl für ihn nicht dieser Prophet. Dafür stand Herzl dem Judentum und seinen inneren Bedürfnissen zu fern. Herzl wollte eine kleine Schweiz im Orient, Achad Ha'am ein neues Judäa, in dem Hebräisch gesprochen und die jüdische Kultur auf säkularer Grundlage erneuert werden sollte. Er wollte das schaffen, was die Dichterin Else Lasker-Schüler später im Titel eines ihrer Bücher das «Hebräerland» nannte.

In dem langen Aufsatz «Judenstaat und Judennot» aus dem Jahr 1897 erklärte Achad Ha'am seine Position den zahlreichen Kritikern. Er unterscheidet darin deutlich zwischen den westeuropäischen und den osteuropäischen Zionisten. Wie bereits in seiner Rückschau auf den Zionistenkongress spricht er verächtlich von denjenigen, die die «alte» *Chibbat–Zion*-Bewegung ablehnten und dafür eine neue, «Zionismus» genannte auf die Beine stellten. In ihren Zeitschriften übersetzten sie sämtliche Lobhudeleien über den Kongress selbst aus den exotischsten Sprachen; nur eine Sprache wurde nicht mehr dieser Ehre bedacht: die hebräische. Sie können wohl einen Staat aufbauen, der den armen Juden ein neues Zuhause bietet – doch kann dieser auch deren Hunger befriedigen? Den Hunger nicht nur nach materiellem Dasein, sondern auch nach geistiger Erneuerung?

Für Achad Ha'am war die Vorstellung, dass das kleine Palästina die fünfzehn Millionen Juden der Welt aufnehmen könnte, lächerlich. Daher sollte die Aufgabe des Zionismus vor allem darin bestehen, für die in der Diaspora verbleibende Mehrheit ein geistiges Zentrum aufzubauen. Im Westen brauche man den Zionismus nur wegen des Antisemitismus, im Osten dagegen suche man auch Antworten auf die drohende Assimilation. Während Herzl nur das Problem der Juden zu lösen suche, wollte Achad Ha'am auch das Problem des Judentums lösen. Man benötige, so Achad Ha'am, keinen Judenstaat, sondern einen jüdischen Staat bzw. ein geistiges jüdisches Zentrum. Sonst beschreite man den Weg, den bereits in der Antike Herodes und sein Haus gegangen seien: den Weg der kollektiven Assimilation.[41]

Es ist wenig verwunderlich, dass das Erscheinen von *Altneuland* Achad Ha'am in seiner Ablehnung des Herzl'schen Zionismus bestätigte. Nur mit Lächeln und Staunen konnte er zur Kenntnis nehmen, was Herzl hier vortrug. Über den Tempel, der in Altneuland steht, fragt er sich: «An welcher Stelle ist eigentlich das Beth Hammikdasch [der Tempel] erbaut worden?» Den Tempelberg überragt nämlich auch in Herzls Vision weiterhin der Felsendom. «Sollte also der ‹greise Rabbi Samuel›... erlaubt haben, den Tempel anderswo zu erbauen? Doch in Altneuland darf man sich über nichts wundern, hier ist alles ein einziges Wunder... Hier... findet man nur mechanisches Nachäffen ohne jegliche nationale Eigenheit.»[42]

Achad Ha'am repräsentierte die Sicht zahlreicher osteuropäischer Juden, wenn er *Altneuland* als unrealistisch und als in seinem Kern assimilatorisch verspottete. Herzl betreibe die Assimilation nicht als individuelles, sondern als kollektives Unterfangen. Sein Judenstaat habe nichts Jüdisches an sich. Anstatt die hebräische Sprache zu pflegen, gehe es nur um die Übertragung europäischer Kultur in den Orient. Hier meldet sich eine Richtung des Zionismus zu Wort, deren Wurzeln in der osteuropäisch-jüdischen Ausrichtung der Aufklärungsbewegung *Haskala* zu finden sind und für deren Vertreter

Der zionistische Journalist und Aktivist Ascher Ginsberg,
der als Achad Ha'am bekannt wurde, um 1910

eine Erneuerung des Judentums wichtiger war als die Bekämpfung des
Antisemitismus.

Anstelle von Herzl antwortete Max Nordau Achad Ha'am im Zen-
tralorgan der zionistischen Bewegung, *Die Welt*, noch bevor der Aufsatz auf Deutsch in der Zeitschrift *Ost und West* erschien. In einem
prominent platzierten Leitartikel verteidigte er den Import europäi-

schen Gedankenguts: «In der Tat: ‹Altneuland› ist ein Stück Europa in Asien. Da hat Herzl genau das gezeigt, was wir wollen, worauf wir hinarbeiten. Wir wollen, dass das wiedergeeinte, befreite jüdische Volk ein Kulturvolk bleibt, so weit es dies jetzt schon ist, ein Kulturvolk wird, so weit es dies noch nicht ist. Wir ahmen dabei niemand nach, wir benützen und entwickeln nur unser Eigentum. Wir haben an der europäischen Kultur mitgearbeitet, mehr als an unserem Teil; sie ist unser in demselben Masse wie der Deutschen, Franzosen, Engländer. Wir gestatten nicht, dass man einen Gegensatz zwischen Jüdisch, unserem Jüdisch, und Europäisch konstruiere. Achad-Haam mag die europäische Kultur etwas Fremdes sein. Dann sei er uns dankbar dafür, dass wir sie ihm zugänglich machen. Wir aber werden nie zugeben, dass die Rückkehr der Juden in das Land ihrer Väter ein Rückfall in Barbarei sei, wie unsere Feinde verleumderisch behaupten. Seine Eigenart wird das jüdische Volk innerhalb der allgemein westlichen Kultur entfalten, wie jedes andere gesittete Volk, nicht aber ausserhalb, in einem kulturfeindlichen, wilden Asiatentum, wie Achad-Haam es zu wünschen scheint.» Für Nordau gehört Achad Ha'am «zu den schlimmsten Feinden des Zionismus». Er bezeichnet ihn in Anspielung auf jene deutschen Rabbiner, die die Zusammenkunft des ersten Zionistenkongresses in München verhinderten, als «weltlichen Protestrabbiner».[43]

Ein gesittetes Volk nach den Grundsätzen westlicher Kultur, und kein «wildes Asiatentum» – das war es, was Herzl, Nordau und ihren mitteleuropäischen Mitstreitern vorschwebte. Für Herzl sollte der Judenstaat «den Vorpostendienst der Cultur gegen die Barbarei» bilden: «Für Europa würden wir dort ein Stück des Walles gegen Asien bilden.»[44]

Das «Asiatentum» begann für viele deutschsprachige Juden bereits ein paar Kilometer östlich von ihrem Geburtsort. Die Erzählungen, die der aus Galizien stammende Schriftsteller Karl Emil Franzos unter dem Titel *Aus Halb-Asien* über seine Heimat schrieb, schildern eine ostjüdische Gemeinschaft, die nach dem Willen des Autors große Anstrengungen unternehmen müsse, um sich an die westlichen Sitten zu assimilieren. Ob sie es als «Halb-Asien» oder als «wildes Asiatentum» kennzeichneten – osteuropäische Sitten, jiddische Kultur und Wiederbelebung hebräischer Sprache waren den beiden führenden Köpfen der zionistischen Bewegung, Theodor Herzl und Max Nordau, ebenso fremd wie die traditionellen Juden im Nahen Osten. Jerusalem wird in Herzls Tagebuchaufzeichnungen als ein schmutziges Nest bezeichnet, dem er wenig Leidenschaft entgegenbringt.

Den jüdischen Gemeinden des Nahen Ostens stand Herzl paternalistisch gegenüber, sosehr er sich auch ihre Vertreter auf den Zionistischen Kongressen als Symbol wünschte. Von ihren wirklichen Problemen und Wünschen verstand er wenig. Ähnlich wie die europäisch-jüdischen Hilfsorganisationen – die Alliance Israélite Universelle und der Hilfsverein der deutschen Juden – versucht hatten, diese Juden zu europäisieren, wollte Herzl ein europäisiertes Palästina schaffen. Die zionistischen Bestrebungen, die zu Beginn des zwanzigsten Jahrhunderts auch unter den Juden von Marokko bis zum Irak und von Syrien bis Jemen zu erblühen begannen, wuchsen auf dem traditionellen Boden der Zionsliebe und der religiösen Anhänglichkeit. Von wenigen Ausnahmen abgesehen, waren sie weder vom europäischen Nationalismus eines Herzl noch von der säkularisierten jüdischen Aufklärungsbewegung eines Achad Ha'am geprägt. Auch wenn sich in der ersten Hälfte des zwanzigsten Jahrhunderts unter einer Minderheit von ihnen Sozialismus und Nationalismus Platz verschaffen konnten, waren ihre Träume in der Regel eher vom traditionellen Gebetbuch gezeichnet. Weder Herzl noch Achad Ha'am sprachen für die Juden aus Marokko und Syrien, dem Irak und dem Iran, deren Nachfahren ein Jahrhundert später die Gesellschaft Israels entscheidend prägen sollten.

Dies muss im Auge behalten, wer den späteren Staat Israel mit den Judenstaatsträumen seiner Gründer vergleicht – ebenso wie die Tatsache, dass sich die Positionen der Zionisten Ost- und Westeuropas nicht immer so eindeutig voneinander abgrenzen ließen, wie Achad Ha'am es gerne hätte, als er zwischen den im Herzen dem Lande Israel verbundenen Zionisten Osteuropas und den von den Antisemiten notgedrungen zu Zionisten gemachten Juden Westeuropas unterschied: Letztere «bleiben das, was sie waren, bevor sie unter dem Banner des jüdischen Nationalismus marschierten: Mitglieder ihrer nichtjüdischen Kulturen, in denen sie von ihrer Kindheit an erzogen wurden und die ihren Hunger während ihrer Jugendzeit gestillt haben». Die Juden Osteuropas dagegen «sind größtenteils von ihrer Jugendzeit an von dem Geiste des Judentums erfüllt, sie fühlen in ihrer Seele, dass dieser Geist in ihren Herzen weiterlebt und sich auf ihr Leben auswirkt, selbst wenn ihre religiösen Überzeugungen sich grundlegend verändert haben.»[45]

Die Frontlinien und Lager des Streits zwischen Herzls Sekundanten Nordau und seinem Widersacher Achad Ha'am, der sich durch das Jahr 1903 zog, waren in Wirklichkeit unübersichtlicher als die einfache Unterscheidung zwischen Anhängern von Herzls Altneuland im Westen und Anhängern von Achad Ha'ams Hebräerland im Osten es nahelegt. Herzl wurde unter den Massen Osteuropas – und keineswegs nur unter den führenden Zionisten – noch zu Lebzeiten verherrlicht. Dies ging so weit, dass er zum Helden von Bar-Mitzwa-Reden dreizehnjähriger Jungen wurde. Im Bar-Mitzwa-Vortrag des Warschauer Jungen Shne'ur Salman Hirsch von 1902 beispielsweise wurde «Doktor Herzl» zu einem modernen Moses, der das jüdische Volk aus seinem Exil herausführen wird, denn «bis es uns wieder gelingen wird, ein einzigartiges Volk in einem einzigartigen Land zu sein, werden wir als Fremde unter all den Völkern leben». Interessanterweise mischt sich selbst in einer Bar-Mitzwa-Rede das Bedürfnis, anders als alle anderen zu sein, mit dem in der Rede weiter angegebenen Ziel, «ein Volk wie alle Völker» zu werden.[46]

Auch unter den führenden russisch-jüdischen Zionisten fand der Westjude Herzl seine Anhänger im Streit gegen den Ostjuden Achad Ha'am. So solidarisierte sich der russische *Chibbat-Zion*-Veteran Max Mandelstamm in einem Schreiben an Herzl ausdrücklich mit Nordau: «Die Kannegießereien Achad Haams u. ähnlicher halbasiatischer Jeschiwebocherim [Talmudschüler] soll (sic!) Sie nicht weiter kümmern. Sein Aufsatz hat bei den meisten Zionisten Entrüstung hervorgerufen; der Artikel Nordaus schlug wie eine Bombe ein.» Gleichzeitig warf sich Berthold Feiwel, ein «westlicher» Zionist und ehemaliger Chefredakteur von Herzls Zeitung *Die Welt*, auf die Seite Achad

Ha'ams: «Der Artikel Achad-Haams enthält mehr als zuviel Wahrheiten, die ich unterschreiben [kann] … Wie recht muss Achad-Haam haben, wenn *Bundisten* sagten Herzl's Judenland sei ihnen zu international!» Zudem sei Achad Ha'am schon immer «ein Jude und ein ganzer, kein 6-jähriger und kein Antisemitismus-Jude» gewesen.[47]

In den Personen Herzls und Achad Ha'ams standen sich innerhalb des zionistischen Projekts zwei grundsätzliche Konzepte der Normalisierung der Juden gegenüber, deren Frontlinie oftmals quer zum Ost-West-Graben im Judentum verlief. Für Herzl war die Normalisierung in dem Moment erreicht, in dem die Juden – wie alle anderen Völker – ihren eigenen Staat hatten, der als Musterstaat für die gesamte Welt dienen sollte und in dem die «kleinen Gewohnheiten» Westeuropas weiter gepflegt wurden. Die wenigen Ausdrucksformen jüdischer Kultur, wie eine Oper über den Pseudomessias Schabtai Zvi oder der rein symbolisch andernorts wiedererrichtete Tempel, waren nur Beiwerk zu seinem «Siebenstundenland». Achad Ha'ams Normalisierung dagegen bedeutete die kulturelle Regenerierung des jüdischen Volkes von einem im Lande Israel zu schaffenden geistigen Zentrum mit hebräischer Sprache und Kultur. Hier standen sich die Grundpositionen eines universalistischen Modells, dem es um die Verbesserung der Welt ging, und eines partikularistischen Modells, dem es um die Weiterentwicklung des Judentums ging, gegenüber.

Für Achad Ha'am wie für viele andere Zionisten war das zionistische Projekt mehr als nur die Wiederherstellung von Souveränität und die Umsiedlung von Menschen in ein anderes Territorium, in dem sie genauso weiterlebten wie vorher in Europa. Sie gingen vielmehr davon aus, dass die «Anomalitäten» der Diasporajuden, die sich durch jahrhundertelange Unterdrückung herausgebildet hatten, den Eigenschaften eines «normalen» Volks weichen müssten. Diese wiederherzustellen forderte viel drastischere Maßnahmen als eine Umsiedlung der Juden. Dazu gehörten die Wiederbelebung ihrer hebräischen Kultur, die radikale Neustrukturierung ihrer Berufe und letztlich sogar ihre physische Umgestaltung. Kurz gesagt, ein «neuer jüdischer Mensch», der «hebräische Mensch», sollte geschaffen werden.

Der zionistische Theoretiker Jakob Klatzkin formulierte dies fol-

gendermaßen: «In Erez Israel soll das Judentum seine Norm erlangen … Erst in dieser Wiederverwurzelung wird es sich nicht als ein
Elite-, sondern als ein Volksjudentum entfalten können.»[48] Klatzkin
drückt hier sehr klar aus, was andere Autoren kompliziert umschrei-
ben: Das Judentum sollte durch Gründung seines eigenen Staates in
seiner angestammten Heimat «normal» werden. Die Juden müssten
die Idee über Bord werfen, die intellektuelle oder wirtschaftliche Elite
eines anderen Volkes zu bilden – und sich stattdessen mit der gleichen
Inbrunst der landwirtschaftlichen Betätigung, dem Handwerk und
anderen bisher unterrepräsentierten Berufsgruppen widmen. Die Umsiedlung nach Palästina war in dieser Hinsicht auch ein großes Umer-
ziehungsprojekt.

Der hebräischen Sprache, die von Eliezer Ben-Yehuda und seinen
Mitstreitern zu einer neuen Volkssprache ausgearbeitet wurde, kam
dabei eine zentrale Funktion zu. Die jüdischen Einwanderer im Land
Israel sollten nicht nur ihre Mentalität, sondern auch ihre Sprache
ändern: Jiddisch galt als die Sprache des Exils – Hebräisch allein sollte
die Sprache des «neuen Juden» in der alten Heimat sein. Die Moder-
nisierung der hebräischen Sprache und ihre Umbildung zur Alltags-
sprache waren daher ebenfalls Teil der zionistischen Umerziehung
vom «Jid» des Exils zum «Ivri» (Hebräer) in der Heimat. Josef Chaim
Brenner, einer der wichtigsten hebräischen Schriftsteller zu Beginn des
zwanzigsten Jahrhunderts und einer der Pioniere der zweiten *Alija*
(der Auswanderungswelle im Jahrzehnt vor dem Ersten Weltkrieg),
propagierte diese hebräischsprachige Gesellschaft. Dabei war ihm
völlig gleichgültig, was die Einzelnen als Juden darin glauben oder
tun. Die religiöse Zugehörigkeit spielte für ihn keine Rolle. Wer sich
als Mitglied dieser Gesellschaft fühle, gehöre ganz selbstverständlich
dazu. Im Gegensatz zu Achad Ha'am beanspruchte Brenner keineswegs ein geistiges Zentrum, das in die Diaspora ausstrahlen sollte.
Was er bezweckte, war einfach ein Staat, dessen Charakteristikum
sein sollte, dass die jüdischen Sprachen Hebräisch und Jiddisch Um-
gangssprachen wurden, der sich sonst aber nicht von anderen Staaten
unterschied.[49]

Achad Ha'am dagegen betonte, dass hebräische Sprache und Kultur auch die Besonderheiten des Staates nicht in Abrede stellten. In seinem bahnbrechenden Essay «Die Zeit ist gekommen» von 1907 drückte er dies klar aus: «Sind wir aber ein Volk, dann haben wir gewiß auch unseren nationalen Geist, der uns von anderen Völkern unterscheidet, und ihn hochzuhalten und zu wahren sind wir verpflichtet, wie jedes andere Volk gegenüber seinem nationalen Geiste ... Und so hat das Auftreten der Zionsliebe bald die Bewegung zur Wiederbelebung des Geistes hervorgerufen, zur Hochhaltung der Sprache und Literatur, zur Gründung nationaler Schulen usw. ..., gleichsam als Beweis dafür, daß wir in der Tat eine eigene Nation sind und all das besitzen, was zu diesem Begriffe gehört, und daß wir darum verpflichtet und auch imstande sind, auch das zu erreichen, was wir in der Tat nicht besitzen: – das nationale Land.»[50] Darin lag ein entscheidender Unterschied zu den westeuropäischen Zionisten: Letztere hielten es zum Verdruss von Achad Ha'am nicht für nötig, ihren Lebensstil und ihre Weltanschauung zu ändern. Sie spendeten ihr Geld für den Aufbau Palästinas und besuchten zionistische Kongresse, doch statt eines neuen Lebensstils wollten sie auch in der alt-neuen Heimat an ihren «kleinen Gewohnheiten» festhalten.

So unterschiedlich die beiden frühen zionistischen Entwürfe Herzls und Achad Ha'ams und ihre gesellschaftlichen Leitvorstellungen auch waren, sie hatten doch eines gemeinsam: Sie waren dem europäischen Denken der Jahrhundertwende verpflichtet und ausgesprochen säkular ausgerichtet. Erst viel später sollte ein drittes, messianisch-religiöses Element beide Spielarten des frühen Zionismus herausfordern. In einem weiteren Punkt stimmten die beiden Kontrahenten überein: Erst wenn die Juden sich physisch verändern, können sie als vollwertiges Mitglied in den Kreis der Nationen aufgenommen werden. Für die von Abbé Grégoire und später ähnlich von Herzl eingeforderte «physische Regeneration» bzw. den neuen «Knochenbau» prägte Nordau die Formel vom «Muskeljudentum».[51] Damit griff er auch ein antisemitisches Stereotyp auf: Aus dem angeblich blassen, unsportlichen, in die Studierstube gezwängten «Talmudjuden» oder «Nervenjuden» sollte nun also ein «Muskeljude» werden, der sich sportlich betätigt. Die Gründung von zionistischen Sportvereinen unter heroischen Namen wie Makkabi oder Bar Kochba war eine direkte Reaktion auf diese Forderung.

Überhaupt hatte der Zionismus sich neben vielen anderen Zielen auch auf die Fahne geschrieben, den Antisemiten nachzuweisen, dass die Juden in der Lage seien, ein eigenes staatliches Gemeinwesen zu etablieren und zu führen. Denn obgleich die Antisemiten die Juden nicht in Europa sehen wollten und manche daher in der Grundidee des Zionismus, sie nach Palästina zu führen, ein «judenfreies» Europa witterten, zweifelten sie an ihrer Fähigkeit, ihre Pläne in die Tat umzusetzen. Da sie nicht über eine staatenbildende Begabung verfügten, könne man ihnen höchstens eine Art Protektorat unter dem Schutz anderer Großmächte anvertrauen.[52]

Auf dem fünften Zionistenkongress 1901 konstatierte Max Nordau zunächst die Sonderstellung der Juden in der gegenwärtigen Gesellschaft: «Nur wir haben nicht das Recht, für uns selbst zu leben. Nur wir sind die natürlichen Hausknechte aller Völker, die der Dienstherr wegjagen kann, wenn er sie nicht mehr nöthig zu haben glaubt, die aber selbst ihrem Dienstherrn nicht kündigen können, weil es für sie keine Wahl der Dienststelle gibt. Erst wir Zionisten versuchen wenigstens die Kündigung in dieses schmachvolle Dienstverhältnis einzuführen … Das jüdische Volk kann aus seiner bitteren Armut nur erlöst werden, wenn es auf eigener Scholle ein normales Wirtschaftsleben führt …»[53] Ausdruck eines «normalen Wirtschaftslebens» war die Rückkehr zur Arbeit mit den eigenen Händen: Dazu gehörten Industriearbeit, Handwerk und vor allem Landwirtschaft. Dieses Arbeiter-und-Bauern-Ideal verband die Vorstellung des «neuen Juden» als Hebräers mit den Idealen des Sozialismus. Keiner hat diese Verbindung so intensiv gepredigt wie der Sprecher des sozialistisch-zionistischen Ideals, Aron David Gordon: «Ein Volk, das ganz von der Natur losgerissen ist, das jahrtausendelang in Mauern eingesperrt war; ein Volk, das an alle Arten des Lebens gewöhnt war, nur nicht an eine natürliche, an ein Leben der Arbeit aus sich heraus und für sich, – kann nicht ohne Anspannung seiner ganzen Willenskraft wieder ein lebendiges, natürliches, arbeitendes Volk werden. Uns fehlt das Wesentliche: die Arbeit, – nicht die aus Zwang, sondern die, mit der sich der

Das neue Bild des jüdischen Arbeiters auf einem
zionistisch-sozialistischen Poster von Gabriel und Maxim Shamir

Mensch organisch und natürlich verbunden fühlt und durch die das
Volk mit seiner in Boden und Arbeit wurzelnden Kultur verwachsen
ist.»[54] Der Aufkauf von Boden in Palästina war auch dieser Ideologie
der Rückkehr zur Landwirtschaft geschuldet und erhielt mit der Formulierung von *Geulat karka'ot* (wörtlich: die Erlösung des Bodens)
eine aus dem religiösen Wortschatz stammende Überfrachtung.

Mit dieser Aufforderung, durch Berufsumschichtung zu einem «normalen Volk» zu werden, ging der Wunsch einher, es besser zu machen

als die anderen Völker. In ihrer alt-neuen Heimat sollten die Juden nicht einfach Bauern werden, sondern ein neues Ideal in der Landwirtschaft entwickeln: das der landwirtschaftlichen Genossenschaften, das zunächst als Kwuza, dann als Kibbuz bekannt wurde. In diesen Kibbuzim kannten Juden kein Privateigentum und leisteten gleichzeitig einen Beitrag zum Aufbau Palästinas.[55]

Obwohl die Kibbuzim nur einen kleinen Teil der israelischen Gesellschaft ausmachten, bildeten sie über lange Zeit eine Art Avantgarde, die in den Augen vieler die Ideale des sozialistischen Zionismus am radikalsten erfüllte: Zumindest in der idealisierten Form lieferten sie den Beweis dafür, dass Juden in ihrer alten Heimat den Boden bearbeiteten, sich von der bürgerlichen Lebensform der alten Welt entfernten und Unterschiede zwischen den Geschlechtern langsam abschafften. Die «Neue Gesellschaft» wurde hier – wenngleich auf andere Weise als von dem bürgerlichen Utopisten Herzl gedacht – Realität.

Neben dem Kibbuzarbeiter gehörte zu dem Ideal des «neuen Juden» auch der *Schomer*, der in den neuen Siedlungen mit Waffen ausgerüstete Wächter, der die jüdischen Bauern gegenüber Angriffen der Araber zu schützen wusste. Als Symbolfigur des bewaffneten Verteidigungskampfes galt der aus Russland eingewanderte Joseph Trumpeldor, der bereits als Offizier in der russischen Armee während des Russisch-Japanischen Kriegs einen Arm verloren hatte und 1920 im Kampf um die im Norden Galiläas gelegene Siedlung Tel Hai getötet wurde. Bezeichnend für den neuen Patriotismus sind die ihm in den Mund gelegten letzten Worte: «Es ist gut, für das Vaterland zu sterben.»[56]

Mit dem Begriff des «Muskeljudentums» und der körperlichen Ertüchtigung ging auch das Ideal der Militarisierung der jüdischen Gesellschaft einher.[57] Zwei Jahrtausende lang hatten die Juden keine eigene Armee. Wollten sie aber wie alle anderen Nationen werden, so müssten sie nicht nur Bauern und Handwerker, sondern auch Soldaten hervorbringen. Die Einführung von hebräischen Turnkommandos (auf die manche Ausdrücke der israelischen Armee zurückgehen) sowie die Aufnahme halbmilitärischer Übungen in das Programm mancher Sportvereine sollten die militärischen Tugenden der jüdischen Jugend näherbringen.[58] Die von dem nationalistisch gesinnten Zionisten Vladimir Zeev Jabotinsky gegen Ende des Ersten Weltkriegs initiierte Jüdische Legion innerhalb der britischen Armee war symbolischer Ausdruck des «neuen Juden»: Erstmals marschierten Juden mit einem Davidstern auf ihrer Uniform! Auch dies galt den Zionisten als ein Zeichen der Normalisierung der jüdischen Gesellschaft.

Ein weiterer wichtiger Aspekt in der Vision vom «neuen Juden» war schließlich die neue Rolle der Frau. Die Zionisten distanzierten sich von der Rolle, die die Frauen in der traditionellen jüdischen Gemeinschaft spielten, wo sie – ähnlich anderen religiösen Gesellschaften – vor allem für die Erziehung der Kinder und die häusliche Unterstützung des Mannes zuständig waren. Die Zionisten und insbesondere die sich selbst als Pioniere verstehenden frühen Einwanderer in Palästina versuchten dagegen, die Frau zu einem gleichberechtigten Teil der neuen jüdischen Gesellschaft zu machen. Sie sollte landwirtschaftliche Arbeit im Kibbuz verrichten, bei politischen Entscheidungen mitwirken und die Waffe ergreifen, wenn es um die kollektive Selbstverteidigung ging. Doch gleichzeitig wurde sie ihrer traditionell femininen Aufgaben als Mutter und Hausfrau nicht entbunden. Ähnlich wie in vielen sozialistischen Gesellschaften sollten die Frauen die Aufgaben der Männer mittragen, aber die Männer waren, wenn überhaupt, nur zögernd bereit, die Aufgaben der Frauen zu übernehmen. So entstand eine Doppelrolle, die die traditionellen Aufgaben für Frauen mit den neuen Aufgaben verband.[59]

Trotz der häufig und zu Recht geäußerten Kritik an der praktischen Umsetzung der zionistischen Theorien zum Verhältnis der Geschlechter ist die veränderte Rolle der Frau wichtig, um die zionistischen Vorstellungen von einer neuen Gesellschaft zu verstehen. Es entstanden vor der Gründung des Staates Israel neue Frauenideale, von der Pionierin Manja Schohat bis zur Widerstandskämpferin gegen die Nazis Hannah Szenes, die als Vorbilder für zukünftige Generationen dienen sollten. Im Kibbuz entwickelte man das Modell einer Kindererziehung außerhalb des Familienkreises, in eigenen Kinderhäusern mit Erzieherinnen. Mit Golda Meir nahm nach der Staatsgründung von Anfang an eine Frau eine wichtige Stellung in der Politik ein und wurde 1969 die erste weibliche Ministerpräsidentin in einem westlichen demokratischen Land.[60]

Der «neue Jude», der hier in der «Neuen Gesellschaft» heranwuchs, sollte endlich mit dem «Anderssein» der Diasporajuden brechen. Er sollte sich landwirtschaftlich betätigen, den Dienst mit der Waffe beherrschen und die als hässlicher «Jargon» gebrandmarkte jiddische Sprache durch die hebräische ersetzen. Doch durch diese forcierte «Normalisierung» entstand lediglich eine andere Art des Andersseins. In ihrer neuen Heimat blieben die zionistischen Pioniere Fremdkörper unter der einheimischen arabischen Bevölkerung: Sie schufen landwirtschaftliche Siedlungsformen, die ihrer Umgebung suspekt waren, sprachen eine semitische Sprache, die in den Ohren ihrer Nachbarn europäisch klang, und gaben Frauen einen Status, der den Wertvorstellungen der arabischen Bevölkerung entgegengesetzt war. Sie wurden von dieser als europäische Eindringlinge wahrgenommen. Herzls Vorstellung, dass die Einwanderer aus Europa von der arabischen Bevölkerung Palästinas mit offenen Armen empfangen und die Errungenschaften der «modernen Zivilisation» begeistert begrüßt würden, hatten bereits seine Zeitgenossen als illusorisch kritisiert. Die Realität sollte ihnen Recht geben.

## 3. Die nationale Heimstätte (1917–1947)

Am 2. November 1917 verfasste der britische Außenminister Lord Arthur Balfour ein kurzes Schreiben an einen der prominentesten Vertreter der jüdischen Gemeinschaft im Vereinigten Königreich, Lord Walter Rothschild:

«Verehrter Lord Rothschild,
ich bin sehr erfreut, Ihnen im Namen der Regierung Seiner Majestät die folgende Erklärung der Sympathie mit den jüdisch-zionistischen Bestrebungen übermitteln zu können, die dem Kabinett vorgelegt und gebilligt worden ist: Die Regierung Seiner Majestät betrachtet mit Wohlwollen die Errichtung einer nationalen Heimstätte für das jüdische Volk in Palästina und wird ihr Bestes tun, die Erreichung dieses Zieles zu erleichtern, wobei, wohlverstanden, nichts geschehen soll, was die bürgerlichen und religiösen Rechte der bestehenden nichtjüdischen Gemeinschaften in Palästina oder die Rechte und den politischen Status der Juden in anderen Ländern in Frage stellen könnte. Ich wäre Ihnen dankbar, wenn Sie diese Erklärung zur Kenntnis der Zionistischen Organisation bringen würden.
Ihr ergebener Arthur Balfour»

Diese Zeilen bildeten die erste verbriefte Anerkennung des Anspruchs des jüdischen Volkes auf ein eigenes Gemeinwesen in seiner historischen Heimat durch eine relevante Großmacht. Relevant war Großbritannien in diesem Moment allemal. Die britischen Truppen unter General Allenby waren gerade im Begriff, Palästina von den Türken zu erobern. Einen Monat nach der Balfour-Deklaration, wie dieses

Schreiben fortan heißen sollte, nahmen sie Jerusalem ein. 1920 erhielten sie in der Konferenz von Sanremo Palästina als Mandat zugesprochen. Diese Regelung wurde 1922 durch den Völkerbund ratifiziert
und trat 1923 auch de jure in Kraft. In dem Mandat ist die britische
Position gegenüber der jüdischen «Heimstätte» noch verstärkt. Hieß
es in der Balfour-Deklaration, die Regierung werde «ihr Bestes tun,
die Erreichung dieses Ziels zu erleichtern» («facilitate»), so ist nun davon die Rede, dass sie die Errichtung einer jüdischen Heimstätte «zu-
sichere» («secure»).[1]

Was unter dem Begriff der «nationalen Heimstätte» zu verstehen
war, darüber herrscht alles andere als Einigkeit. Eine mögliche und
lange Zeit dominierende Interpretation war die Gewährung einer
weitreichenden Autonomie für die jüdische Gemeinschaft in Palästina.
Am linken und rechten Rand des politischen Spektrums entwickelten
sich auch binationale Staatenmodelle, die einen unabhängigen jüdisch-
arabischen Staat vorsahen. Während des Zweiten Weltkriegs schließlich setzte sich auf Seiten der zionistischen Führung das zunächst von
der britischen Peel-Kommission vorgeschlagene Konzept einer Teilung des Landes in einen unabhängigen jüdischen und einen unabhängigen arabischen Staat durch.

### Die Autonomielösung

Es war vor allem dem neuen Mann an der Spitze der zionistischen
Bewegung, dem aus Russland stammenden und in Manchester wirkenden Chemiker Chaim Weizmann zu verdanken, dass die zionistische Bewegung im November 1917 einen diplomatischen Durchbruch
erlebte. Viel ist spekuliert worden über die Bedeutung von Chaim
Weizmanns Erfindung eines synthetischen Acetons für die britische
Kriegsführung sowie über die daraus resultierende Nähe Weizmanns
zu führenden britischen Politikern.[2] Man mag darüber streiten, welches Gewicht Weizmanns Erfindung hatte, welche Rolle er beim Verfassen des Balfour'schen Briefes spielte und welche religiös-messiani-
schen Vorstellungen bei britischen Politikern wie Balfour und seinem
Premierminister Lloyd George im Hintergrund gewirkt haben mögen.

Selbstverständlich spielten politische Motive, etwa die Vorstellung vom jüdischen Einfluss auf die Politik Amerikas und Russlands, eine Rolle bei der Entstehung dieses Dokuments. Doch darf man auch nicht das Motiv führender britischer Politiker unterschätzen, in einer Zeit, in der auch kleine Nationen ihren eigenen Staat erhielten, den Juden ebenso zu ihrer Souveränität zu verhelfen und sie damit von ihrer Sonderrolle als ein in der ganzen Welt verstreutes Volk zu befreien. Allerdings erwuchsen aus den imperialen Interessen der britischen Regierung auch territoriale Versprechungen an die arabische Seite, die im Widerspruch zur Balfour-Deklaration standen.[3]

Lord Balfour mochte sich im Herbst 1917 an die Unterhaltung mit Chaim Weizmann aus dem Jahre 1906 erinnert haben, als er selbst britischer Premierminister und Abgeordneter von Weizmanns Wahlkreis in Manchester gewesen war. Weizmanns Schilderung zufolge fragte Balfour ihn nach seinen Gründen für die Ablehnung des Uganda-Plans: «‹Mr. Balfour, angenommen, man würde Ihnen Paris statt London anbieten, würden Sie es annehmen?› Er richtete sich auf, sah mich an und antwortete: ‹Aber, Dr. Weizmann, London haben wir.› ‹Gewiß›, sagte ich, ‹aber wir hatten Jerusalem schon, als London noch ein Sumpfgebiet war.› Er richtete sich auf und sagte dann zwei Sätze, die mir unvergeßlich geblieben sind. Zuerst: ‹Gibt es viele Juden, die so denken wie Sie?› Darauf antwortete ich ihm : ‹Ja, Millionen, von denen Sie nichts wissen und die nicht selbst für sich sprechen können, doch Sie könnten die Straßen des Landes, aus dem ich komme, damit pflastern.› Da erwiderte er: ‹Wenn das so ist, dann werden Sie eines Tages Ihr Ziel erreichen.›»[4]

Was aber waren konkret Balfours Versprechungen an die Zionisten? Nur die Tatsache, dass vor dem November 1917 keinerlei Zusagen der Weltmächte an die Zionisten vorlagen, erklärt den Enthusiasmus über ein derartig vage gehaltenes Schreiben. Zunächst einmal ist von einem Versprechen nicht die Rede, sondern davon, dass die britische Regierung «mit Wohlwollen» etwas betrachtet, was nicht so klar definiert ist, nämlich «die Errichtung einer nationalen Heimstätte für das jüdische Volk in Palästina».

Was bedeutete eine «nationale Heimstätte» (*national home* im Ori-

Lord Balfour bei der Feier zur Eröffnung
der Hebräischen Universität in Jerusalem, 1925

ginal) im rechtlichen Sinne? Niemand wusste das so genau. Das britische Kabinett war sich selbst nicht einig, was eigentlich unter «nationaler Heimstätte» zu verstehen sei. Zwanzig Jahre später steht im Bericht der zur Teilung des Landes eingesetzten Peel-Kommission: «Es wurde uns gestattet, die Unterlagen einzusehen, die diese Frage berühren, und es ist uns bewusst, dass die Worte ‹die Errichtung einer nationalen Heimstätte in Palästina› das Resultat eines Kompromisses war zwischen den Ministern, die die Errichtung eines jüdischen Staates in Erwägung zogen, und jenen, die dies ablehnten.»[5] Lloyd George, so heißt es weiter in dem Bericht, verwies darauf, dass zwar unmittelbar kein unabhängiger jüdischer Staat vorgesehen sei, dass dies aber in Erwägung gezogen werde, falls die jüdische Bevölkerung eine Mehrheit erreiche.

Nach Beginn der gewalttätigen Konflikte zwischen Arabern und Juden in den Jahren 1920/21 in Palästina kam die britische Regierung immer mehr davon ab, die Definition von *national home* im Sinne eines unabhängigen Staates zu verstehen. So betonte Winston Churchill im Juni 1922 zwar, dass die Juden ein historisches Recht darauf hätten, sich in Palästina anzusiedeln, dass dieses aber nicht zu einem souveränen Staat führen müsse: «Wenn man danach fragt, was unter der Entwicklung einer jüdischen nationalen Heimstätte in Palästina zu verstehen ist, so mag man antworten, dass dabei nicht etwa gemeint ist, den Einwohnern Palästinas insgesamt eine jüdische Nationalität aufzuerlegen, sondern vielmehr die Weiterentwicklung der existierenden jüdischen Gemeinde, mit der Unterstützung der Juden in anderen Teilen der Welt, so dass es [Palästina] zu einem Zentrum heranwachse, auf das das jüdische Volk als Ganzes, auf der Grundlage seiner Religion und seiner Rasse mit Stolz blicken kann.»[6] Diese Vorstellung erinnerte eher an Achad Ha'ams Konzept eines geistigen Zentrums als an die mit Herzl verbundene politische Souveränität.

Damit benutzte Churchill eine ähnlich vage Formulierung wie sie das Völkerbundmandat im Juli 1922 vertraglich festlegte: «Der Mandatar [Großbritannien] soll dafür verantwortlich sein, daß das Land unter solche politische, administrative und wirtschaftliche Bedingungen gestellt wird, welche die Errichtung der jüdischen nationalen Heimstätte ... und die Entwicklung von Selbstverwaltungsinstitutionen sowie die Wahrung der bürgerlichen und religiösen Rechte aller Einwohner Palästinas, ohne Unterschied der Rasse und Religion, sichern.»[7]

Mit «nationaler Heimstätte» war ein Ausdruck gewählt worden, der 1897 als Grundlage des zionistischen Baseler Programms diente. Auch damals war über die Formulierung lange verhandelt worden. Man wollte eine Formulierung vermeiden, die eindeutig Souveränität forderte und damit die osmanische Regierung provoziert hätte. In den Jahrzehnten danach hatte die zionistische Bewegung die Formulierung der «öffentlich-rechtlich anerkannten Heimstätte» verinnerlicht.

Tatsache ist, dass mit dem Begriff der «Heimstätte» die Besonderheit des Zionismus unter den Nationalbewegungen eine weitere Nuance erhielt. Denn nicht nur musste keine andere Nation als solche mehrere Tausend Kilometer wandern, um nach zwei Jahrtausenden in ihre Heimat zu gelangen, keiner anderen nationalen Bewegung – mit Ausnahme der Armenier – wurde eine «nationale Heimstätte» versprochen. Es schien, als ob im Falle der viele Regeln sprengenden jüdischen Existenz nur ein Begriff in Frage käme, der kein Vorbild in den anderen Nationalbewegungen hatte.[8]

Auch den Zionisten war in der Zwischenkriegszeit keineswegs klar, was «Heimstätte» für das jüdische Volk genau bedeutete. Für einige ihrer führenden Köpfe war mit der Aufnahme der Balfour-Deklaration in das britische Mandat die Idee einer jüdischen Heimstätte bereits Realität geworden. Nachum Sokolow, einer der herausragenden zionistischen Publizisten und in den dreißiger Jahren selbst Präsident der Zionistischen Weltorganisation, schrieb in seiner Geschichte des Zionismus von 1919: «Es wurde behauptet und wird immer noch gebetsmühlenartig wiederholt, dass der Zionismus die Schaffung eines unabhängigen ‹jüdischen Staates› anstrebt. Aber dies ist falsch. Der ‹jüdische Staat› war nie Teil des zionistischen Programms.»[9] Will man dies als eine taktische Täuschung abtun, wie einige Interpreten es auslegen,[10] so bleibt die Frage, warum sich einer der führenden Zionisten jener Zeit als Forum für diese Behauptung ausgerechnet die erste umfassende offizielle Geschichte des Zionismus aussuchte.

Mehr noch, Sokolow ließ öffentlich keinen Zweifel daran, dass mit der Anerkennung der Juden als Volk und Palästinas als Heimstätte für dieses Volk bereits die wichtigste zionistische Forderung erfüllt wurde. Auf dem zwölften Zionistischen Kongress 1921 in Karlsbad versuchte er als Präsident der Exekutive der Zionistischen Weltorganisation, der Versammlung die Bedeutung dieses Schrittes klarzumachen: «Auf unserem letzten Kongreß war noch kein jüdisches Volk in der internationalen Begriffswelt; für uns und in unseren eigenen Augen waren wir es einmal, von anderen als Volk anerkannt zu werden – erstrebten wir. Wir haben es endlich erreicht. Das nationale Heim für das jüdische Volk ... Wir haben den Titel ‹Jüdisches Volk›. Das ist die welthistorische Tatsache, das ist der Markstein in unserer Geschichte ...»[11] Adolf Böhm, ein führender österreichischer Zionist, der 1921 eine *Geschichte des Zionismus* verfasste, sah dies ganz ähnlich: «Mit der Durchsetzung des Baseler Programms ... ist das politische Ziel der zionistischen Bewegung erreicht worden.» Im Weiteren spricht er davon, ein «jüdisches Gemeinwesen» zu errichten.[12]

Zu Beginn der zwanziger Jahre gab es in dieser Frage einen weitgehenden Konsens, den Arthur Holitscher in seiner populären Reise-
beschreibung Palästinas ebenso notierte. Holitscher, dessen Schilderung des Landes die prägnanten Worte «Die Klippen von Jaffa sind
keine Metapher» enthält,[13] kam nach zahlreichen Gesprächen mit
Bewohnern Palästinas, darunter auch führenden Zionisten wie Arthur
Ruppin, zu dem Schluss: «Die Juden erstreben in Palästina gewiss
keinen jüdischen Staat, sondern eine jüdische Autonomie, aus der sich
ein jüdisches Palästina entwickeln könnte.»[14]

Chaim Weizmann, der nach Ende des Ersten Weltkriegs auch offiziell an die Spitze der Zionistischen Organisation aufrückte, ging wie
die meisten Zionisten davon aus, dass ohne jüdische Mehrheit kein
jüdischer Staat in Palästina zu erreichen sei. Am Ende des Ersten Weltkriegs betrug die jüdische Bevölkerung Palästinas 65 000, die arabische über eine halbe Million. Weizmann war daher skeptisch, in absehbarer Zeit einen unabhängigen jüdischen Nationalstaat zu sehen.
Alternative Modelle einer weitgehenden politischen Autonomie unter
dem Schutz der britischen Mandatsmacht schienen ihm zumindest
mittelfristig realistischer. Weizmann nahm den britischen High Commissioner Lord Herbert Samuel gegen Angriffe der Zionisten in
Schutz, er müsste die Versprechen der Balfour-Deklaration sofort um-
setzen. «Vergessen Sie nicht, Erez-Israel und Palästina sind nicht identisch und werden noch für lange Zeit nicht identisch sein. Samuel ist
High Commissioner für Palästina und wir sind High Commissioners
für Erez-Israel. Und es werden vielleicht Zeiten kommen, wo diese
zwei High Commissioners vielleicht einen schweren Stand haben werden. Hoffen wir, daß es nie dazu kommt.»[15]

Selbst David Ben Gurion, der aufsteigende Stern am Polithimmel
in Palästina und spätere erste Ministerpräsident Israels, hatte während der zwanziger Jahre keineswegs nur den Nationalstaat vor
Augen. Er sprach davon, dass der jüdische Nationalismus sich dadurch auszeichne, keine fremden Minderheiten beherrschen zu wollen. So betonte er 1926 in einer Rede vor der jüdischen Delegierten-
versammlung in Palästina, dass es in einem Land, in dem es derartig
viele Nationalitäten, Religionen und Kulturen gebe, kein einheitliches

Rechtssystem geben könne. Überhaupt, so Ben Gurion, müsse eine weitgehende Dezentralisierung den Gegebenheiten Rechnung tragen und eine Autonomie der verschiedenen Bevölkerungsgruppen realisiert werden.[16]

Selbstverständlich müssen die Aussagen der zionistischen Politiker jener Jahre im Kontext ihrer politischen Rücksichtnahmen gesehen werden. Doch selbst im internen und im privaten Kontext gibt es eine Reihe derartiger Zitate. Die Tatsache, dass Sokolow und Böhm ihre Statements in die offiziellen zionistischen Geschichten aufnahmen und dass auf den Zionistenkongressen jener Jahre so gut wie gar nicht über die genaue Form der Staatlichkeit diskutiert wurde, weist darauf hin, dass das Konzept der staatlichen jüdischen Souveränität noch viele Spielarten offenließ. «So waren sowohl die ‹Extremisten› als auch die ‹gemäßigte› Mehrheit der Zionisten darauf vorbereitet, ‹Souveränität› entweder als Zweck oder als Mittel anzusehen», resümierte der Historiker Ben Halpern.[17]

Die Balfour-Deklaration ließ auch offen, wo die Grenzen dieser Heimstätte liegen sollten. «In Palästina» war eine vage Formulierung. Als Staat hatte es Palästina niemals gegeben, unter der jahrhundertelangen osmanischen Herrschaft gab es nicht einmal eine zusammenhängende Verwaltungseinheit namens Palästina: Der nördliche Landesteil, bestehend aus dem Sanjak Akko und Nablus, wurde von Beirut aus verwaltet, der südliche Landesteil von Jerusalem aus. Als die Briten das Gebiet eroberten, wussten sie nicht genau, wo die Landesgrenzen liegen würden. Im September 1919 sprach der britische Premierminister Lloyd George in einem Schreiben an seinen französischen Kollegen Georges Clemenceau vage davon, dass die Grenzen Palästinas «in Übereinstimmung mit den antiken Grenzen von Dan bis Beersheba» definiert werden sollten.[18]

Sollte das riesige Gebiet östlich des Jordans unter die Kontrolle des britischen Palästina oder des französischen Syrien fallen? Bereits 1915 hatten die Briten den Landstrich in der McMahon-Hussein-Korrespondenz dem Sharif von Mekka versprochen. 1922 schließlich trennten sie das Gebiet von Palästina westlich des Jordans ab und richteten es ein Jahr später unter dem Namen Transjordanien, regiert von Emir

Abdullah aus der im Hedschas beheimateten Haschemiten-Dynastie, als britisches Protektorat ein.

Für die Zionisten waren die Grenzen genauso unklar. Die von ihnen in einem Memorandum bei den Pariser Friedensverhandlungen genannten Idealgrenzen erstreckten sich unter anderem auch auf ein bis in den Südlibanon hineinreichendes «Nordgaliläa» sowie auf ein begrenztes Gebiet östlich des Jordans, etwa entlang der Hedschas-Bahnlinie.[19] Bevor die britische Mandatsmacht Transjordanien vom Palästinamandat abtrennte, galt das heutige Jordanien auch für Vertreter eines moderaten Zionismus wie Weizmann als ein möglicher Siedlungsraum. So betonte er noch auf dem Zionistenkongress 1921: «Die Frage [nach den Grenzen] wird noch viel besser beantwortet werden, wenn Zisjordanien so voll von Juden sein wird, daß man nach Transjordanien gedrängt werden wird.»[20] Später war er wie die große Mehrheit der Zionisten auf das Land westlich des Jordans («Zisjordanien») fixiert. Die nationalistische Partei der Revisionisten unter der Führung Vladimir Jabotinskys betrachtete dagegen noch jahrzehntelang Palästina auf beiden Seiten des Jordans als den rechtmäßigen Judenstaat.[21]

In dem Schreiben Lord Balfours heißt es weiter, dass nichts geschehen solle, «was die bürgerlichen und religiösen Rechte der bestehenden nichtjüdischen Gemeinschaften in Palästina» in Frage stelle. Damit waren natürlich die Rechte der arabischen Bevölkerung gemeint, obwohl diese nicht namentlich erwähnt werden. Es sah zwar kurzzeitig so aus, als ob zwischen dem Emir Feisal als Vertreter der arabischen Seite und Chaim Weizmann eine Verständigung erreicht wurde, die die Balfour-Deklaration wie auch die jüdische Immigration befürwortete, doch zerschlug sich mit der Aufteilung der arabischen Territorien das Entgegenkommen der Vertreter des haschemitischen Herrscherhauses. Zudem sprachen die Haschemiten im Namen eines Territoriums, das ihnen gar nicht gehörte. Im Gegensatz zu den Haschemiten ließ ein nationaler syrischer Kongress verkünden, dass das Palästina genannte Territorium nichts als der südliche Teil Groß-Syriens sei.

Den meisten Zionisten war mittlerweile ohnehin klar, dass sie nicht mit offenen Armen begrüßt werden würden, so wie Herzl sich das einst ausgemalt hatte. Bereits zu Anfang des Jahrhunderts hatten Achad Ha'am und andere Zionisten darauf hingewiesen, dass es vonseiten der arabischen Bevölkerung zu Protesten gegen die Einwanderer aus Europa kommen würde. In ihren neuen Siedlungen mussten sie von Anfang an Wachen aufstellen, und kurz nachdem den Briten Palästina als Mandatsgebiet zugesprochen worden war, kam es 1920/21 zu gewalttätigen Auseinandersetzungen mit zahlreichen Todesopfern in Jerusalem und Jaffa.

Ein letzter unklarer Punkt in der Balfour-Deklaration war der Passus über «die Rechte und den politischen Status der Juden in anderen Ländern». Damit wurde der Umstand angesprochen, dass die Einrichtung einer nationalen Heimstätte für das jüdische Volk von zahlreichen westeuropäischen Juden gar nicht gerne gesehen wurde und dass sie die Loyalitäten gegenüber ihren jeweiligen Heimatländern herausgefordert sahen. Der Widerstand der «Protestrabbiner» und der örtlichen jüdischen Gemeinde gegen den von Herzl in München geplanten ersten Zionistenkongress war noch nicht vergessen, und die Argumente der jüdischen Gegner des Zionismus waren durch den Patriotismus des Ersten Weltkriegs weiter verstärkt worden. In Zeiten des Krieges wollte sich niemand mangelnden Patriotismus vorwerfen lassen; schon gar nicht die noch immer auf ihre vollständige Integration wartenden Juden. In Deutschland suchte der Philosoph Hermann Cohen die Symbiose von «Deutschtum und Judentum» geistig zu untermauern.[22] In England war es der einzige jüdische Minister im Kabinett, der Staatssekretär für Indien, Lord Edwin Samuel Montagu, der gegenüber der Balfour-Deklaration das größte Unbehagen empfand. Er forderte die Aufnahme des Passus, der den britischen Juden wie auch den Juden anderer Länder, die mit dem Zionismus nichts gemein hatten, zusicherte, dass ihre Stellung durch die Errichtung eines jüdischen Gemeinwesens nicht beeinträchtigt würde.

Montagus Cousin Herbert Samuel, der als erster Hoher Kommissar die politischen Geschicke Palästinas lenkte, war dagegen dem Zionismus wohlgesinnt. Als er 1920 in Palästina eintraf, wurde er von vielen Juden wie ein weltlicher Messias begrüßt. Doch blieb er seiner Stellung

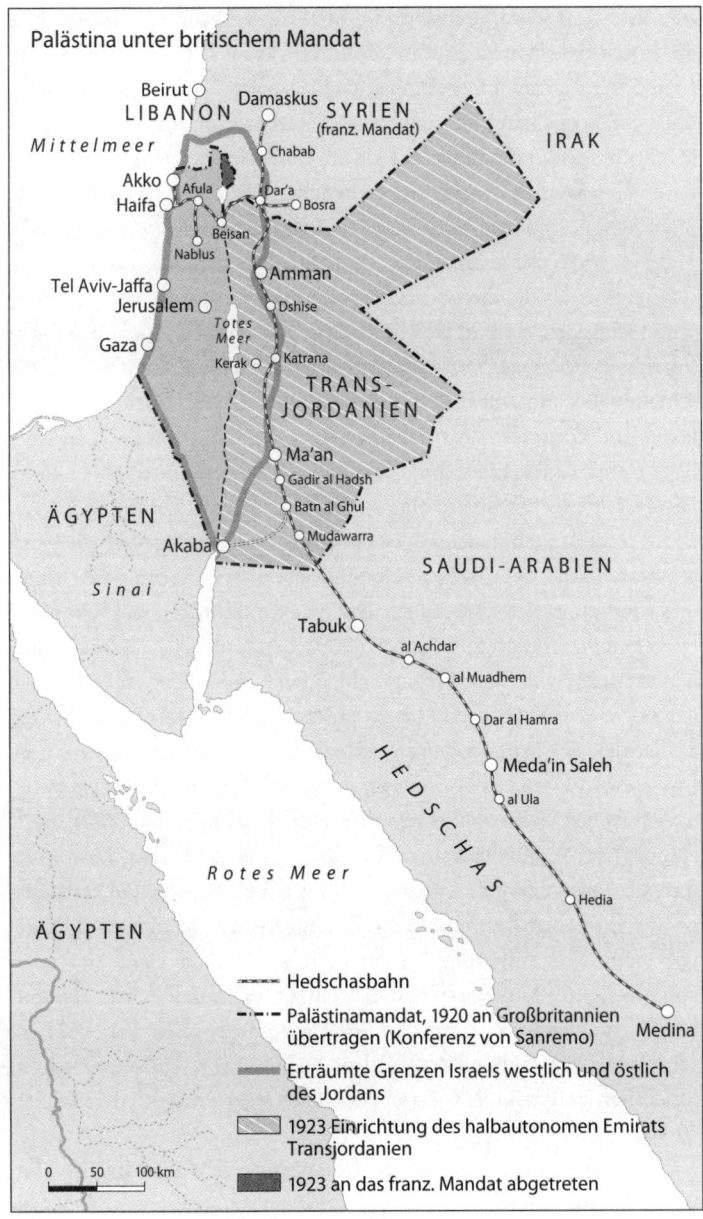

Palästina unter britischem Mandat

Beirut
Damaskus
LIBANON
SYRIEN
(franz. Mandat)
IRAK

*Mittelmeer*

Chabab

Akko
Afula
Haifa
Dar'a
Bosra

Beisan

Nablus

Tel Aviv-Jaffa
Amman
Jerusalem
Dshise

*Totes Meer*

Gaza
Kerak
Katrana

TRANS-
JORDANIEN

ÄGYPTEN

Ma'an

Gadir al Hadsh

Batn al Ghul

Akaba
Mudawarra

SAUDI-ARABIEN

*Sinai*

Tabuk
al Achdar

al Muadhem

Dar al Hamra

Meda'in Saleh
al Ula

*Rotes Meer*

HEDSCHAS

ÄGYPTEN

Hedia

Medina

- - - Hedschasbahn

–··– Palästinamandat, 1920 an Großbritannien
übertragen (Konferenz von Sanremo)

Erträumte Grenzen Israels westlich und östlich
des Jordans

1923 Einrichtung des halbautonomen Emirats
Transjordanien

1923 an das franz. Mandat abgetreten

0   50   100 km

treu und vertrat während seiner fünfjährigen Amtszeit in erster Linie die britischen, nicht die jüdischen Interessen.[23] Die zionistische Führung hatte sich zwar von Samuel mehr erhofft, konnte aber zunächst mit dem Erreichten zufrieden sein. Sie erbat sich von der Mandatsmacht drei Zugeständnisse, die sie im Wesentlichen erfüllt bekam: die Beschleunigung der jüdischen Einwanderung, die Anerkennung der jüdischen politischen Vertretung in Palästina sowie die großzügige Vergabe von Konzessionen für den Landkauf an Juden.

Wichtiger als die theoretische Erörterung, was nun genau eine jüdische Heimstätte sei und welche Grenzen sie habe, war die praktische Vorgehensweise vor Ort: die Zunahme der Einwanderung, der beschleunigte Landkauf und die Herausbildung politischer, wirtschaftlicher und kultureller Institutionen. Ab 1920 fanden Wahlen zu einer Repräsentantenversammlung statt, die als Vorparlament gelten kann. Die Jewish Agency stellte eine in internen Fragen wirksame Exekutive. Mit der zunehmenden Einwanderung diversifizierte sich die Wirtschaftsstruktur des *Jischuw*, der jüdischen Bevölkerung Palästinas, und kam einer Autarkie näher. Die neuen kulturellen Einrichtungen vom Habima-Theater bis zur Hebräischen Universität schufen den Unterbau für eine hebräischsprachige neue jüdische Gesellschaft. In der Form von Kibbuz und genossenschaftlichem Moschaw schritten kollektivistisch geprägte landwirtschaftliche Siedlungen weiter voran. Das 1909 als «erste hebräische Stadt» gegründete Tel Aviv stieg innerhalb weniger Jahre zu einer sich täglich wandelnden Metropole empor. Die vierte Alija mit zahlreichen mittelständischen Einwanderern aus Polen und die fünfte Alija mit den aus Deutschland vertriebenen Juden ließen das bürgerlich-urbane Leben Palästinas aufblühen. Die jüdische Bevölkerung Palästinas war zwischen 1922 und 1938 von 83 000 auf knapp 450 000 gewachsen, ihr Anteil an der Gesamtbevölkerung war von 11 auf 30 Prozent gestiegen. Mit dem 1921 gegründeten Oberrabbinat entstand auch eine neue religiöse Instanz mit Machtbefugnissen zumindest über den zionistisch orientierten Teil des *Jischuw*.

Die neue jüdische Gesellschaft in Palästina war in vielfacher Hinsicht autonom – doch war sie tatsächlich ein souveräner Staat im Werden, wie manche Historiker es rückwirkend als eine Art Automatismus sehen?[24] Eine solche Interpretation ist durch die Linse der Ereignisse nach dem Zweiten Weltkrieg durchaus verständlich, doch in den dreißiger Jahren war noch keineswegs klar, ob am Ende der Entwicklung ein unabhängiger Staat Israel stehen würde oder eine weitgehende jüdische Autonomie.

## Die Einstaatenlösung

Der von vielen deutschsprachigen jüdischen Intellektuellen, darunter Gershom Scholem, Hans Kohn, Ernst Simon, Robert Weltsch und Arthur Ruppin, unterstützte *Brit Schalom* (Friedensbund) propagierte die sofortige Errichtung eines binationalen jüdisch-arabischen Staates. Im Sinne von Achad Ha'am und anderen Kulturzionisten sollte Palästina das Zentrum einer modernen, säkular geprägten hebräischen Kultur werden. Die meisten Vertreter der zahlenmäßig kleinen, doch unter den jüdischen Intellektuellen Palästinas zeitweise einflussreichen Vereinigung lehnten das traditionelle Modell eines Nationalstaates generell ab. Der Historiker und Sozialist Kohn betrachtete den Staat überhaupt als ein «künstliches Zweckgebilde»,[25] entstanden durch die Unterscheidung in eine herrschende und eine beherrschte Klasse. Auch jüdische Werte, wie sie die Propheten repräsentiert hätten, sprachen aus Sicht der Anhänger von *Brit Schalom* gegen die Institution Staat, «der durch seine Autorität Menschen zwingt, Gottes Gebot zu verletzen».[26] Ernst Simon formulierte für den Zionismus in Palästina das Ziel, hier «den *Götzen des Staates*, d. h. den Aberglauben, es gebe keine freie Volks- und Gemeinschaftsentwicklung ohne die Zwangsform des Staates»,[27] zu überwinden.

Waren auch nicht alle Anhänger von *Brit Schalom* prinzipiell Gegner eines souveränen Staats, so war ihnen insgesamt die Idee eines Nationalstaates zuwider. In einer binationalen Gesellschaft würden Juden und Arabern zumindest die gleichen Rechte zustehen. Der Zionismus war für sie eine nationale Bewegung des Geistes und nicht der Macht, eine Bewegung der Idee und nicht des Territoriums. Während der Großteil der Zionisten vor allem das Ziel der Majorisierung der

Bevölkerung in Palästina verfolgte, schlugen die Vertreter des *Brit Schalom* eine paritätische Vertretung von Juden und Arabern in allen wichtigen Körperschaften und Institutionen des Landes vor.[28] Sie fürchteten, dass der Streit über Mehrheit und Minderheiten einen ernsthaften Dialog zwischen den Bewohnern des Landes auf Dauer unmöglich machen würde. Martin Buber sprach davon, dass Palästina «im Wesen» jüdisch werden solle, andere bedienten sich des Ausdrucks *«rabim»* (viele) statt *«rov»* (Mehrheit). Insgesamt hielten die Anhänger von *Brit Schalom* «das Gefasel von der Mehrheit» für gefährlich, weil es Unfrieden zwischen Juden und Arabern schüren konnte.[29] Auch eine militärische Eroberung des Landes war für sie mit dem Geist des Judentums nicht vereinbar.

Im Detail gab es jedoch unterschiedliche Vorstellungen innerhalb der Gruppierung. Während der von österreichischen Autonomietheorien geprägte Historiker Hans Kohn für ein einheitliches Staatsgebilde mit individueller Autonomie für Juden und Araber unter Verzicht auf eigenes Militär und unter der Hoheit der britischen Mandatsmacht focht, sah der Soziologe Arthur Ruppin ein kantonales System vor, in dem beide nationalen Gruppen über Autonomie in ihren jeweils eigenen Teilgebieten verfügen sollten. Der vage Begriff der «Heimstätte» kam den Mitgliedern des *Brit Schalom* besonders gelegen. Der Philosoph Hugo Bergmann, ein Freund Franz Kafkas und später Rektor der Hebräischen Universität Jerusalem, schrieb kategorisch: «Wir streben keinen Staat an, sondern eine Heimstätte.»[30]

Die Vertreter des *Brit Schalom* reihten sich in die Sichtweise derjenigen ein, die forderten, dass die neue jüdische Gesellschaft eine besondere Mission in der Welt zu erfüllen habe. Die Rede vom fiktiven Albanien flammte auch hier auf, nur diesmal mit anderen Metaphern. Ein «ganz normaler» Judenstaat «mit einigen Millionen Juden [wäre] nichts anderes als ein neues Montenegro oder Litauen».[31] Das Modell der jüdischen Heimstätte war für die Mitglieder von *Brit Schalom* ein moderner Gegenentwurf zum europäischen Staat, der im Gemetzel des Ersten Weltkriegs endgültig seine Legitimation verloren habe. So forderten die linksliberalen Intellektuellen des *Brit Schalom* ebenso wie vor ihnen Herzl eine jüdische Gesellschaft, die ein Modell für die restliche Welt werden sollte.[32] Der *Brit Schalom* blieb vor allem eine Intellektuellenvereinigung, die auch deswegen zum Scheitern verurteilt war, weil ihr ein ernsthafter arabischer Dialogpartner fehlte.

Der zahlenmäßig kaum ins Gewicht fallenden Position des *Brit Schalom* wird in der Geschichtsschreibung in der Regel das Lager am anderen Ende des politischen Spektrums innerhalb der zionistischen Bewegung, nämlich die in Bezug auf ihre Anhängerschaft und ihre Wirkung wesentlich bedeutenderen rechtsnationalen Revisionisten unter Vladimir Zeev Jabotinsky, gegenübergestellt. In der Tat gab es einen entscheidenden Unterschied: Während *Brit Schalom* einen Ausgleich mit den Arabern anstrebte, nahmen die Revisionisten eine militärische Konfrontation in Kauf. Doch bei näherem Hinsehen fällt auf, was in der Geschichtsschreibung geflissentlich übersehen wird: dass beide sonst so unterschiedlichen Positionen in einem prinzipiellen Punkt übereinstimmten: Beide traten für eine Einstaatenlösung ein, allerdings unter gänzlich anderen Vorzeichen. Die Revisionisten strebten einen Staat auf beiden Seiten des Jordans an, forderten eine starke Armee und setzten sich für eine rasche jüdische Masseneinwanderung ein.

Wie Herzl in Budapest, so war Jabotinsky in Odessa in einer Familie aufgewachsen, die Sprache und Kultur ihrer Umwelt – in seinem Fall Russisch – pflegte, wenngleich sie viel weniger assimiliert war als Herzls Familie. Bereits als Kind wurde Jabotinsky Hebräisch beigebracht und die Liebe zum Land Israel eingeimpft. Jabotinsky war «ein durch und durch osteuropäischer Jude, aber ein so nichtjüdischer osteuropäischer Jude wie man ihn sich nur vorstellen konnte. Er war wesentlich kultivierter, gepflegter und vornehmer, als seine Anhänger es jemals sein würden, und dennoch kompromisslos seinem Volke verpflichtet, für das er sein Leben bereit war herzugeben.»[33] Wie Herzl war Jabotinsky ein Schriftsteller und Journalist, der an seiner Sprache und seiner Heimat hing. Auf der Höhe seiner politischen Laufbahn veröffentlichte er 1937 – auf Russisch – seinen Roman *Die Fünf*, ein Bekenntnis seiner Liebe zu seiner Heimatstadt Odessa.

Der Nationalist Jabotinsky war genauso Europäer und Kosmopolit wie Herzl. Er war zwar nicht in Budapest und Wien zu Hause, doch außer in Odessa auch in Rom, London und – wie Herzl – in Paris. Dem Orient stand er kulturell dagegen nicht nahe: «Der Nahe Osten und alles, was damit verbunden ist, bleibt mir fremd. Ich kann seine Schönheit nicht schätzen. Ich verstehe seine Traditionen nicht. Seine Musik lässt mich zusammenzucken, und sein Denken lässt mich gleichgültig. Ich würde mich bei einem Eskimostamm am anderen Ende von Labrador geborgener fühlen. Die Leute sagen mir, es sei meine Schuld, nicht die des Nahen Ostens – und in der Tat scheine ich unter einem Geburtsmakel zu leiden, der mich davon abhält, die Feinheiten der Region zu verstehen, ebenso wie mich Stravinskys Musik kaltlässt.»[34]

Ganz anders als Herzl beherrschte Jabotinsky neben seiner russischen Muttersprache und anderen europäischen Sprachen (darunter mehrere italienische Dialekte)[35] auch die jüdischen Sprachen. Er übersetzte Edgar Allan Poe aus dem Englischen ins Hebräische und Dante aus dem Italienischen ins Russische. Er eignete sich Jiddisch so gut an, dass er die Massen Osteuropas mit seinen Reden in den Bann ziehen konnte. Und er war davon überzeugt, dass die Juden mehr als jede andere Nation mit ihrer historischen Heimat verbunden waren, da sie ihr während über zwei Jahrtausende der Zerstreuung in ihren Gedanken stets treu verbunden geblieben waren.[36]

Umso erstaunlicher ist, dass in Jabotinskys Konzept des Judenstaats von jüdischer Kultur kaum die Rede ist. Gewiss interessierte ihn die Hebraisierung Palästinas mehr als Herzl, doch auf eine unorthodoxe, ja originelle Weise, die etwa dazu führte, dass er die hebräische Schrift latinisieren wollte, so wie Atatürk die arabischen Schriftzeichen in der Türkei durch lateinische ersetzt hatte. Wie bei Herzl war aber auch bei Jabotinsky der Antisemitismus die treibende Kraft seines Zionismus gewesen. In diesem Sinne unterschieden sich beide von Achad Ha'am, dem Jabotinsky unterstellte, statt einen veritablen Staat einen «Vergnügungspark für hebräische Kultur» einrichten zu wollen.[37] Selbst wenn sie es wollten, so argumentierte Jabotinsky ganz wie Herzl, könnten sich die Juden in Europa nie vollständig integrieren und benötigten daher ihren eigenen Staat.

Der Judenstaat, so Jabotinsky, sei eine historische Notwendigkeit, die – vor dem Hintergrund des virulenten europäischen Antisemitismus – nicht mit den nachvollziehbaren Ansprüchen der Araber auf eine Stufe gestellt werden könne: «Wenn aber die arabische Forderung mit unserer jüdischen – nach Rettung – verglichen wird, dann ist sie wie die Forderung des Appetits im Vergleich zur Forderung des Hungers.»[38] Immer wieder forderte er politische Ziele ein: Die Mehrheit des Landes müsse jüdisch werden, beide Seiten des Jordans sollten dem Judenstaat eingegliedert werden, seine Souveränität müsse gewährleistet werden, die Briten müssten die Versprechen der Balfour-Deklaration einlösen. Schon 1923 machte er klar, was für ihn ein jüdischer Staat hieß: «Seine Bedeutung ist eine jüdische Mehrheit. Damit hat der Zionismus begonnen, und mit diesem Prinzip wird er weiterarbeiten, bis zu seiner Realisierung – oder er wird zum Scheitern verurteilt sein.»[39]

Nirgendwo in Jabotinskys Schriften ist aber davon die Rede, wie jüdisch dieser Staat sein solle. Während die Kulturzionisten um *Brit Schalom* eine vom jüdischen Geist geprägte Gesellschaft, aber keinen eigenen jüdischen Staat wollten, forderte Jabotinsky einen souveränen Staat, dessen jüdischer Gehalt ausgesprochen vage blieb. Gewiss, so führte er aus, die geistigen Aspekte des Zionismus «nach Wiederaufbau der hebräischen Kultur oder nach Schaffung einer gewissen ‹Modellgemeinde›» seien wichtig, «aber verglichen mit unseren faktischen Bedürfnissen und unserer wirklichen Lage heutzutage in der Welt hat das alles eher den Charakter von Luxus».[40] Ein «jüdischer Staat» war für ihn zunächst ein Staat oder ein Gebiet, «welches ein gewisses genügendes Maß von Selbstherrschaft in seinen inneren und äußeren Angelegenheiten genießt und eine jüdische Mehrheit besitzt».[41]

Jabotinsky wusste, dass der Judenstaat nicht ohne militärischen Einsatz zu etablieren war. Im Gegensatz zu Herzl und zu den Binationalisten des Brit Schalom war er sich sehr wohl des Widerstands von arabischer Seite bewusst. So stand für ihn, der bereits im Ersten Weltkrieg eine Jüdische Legion innerhalb der britischen Armee initiiert hatte, die Notwendigkeit einer jüdischen Armee außer Frage. Er schuf die paramilitärisch organisierte Jugendbewegung Betar, für die er 1932 auch die Hymne schrieb. Darin lässt er keinen Zweifel, dass der jüdische Staat weder durch Gebete noch durch Gespräche entstehen wird, sondern «durch Blut und Schweiß».[42]

Die Konfrontation zwischen Juden und Arabern resultierte für Jabotinsky aus der Erkenntnis, dass beide Völker in ihren Augen die rechtmäßigen Bewohner des Landes waren. Er verstand die Ansprüche der arabischen Palästinenser auf einen eigenen Staat besser als die vom Kompromissgedanken beseelten Mitglieder von *Brit Schalom*. Er akzeptierte sie aber nicht. In seinem am häufigsten zitierten Aufsatz «Die eiserne Mauer» bezeichnet er die Vorstellung, die arabische Bevölkerung würde jemals eine jüdische Einwanderung nach Palästina akzeptieren, als naiv. Er spricht sich dafür aus, die jüdische Einwanderung auch gegen den Willen der Araber durchzuführen, betont aber gleichzeitig die unbedingte Notwendigkeit, ihnen in einem künftigen jüdischen Staat gleiche Rechte zu geben.[43] Es gebe in nationalen Auseinandersetzungen nicht immer nur eine allgemeingültige Wahrheit, sondern die historische Wahrheit hänge oft vom Standpunkt des Betrachters ab.[44]

Jabotinsky hatte keinerlei Bedenken, einen deutlich nationalen Standpunkt einzunehmen und zu verteidigen. Weizmann und Ben Gurion waren ihm zu zögerlich und kompromissbereit gegenüber Arabern wie Briten. Er forderte eine strengere Abgrenzung gegenüber den Briten (die ihm nach der Veröffentlichung radikaler Aufrufe in der von ihm redigierten revisionistischen Zeitung *Doar ha'jom* die Einreise nach Palästina verweigerten), eine deutliche Forcierung der Einwanderung und den Aufbau einer jüdischen Armee, eine Revision also der bestehenden zionistischen Politik. Als er diese Ziele innerhalb der Zionistischen Organisation nicht erreichen konnte, verließ er diese mit seinen Revisionisten 1935 vorübergehend und führte die konkurrierende Neue Zionistische Organisation.

Doch hatte sich der glühende Nationalist Jabotinsky keinesfalls die Unterdrückung der arabischen Minderheit in einem Staat mit jüdischer Mehrheit auf die Fahne geschrieben. Wie der Jerusalemer Historiker Dimitry Shumsky zeigen konnte, war für Jabotinsky, der einen Judenstaat mit einer jüdischen Armee auf beiden Seiten des Jordans predigte, keineswegs ein klassisches Nationalstaatsmodell notwen-

Vladimir Jabotinsky in London, 1925

dig.[45] Er war mit den im Habsburgerreich entstandenen Autonomietheorien für nationale Minderheiten bestens vertraut – darüber hatte er an der Universität Jaroslav einst seine juristische Dissertation verfasst.[46] Diese Theorien flossen auch in seine Vorstellungen vom jüdischen Staat ein.

Die Antworten auf die Frage, wie für ihn der Judenstaat aussehen könnte, gab Jabotinsky in seiner letzten Schrift, einem zu Beginn des Jahres 1940 verfassten Buch, das postum zunächst (in England) als *The Jewish War Front* und zwei Jahre später (in den USA) unter dem Titel *The War and the Jews* erschien. Dieses von der Forschung oft

übergangene Buch enthält auch eine Art Modellverfassung für das unabhängige Palästina (Erez Israel).[47]

Jabotinsky schrieb dieses Buch zu einem Zeitpunkt, als das Schicksal der europäischen Juden besiegelt schien und ein Großteil Europas
von den Nazis beherrscht wurde. Er beginnt mit einer Warnung an die
europäischen Juden, die begreifen müssen, «dass gleiche Rechte im
besten Falle ein verderbliches Gut sind, äußerst stachelig und mit
Vorsicht, Mäßigung und Taktgefühl zu behandeln». Konkret ist es das
Ziel seines im Januar und Februar 1940 geschriebenen Buches, «das
jüdische Problem in die Kriegsziele der Alliierten aufzunehmen».[48]

Obwohl Jabotinsky sich für die Restauration der Bürgerrechte der
Juden nach dem Krieg und für ihre Autonomie einsetzte, wo immer sie
leben mochten, betrachtete er persönlich die Massenauswanderung
aus Europa als die einzige realistische Möglichkeit für eine jüdische
Zukunft. Jabotinsky bezog sich insbesondere auf den «Nordau-Plan».
1919 hatte Max Nordau, der ehemalige Mitstreiter von Theodor Herzl,
vorgeschlagen, innerhalb kürzester Zeit eine halbe Million Juden nach
Palästina zu bringen, denen innerhalb der nächsten Jahre weitere Millionen folgen sollten.

Wie sah nun Jabotinskys zukünftiger Staat aus? Bei genauem Hinsehen handelte es sich dabei um eine jüdisch-arabische Föderation
und nicht um einen rein jüdischen Nationalstaat. Er ist sich sehr wohl
seines Images als Hardliner bewusst und beginnt mit der Feststellung,
dass er der Welt mitteilen möchte, «wie nicht der gemäßigte, sondern
der sogenannte ‹extreme› Flügel des Zionismus sich die Verfassung
Palästinas in der Zukunft vorstelle». Er beruft sich dabei auf einen
Verfassungsentwurf, den die Exekutive der Revisionistischen Partei
1934 ausarbeitete. Der Staat, den Jabotinsky auf dieser Grundlage beschreibt, ist eine parlamentarische Demokratie und eine pluralistische
Gesellschaft. Doch mehr als das: Er verspricht nicht nur die gleichen
individuellen, sondern auch die gleichen kollektiven Rechte für Juden
und Araber im Rahmen einer weitgehenden Autonomieregelung.
Konkret bedeutet dies: «In jeder Regierung, in der ein Jude Ministerpräsident ist, soll der stellvertretende Ministerpräsident ein Araber
sein – und umgekehrt.» Dieser Satz ist bemerkenswert – nicht zuletzt

deswegen, weil er die Option eines arabischen Ministerpräsidenten durchaus vorsah. Weiter schreibt Jabotinsky, dass Juden und Araber proportional zu ihrer Bevölkerungsgröße die Ämter im Lande aufteilen sollen. «Sowohl Hebräisch wie auch Arabisch sollen gleichberechtigt im Parlament benutzt werden, ebenso wie in den Schulen und jedem anderen Amt oder Organ des Staates... Die jüdischen und die arabischen Gemeinschaften sollen als autonome Körperschaften vor dem Gesetz anerkannt werden... Jede ethnische Gemeinschaft soll ihre eigene Abgeordnetenkammer wählen, die das Recht hat, im Rahmen der Autonomiebestimmungen Gesetze zu erlassen und Steuern einzuziehen sowie eine nationale Exekutive zu ernennen, die der Abgeordnetenkammer Rechenschaft ablegen muss.»[49] Jabotinsky sprach sich gegen jegliche ethnische Säuberung aus und hielt es für vorteilhaft, wenn die arabische Bevölkerung im Lande bleiben würde. Dass sie alle Rechte einer nationalen Minderheit erhalten würde, stand für ihn außer Frage: «Schließlich hat die Welt aus den Quellen des Judentums gelernt, wie man ‹den Fremden innerhalb der eigenen Tore› behandeln soll.»[50]

Dieses Modell entsprach eher einem föderalen Staatenverbund als einem reinen Nationalstaat.[51] Für Jabotinsky war nicht ganz klar, ob dieser Staat völlig souverän oder aber ein autonomer Teil des britischen Empire sein würde: «Die Revisionistische Idee eines unabhängigen Palästina war damals (1934) die eines Dominions, wie es auch heute noch für viele von uns der Fall ist.»[52] Damit spielte Jabotinsky auf den Status an, wie ihn Kanada genoss, das zwar in vielerlei Hinsicht unabhängig war, doch durch eine Wirtschafts- und Verteidigungseinheit mit dem Mutterland verbunden blieb, dessen Staatsoberhaupt auch das des Dominions war. So mancher Nachfolger Jabotinskys an der Spitze der Revisionisten und ihrer Folgeparteien – von Menachem Begin bis Benjamin Netanjahu – mag diese Schrift, falls er sie überhaupt gelesen hat, mit Verwunderung zur Kenntnis genommen haben.

Wollte Jabotinsky einen Musterstaat oder einen Staat wie alle anderen? Wie der Großteil der Zionisten war auch er zwischen diesen beiden Optionen hin- und hergerissen.

Hillel Halkin hat auf den ersten Blick gewiss recht, wenn er in seiner Jabotinsky-Biographie betont, dass dieser im Judenstaat keine besondere Mission für die gesamte Menschheit sah, keinen Musterstaat, wie Herzl ihn anstrebte: «Die Juden hatten … keine Mission außer der einen: dass sie ihren verdienten Platz unter den Nationen einnähmen.»[53] Doch bei genauerem Hinsehen gab sich auch Jabotinsky nicht wirklich damit zufrieden, nur irgendeinen Staat, ein anderes Albanien, zu schaffen. So realistisch der Begründer der ersten modernen jüdischen Armee und der politische Maximalist war, so waren ihm – wie Herzl – utopische Elemente doch nicht fremd. Auch er wollte eine bessere Gesellschaft etablieren. Vom Siebenstundentag ist bei ihm zwar nicht die Rede und auch nicht von den Frauenrechten. Doch forderte er die «Allgemeine Nährpflicht» und berief sich dabei auf den Wiener Philosophen Josef Popper-Lynkeus, der für Jabotinsky auch in einem jiddischen Aufsatz aus dem Jahre 1925 der Gewährsmann war, indem er es als die heiligste Aufgabe des Staates bezeichnete, seinen Bürgern drei Dinge zu garantieren: Nahrung, Kleidung und Wohnung. An anderer Stelle fügte er das Recht der Bürger auf Erziehung und Gesundheitswesen hinzu und sprach sich prinzipiell – wenngleich unter Anpassung an das moderne Wirtschaftssystem – für eine Rückgabe des Privateigentums an den Staat nach fünfzig Jahren aus, so wie es das biblische «Jubeljahr» vorgesehen hat.[54] Nach einem realen Vorbild für einen solchen Staat in der Moderne wird man vergeblich suchen. Und aus dem Mund eines eingefleischten Antisozialisten, der heute als Vordenker der freien Wirtschaft in Israel gilt, ist diese Idee besonders bemerkenswert.

Er glaube, so schreibt Jabotinsky weiter, dass die Kinder seiner Generation es noch erleben werden, wie Hunger, Kälte, Obdachlosigkeit und Kriege ebenso verschwinden werden, wie das Analphabetentum in seiner Generation verschwunden sei. Und Israel solle mit einer Vorbildrolle vorausgehen. Er wusste auch, wie die gesellschaftliche Umverteilung erfolgen solle: Ausgerechnet Jabotinsky, der einmal schrieb, «Ich würde gerne die militärische Ausbildung unter den Juden als genau so üblich sehen, wie es das Anzünden der Schabbatkerzen einmal war»,[55] erklärt, man sollte aus den Steuergeldern bloß nicht Millionen für Gewehre und Kriegsschiffe verschwenden.[56]

## Die Zweistaatenlösung

Im Gegensatz zu der heute gängigen Meinung, die eine Zweistaaten-
lösung westlich des Jordans in die Anfangszeit der zionistischen Bewegung oder zumindest den Ersten Weltkrieg datiert, taucht diese als fa-
vorisierte Alternative gegenüber einem Einstaatenmodell erst Mitte der
dreißiger Jahre auf, und zwar als Folge der kontinuierlichen Verschlechterung der jüdischen Lage in Europa und der Eskalation des arabischen
Widerstands gegen die zunehmende jüdische Einwanderung.

Die antijüdischen Gesetze im nationalsozialistischen Deutschland,
aber auch die zunehmende Verschlechterung der wirtschaftlichen,
politischen und legalen Situation der Juden Osteuropas führten in den
dreißiger Jahren zu einem drastischen Anstieg der jüdischen Einwanderung nach Palästina. Diese Entwicklung wiederum verursachte heftige arabische Gegenreaktionen.

1936 brachen in Palästina schwere Unruhen unter der arabischen
Bevölkerung aus, begleitet von einem Generalstreik, der einen Großteil des Lebens lahmzulegen drohte. Da ein Mandat im Sinne des Völ-
kerbundes eigentlich nur als Übergangslösung für jene Territorien
vorgesehen war, die noch nicht in der Lage waren, sich selbst zu regieren, wurde durch die veränderte Situation die Diskussion über eine
Unabhängigkeit Palästinas angeregt.

Im Sommer 1936 setzten die Briten eine Kommission unter Vorsitz
des ehemaligen Staatssekretärs für Indien, Lord William Peel, ein, um
eine Lösung für die Zukunft Palästinas zu finden. In ihrem Bericht
geht die Kommission ausführlich auf die Geschichte der Region wie
auch auf die Anliegen der jüdischen und der arabischen Seite ein. Peel
nimmt kein Blatt vor den Mund, wenn es um die Verantwortung der
britischen Mandatsmacht geht: «Es gibt 400 000 Juden in Palästina.
Sie kamen dorthin nicht nur mit unserer Erlaubnis, sondern mit unserer ausdrücklichen Ermutigung. Wir sind daher, im Rahmen des Möglichen, für ihr Wohlergehen verantwortlich. Wir können sie, unter den
gegenwärtigen Umständen, nicht den guten Absichten einer arabischen Regierung ausliefern.»[57] Gleichzeitig aber sollten die Araber
auch nicht in einem jüdischen Staat leben, insbesondere nicht in einem

Land, in dem sie die Bevölkerungsmehrheit stellten. Peel sprach sich daher für eine Kantonisierung des Landes aus. Es sollte ein Territorium entstehen, in dem jeder Kanton – jüdisch oder arabisch – seine eigenen Belange autonom regeln würde, während eine Mandatsregierung die Kontrolle der Außen-, Verteidigungs- und Zollangelegenheiten behalten würde.[58] Peel glaubte, dass ein gemeinsamer Staat zum Scheitern verurteilt sei, da er die Kooperation zwischen Juden und Arabern benötigte, für die er keine Anzeichen sah. Daher liege der einzige Ausweg in der Teilung Palästinas.

Der Peel-Plan sah die Dreiteilung des Landes in einen jüdischen Küstenstreifen zwischen einem Gebiet südlich von Tel Aviv bis nördlich von Haifa sowie Galiläa vor, eine britische Enklave mit Jerusalem, Bethlehem und einem schmalen Streifen zum Mittelmeer mit Jaffa als Hafen, sowie den Rest des Landes, das zu einem arabischen Staat werden sollte.

Innerhalb der zionistischen Bewegung gab es keine Einigkeit über eine solche Teilung. Dieser Rumpfstaat war gewiss nicht die Erfüllung der zionistischen Träume. Zunächst sprach wenig dafür, eine zionistische Mehrheit für die Annahme des Teilungsplans zu erreichen. Eine Deklaration des Verbands hebräischsprachiger Schriftsteller steht für die allgemeine Enttäuschung über den Plan der Peel-Kommission. Die Schriftsteller beklagten sich, dass «die Teilung des Landes Israel unser Land amputiert, zentrale Teile abschneidet und uns um Jerusalem beraubt, das die Wiege unserer Zivilisation in der Vergangenheit, die Pracht unserer Gegenwart und die Hoffnung unserer Zukunft darstellt. Die hebräischsprachigen Schriftsteller werden gemeinsam mit dem gesamten Hause Israel für die Wiederherstellung Israels in seinem gesamten Heimatland kämpfen.»[59]

Den religiösen Zionisten fehlte Jerusalem, den rechten Revisionisten Transjordanien, der gemäßigten Linken war das Territorium für den jüdischen Staat zu klein, und die ganz Linken hielten weiterhin am Konzept des binationalen Staates fest. Hierzu gehörten nicht nur die Intellektuellen von *Brit Schalom*, sondern auch Teile der sozialistisch orientierten Zionisten, wie der *Schomer Haza'ir* (Der junge Wächter), die sich mit den arabischen Arbeitern in ihrem Klassenkampf verbün-

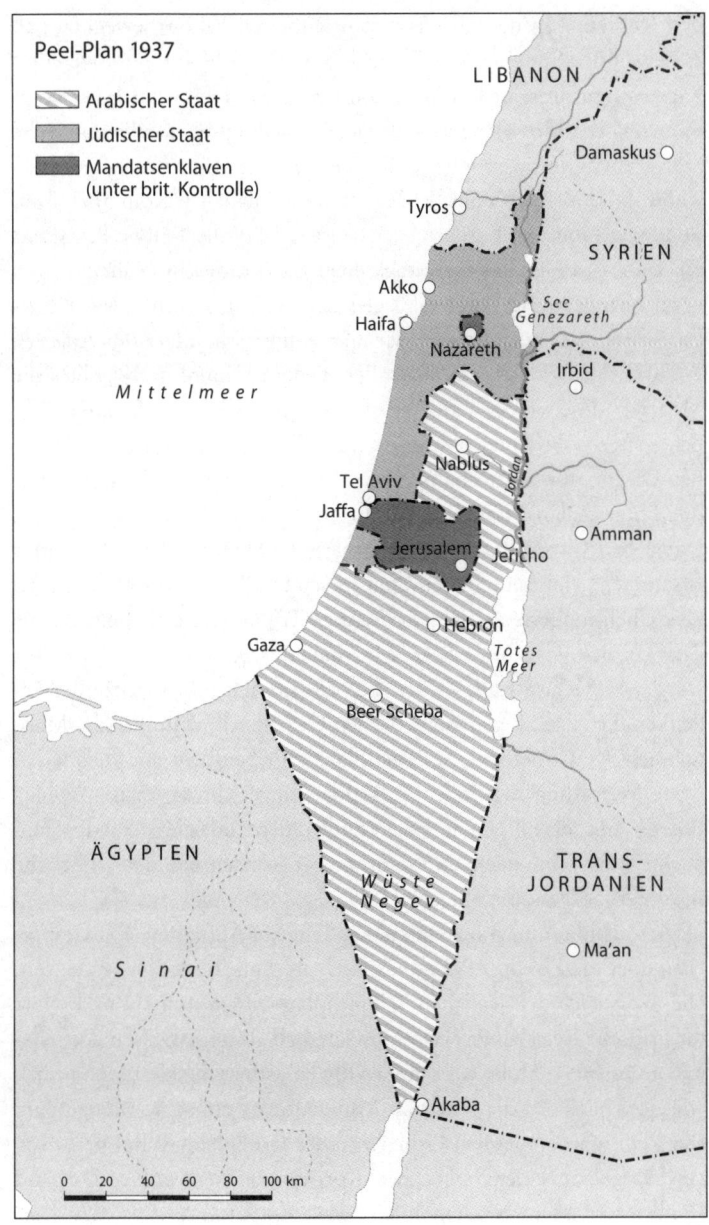

Peel-Plan 1937

Arabischer Staat
Jüdischer Staat
Mandatsenklaven
(unter brit. Kontrolle)

LIBANON

Damaskus

Tyros

SYRIEN

Akko

Haifa

See
Genezareth

Nazareth

Irbid

*Mittelmeer*

Nablus

*Jordan*

Tel Aviv

Jaffa

Jerusalem

Jericho

Amman

Hebron

Gaza

*Totes
Meer*

Beer Scheba

ÄGYPTEN

TRANS-
JORDANIEN

*Wüste
Negev*

Ma'an

*Sinai*

Akaba

0    20   40   60   80   100 km

den wollten.[60] In der sozialistisch orientierten Kibbuzbewegung gab es gewichtige Stimmen wie Jitzachk Tabenkin, die für ein ungeteiltes Land waren, in dem Raum für zahlreiche landwirtschaftliche Kommunen vorhanden war, das aber nicht unbedingt über volle politische Souveränität verfügen musste. Für die rechtsgerichteten Revisionisten lehnte Jabotinsky in einer Rede vor der Königlichen Kommission im Londoner House of Lords am 11. Februar 1937 die Teilung Palästinas ab. Diese Rede ist das Herzstück einer Schrift, die im Frühjahr 1938 bezeichnenderweise unter dem gleichen Namen erschien wie Herzls Urschrift des Zionismus über vier Jahrzehnte vorher: *Der Judenstaat*.[61]

Trotz des Widerstands aus allen Lagern stimmte schließlich die Mehrheit des zwanzigsten Zionistenkongresses in Zürich, einschließlich seiner politischen Führung unter Chaim Weizmann und David Ben Gurion, für die Aufnahme von Verhandlungen auf der Grundlage des Teilungsplans, da die Flüchtlingsfrage immer dringender wurde. David Ben Gurion fasste die pragmatische Haltung der Befürworter zusammen: «Ich sehe diesen Plan in seiner Gänze nicht als das kleinere Übel, sondern als einen politischen Triumph und eine historische Chance, die wir zum ersten Mal haben, seit unser Land zerstört wurde.»[62] Mehr als alle Worte sagt die Tatsache, dass trotz aller Bedenken die zuständigen zionistischen Organe sofort praktische Maßnahmen zur Umsetzung des Peel-Plans ergriffen. Die 1929 als wichtigste Vertretung der Juden Palästinas eingerichtete Jewish Agency begann mit der Planung eines souveränen jüdischen Staates und dachte über seine genauen Grenzen ebenso nach wie über mögliche Bevölkerungsverschiebungen.[63]

Die Zustimmung von zionistischer Seite zur Aufnahme von Gesprächen über die Zukunft Palästinas blieb am Ende ohne Konsequenzen. Die Araber lehnten jeglichen Teilungsplan kategorisch ab, und selbst die britische Regierung verwarf ihn letztlich als unrealistisch. Der ehemalige britische Hohe Kommissar für Palästina, Sir Herbert Samuel, wies mit Blick auf die Situation Mitteleuropas auf seine Mängel hin: Der Plan würde in einem Gebiet von der Größe von Wales praktisch ein Saargebiet, einen polnischen Korridor und ein halbes Dutzend Danzigs und Memels schaffen.[64]

Wie Michael Stanislawski in einem scharfsinnigen Essay über Zionismus im Fin de Siècle gezeigt hat, waren Herzl, Nordau und Jabotinsky trotz ihrer unterschiedlichen politischen Anschauungen aus dem gleichen Holz geschnitzt. Sie alle waren Schriftsteller in ihren jeweiligen Muttersprachen und wollten zunächst in der europäischen Kultur aufgehen, bevor ihnen – auf unterschiedliche Weise – von außen bewusst gemacht wurde, dass dies unmöglich war. Der Judenstaat schien ihnen als ein Ausweg aus dem Dilemma, nicht Ungar, Österreicher oder Russe sein zu können. In diesen Staat aber wollten sie die Kultur ihrer gewohnten Umgebung, all das, was Herzl «die kleinen Gewohnheiten» nennt, mitnehmen.

Die Zionisten der Zwischenkriegszeit bekräftigten ihre Absicht, den ständigen Ausnahmezustand des jüdischen Volkes beenden zu wollen und einen Staat «wie alle anderen» aufzubauen. Doch wurden sie immer wieder von dem Motiv der Einzigartigkeit der jüdischen Situation eingeholt: Sie gaben sich nicht mit einem «normalen» Staat zufrieden, sie wollten einen Musterstaat, zumindest eine bessere Gesellschaft zum Wohl der gesamten Menschheit. Sie strebten die ihnen von den Briten zugesagte «nationale Heimstätte» an, ohne dass wirklich jemand wusste, welche Form der Souveränität dies bedeutete. Und schließlich waren sie in der tragischen Ironie gefangen, dass ausgerechnet in der Stunde, in der die Erfüllung ihres Traums, ein Volk wie jedes andere zu werden, zum Greifen nahe schien, die Juden wiederum eine Sonderrolle in der Geschichte einnahmen. Sie wurden zum Opfer des abscheulichsten Verbrechens der modernen Menschheitsgeschichte. Der Massenmord, der den Großteil des europäischen Judentums auslöschte, sollte zum Paradigma des Verbrechens in der Moderne werden, die Juden sollten endgültig die universal anerkannte Rolle der Opfer einnehmen.

Erst unter diesen tragischen Umständen forderte der Zionismus ohne Wenn und Aber das Nationalstaatsprinzip. Als im Mai 1942 David Ben Gurion 600 Anhänger der Bewegung im New Yorker Biltmore Hotel zusammenbrachte, waren die ersten Nachrichten vom Genozid aus Europa bereits durchgesickert. Das Biltmore-Programm forderte zur Widerrufung des britischen White Papers auf, das 1939

die zukünftige jüdische Einwanderung nach Palästina auf eine Gesamtzahl von 75 000 reduziert hatte, und machte den Zionisten unmissverständlich klar, dass ein souveräner jüdischer Staat für die Juden
überlebenswichtig sein würde. Zu diesem Zeitpunkt machte die jüdische Bevölkerung ein knappes Drittel der etwa eineinhalb Millionen
Einwohner Palästinas aus. Eine Implementierung des White Papers
hätte somit die Bildung einer jüdischen Mehrheit verhindert.

### Die Fata-Morgana-Lösung

Als Jabotinsky von einem jüdisch-arabischen Staat auf beiden Seiten
des Jordans träumte, Weizmann den Peel-Plan als ein erstes konkretes
Resultat der Verwirklichung jüdischer Autonomie in Palästina ansah
und Ben Gurion sich auf den Weg machte, im Biltmore-Programm unmissverständlich einen souveränen jüdischen Staat zu fordern, befan-
den sich andere Befürworter eines jüdischen Staates auf Expeditionen
in Angola, Surinam und Nordwestaustralien. Sie gehörten einer Bewegung an, die sich «Territorialisten» nannte und sich von der zionistischen Bewegung abgespalten hatte. Angesichts der akuten Bedrohung jüdischen Lebens in Europa durch den Nationalsozialismus und
andere antisemitische Bewegungen schlugen ihre Vertreter die sofortige Gründung eines autonomen jüdischen Gebiets in weniger bevölkerten und weniger umkämpften Gebieten als in ihrer historischen
Heimstätte vor.

Die zionistische Führung lehnte ihre Pläne kategorisch ab. Die Juden
seien emotional nur mit einem Land verbunden, nämlich ihrer historischen Heimat. Alles andere sei, so bezeichnete es Jabotinsky einmal,
ein «Fata-Morgana-Land».[65] Doch fanden die Pläne der Territorialisten durchaus namhafte Verteidiger. Zu ihren Vorkämpfern gehörten
schillernde Figuren wie Lenins ehemaliger Volkskommissar für Justiz
Jitzchak Nachman Steinberg, der gefeierte Autor des Romans *Berlin
Alexanderplatz* Alfred Döblin sowie der geschätzte britisch-jüdische
Schriftsteller Israel Zangwill. Sie sahen sich keineswegs als Abtrünnige der zionistischen Bewegung, sondern betrachteten ihre Pläne vielmehr als konsequente Weiterentwicklung des zionistischen Ideals. Sie

hatten einen wichtigen Zeugen, auf den sie sich berufen konnten: Theodor Herzl.

Herzls Hauptanliegen war nicht die Rückkehr ins Gelobte Land gewesen, sondern die Rettung der europäischen Juden. Sie sollten einen Staat haben wie jede andere Nation und diesen zu einem Musterstaat ausbauen. Wo dieser sich befand, war für ihn zunächst zweitrangig. Im *Judenstaat* hatte er neben Palästina explizit noch Argentinien als mögliches Siedlungsgebiet erwähnt. Das südamerikanische Land war dünn besiedelt und förderte die Einwanderung von Europäern. Hier hatte der in Paris lebende Baron Maurice de Hirsch durch seine *Jewish Colonization Association* (JCA) bereits landwirtschaftliche Siedlungen für osteuropäische Juden gegründet. Zeitweise schien Herzl ihm folgen zu wollen. Im Juni 1895 notierte er in sein Tagebuch: «Ich nehme an, dass wir nach Argentinien gehen», und beschrieb im Detail die zukünftige Auswanderung nach Südamerika.[66]

Spätestens beim ersten Zionistenkongress wurde Herzl allerdings klar, wie tief die emotionale Verbundenheit der meisten Zionisten mit dem nach Zion benannten Land war. Mochte 1882 Leon Pinsker Argentinien als neues Zion in Erwägung gezogen haben und bereits 1825 der ehemalige amerikanische Konsul in Tunis und High Sheriff in New York, Mordecai Noah, sein eigenes Zion, das er Ararat nannte, auf einer kleinen Insel vor der Stadt Buffalo eingeweiht haben: Für die meisten Zionisten blieb Zion nun einmal in Zion.[67]

Herzl verstand dies wohl, sah aber auch die Opposition gegenüber seinen Bemühungen und war sich angesichts des Leids in Osteuropa der Notwendigkeit des raschen Handelns bewusst. Zumindest sollte man bis zur Etablierung der nationalen Heimstätte in Palästina ein vorläufiges Heim, ein «Nachtasyl», wie Max Nordau es nannte, sichern. Herzl verhandelte mit dem portugiesischen Botschafter über ein Territorium für die Juden in Mosambik und interessierte sich für eine Heimstätte in Belgisch-Kongo.[68] Er zog Zypern in Betracht, dann den kleinen Landstrich um El-Arisch auf der Sinai-Halbinsel. Als sich beide Pläne zerschlugen und die Überlebenden des Kischinew-Massakers eine schnelle Lösung forderten, präsentierte er dem Zionistenkongress 1903 ein Angebot der britischen Regierung, über einen

Landstrich in Ostafrika zu verhandeln. Der sogenannte Uganda-Plan spaltete den sechsten Zionistenkongress. Insbesondere die Vertreter aus Osteuropa waren empört über den Vorschlag. Einer der Delegierten, Dr. Jecheskel Wortsmann, formulierte dies folgendermaßen: «Ich verstehe nicht, wie man vormittags ein Zionist sein kann und nachmittags ein Ostafrikaner.» Ein anderer, Shmerayahu Levin, meinte: «In Erez-Israel sind wir alle bereit zu sterben, nicht aber in Ostafrika.»[69] Zwar stimmten 295 Delegierte Herzls Vorschlag zu, ihm freie Hand für Verhandlungen zu geben, doch immerhin 178 stimmten dagegen und 99 enthielten sich der Stimme. Das Votum und damit der Verhandlungsspielraum für Herzl war denkbar knapp ausgefallen.[70]

Zu den Fürsprechern des Uganda-Plans gehörte auch ein Teil der russischen Zionisten. Als Herzl erstmals bei der Sitzung des Großen Aktions-Comités, das sich unmittelbar vor der Eröffnung des Kongresses traf, mit dem Uganda-Plan herausrückte, erklärte der Delegierte Jacob Bernstein-Kohan, «dass die russischen Juden bei den derzeitigen Verhältnissen selbst in die Hölle gehen» würden.[71]

Auch unter den religiösen Zionisten gab es regen Zuspruch. So versicherte deren wichtigster Vertreter, Rabbiner Jitzchak Jacob Reines, in einem Brief an Herzl vom 9. Dezember 1903, er stimme dem Afrikavorschlag zu, da seine Partei sich vor allem der Nöte der Menschen annehme, «die ihm mehr am Herzen lägen als das Land».[72] Für die Orthodoxen bot sich mit der Gründung eines Judenstaats außerhalb der religiösen Heimat der Juden eine bequeme Lösung ihres theologischen Dilemmas an: Sie konnten den europäischen Juden eine schnelle Linderung ihres Leidens versprechen – und es dem Messias zu einem späteren Zeitpunkt überlassen, sie in ihre wahre Heimat zurückzuführen.

Noch überraschender mag es anmuten, dass selbst unter den Pionieren der modernen jüdischen Siedlungen in Palästina die Fürsprecher einer staatlichen Lösung außerhalb des Landes Israel nicht fehlten. Eliezer Ben-Yehuda, der sich schon 1881 in Jerusalem niedergelassen hatte und als Vater der modernen hebräischen Sprache gilt, stufte die Bedeutung des Volkes höher ein als die des Landes. Er schlug sich auf die Seite derjenigen, die eine alternative jüdische Heimstätte in Uganda befürworteten: «Ihr nennt Euch Zionisten von Zion, palästinensische Zionisten, und wir uns – Afrikaner, Ugander. Meine Herren, wir schämen uns nicht dieser Ausdrücke. Aber wir sind keine Afrikaner oder Ugander, wir sind mit dem Volk. Das ist es, was wir sind! Ihr seid mit dem Land, und wir sind mit dem Volk [*atem artzi'im ve-anu ami'im*]. Für uns ist das Volk die Hauptsache. Wir sagen: Wenn das Volk im Lande [Israel] sein kann, umso besser. Und wenn nicht, dann werden wir eben dem Volk irgendein Land aufbauen, solange damit die Gefahr, die unserem Volke droht, abgewendet werden kann!»[73]

Für die Mehrzahl der russischen Zionisten jedoch, angeführt von Menachem Ussischkin, war der Gründer der Bewegung zu weit von den Grundsätzen des Zionismus, wie sie im Baseler Programm formuliert wurden, abgewichen. Zudem war er kurz vorher zu einer in letzter Minute organisierten Reise nach St. Petersburg aufgebrochen, wo er von dem antisemitischen Innenminister des Zaren, von Plehwe, empfangen wurde. Dieser, durchdrungen von dem Wunsch, die Juden aus Russland loszuwerden, sicherte Herzl zu, er werde Druck auf die Hohe Pforte ausüben, um den Juden eine Heimstätte im Osmanischen Reich einzurichten. Die Tatsache, dass Herzl, ohne sich vorher zu beraten, zu dem als Drahtzieher des Pogroms von Kischinew verdächtigten Innenminister ging, wie auch der überraschend präsentierte Uganda-Plan ließen die Emotionen hochkochen.

Ausgerechnet Max Nordau, der Herzl seine Zweifel gegenüber dem Uganda-Plan unverblümt mitgeteilt hatte, wurde beinahe ein Opfer der Ostafrika-Gegner. Am 19. Dezember 1903 feuerte der russisch-jüdische Student Chaim Selig Luban während eines Chanukkaballs in Paris zwei Schüsse auf Max Nordau ab, den vermeintlichen Fürsprecher des Uganda-Projekts, und rief dabei aus: «Tod Nordau dem Afrikaner!» Nordau wurde nicht getroffen und behandelte im Anschluss selbst noch den durch die Schüsse verletzten Delegierten.[74] Nordau lebte noch viele Jahre, wenige Monate später jedoch sollte der Mann, der die zionistische Bewegung gegründet und unbestreitbar geführt hatte, nicht mehr am Leben sein.

Die Idee eines Nachtasyls verschwand auch mit Herzls Tod am

3. Juli 1904 und der endgültigen Absage an den Uganda-Plan beim siebten Zionistenkongress 1905 nicht völlig von der Bildfläche. Ein kleiner Teil der Zionisten reorganisierte sich als «Territorialisten», die sich die jüdische Heimstätte auch außerhalb Palästinas vorstellen konnten. An ihrer Spitze stand mit Israel Zangwill einer der bekanntesten britisch-jüdischen Schriftsteller und ein früher Weggenosse Herzls. Zangwill hatte Herzl bei dessen London-Besuch 1897 in die britisch-jüdischen Kreise eingeführt. Am ersten Zionistenkongress 1897 hatte er noch als skeptischer Beobachter teilgenommen, vier Jahre später dann kam er als Delegierter der britischen Zionisten. In seinem Essay *The Return to Palestine* betonte Zangwill 1901 das einzigartige Wesen des Zionismus im Vergleich zu anderen europäischen Nationalbewegungen: «Mutterländer haben immer Kolonien geschaffen. In unserem Falle schaffen die Kolonien sich ein Mutterland, oder besser gesagt, schaffen es sich von neuem.» In diesem Kontext fiel auch das oftmals zitierte Wort von Lord Shaftesbury: «Palästina ist ein Land ohne Volk; die Juden sind ein Volk ohne Land.»[75] 1905 allerdings wurde ihm klar, dass er sich getäuscht hatte: Palästina hatte bereits seine Einwohner, so Zangwill, daher müsse man sich nach einem anderen Landstrich, einem unbevölkerten Land mit freundlich gesinnter Bevölkerung, umsehen.[76]

Als Herzl das britische Uganda-Projekt vorstellte, gehörte Zangwill zu den eifrigsten Verfechtern des Plans. Weizmann nannte ihn «den wahren Ideologen Ostafrikas». Wenn die Juden, insbesondere nach den Schrecken von Kischinew, in Ostafrika ein Gebiet mit «britischer Home Rule, nationalen jüdischen Bräuchen und einem jüdischen Gouverneur» bekommen könnten, dann müssten selbst die erbittertsten Gegner zugeben, dass die Zionistische Organisation einen Triumph errungen habe.[77] Ein Jahr später verfasste er eine Schrift zur Verteidigung des Uganda-Plans, und als dieser 1905 abgelehnt wurde, trat er aus der Zionistischen Organisation aus und gründete seine eigene *Jewish Territorialist Organization* (ITO). In den kommenden zwanzig Jahren versuchte Zangwill unermüdlich, ein «Neues Judäa» für die Juden zu finden: in Afrika, in Australien und in Amerika. Mit dem amerikanisch-jüdischen Philantropen Jacob Schiff wollte er russische Juden im texanischen Galveston ansiedeln. Er verhandelte über Angola und Nordafrika.[78]

Wie Herzl wollte sich auch Zangwill nicht mit einem Staat «wie jeder andere» zufriedenstellen lassen. Er träumte von einem jüdischen Staat, «in dem Gerechtigkeit besser vollzogen wird als in jedem existierenden Staat, in dem Moralität höher und Verbrechen niedriger stehen, in dem soziale Probleme besser gelöst werden, in dem die Rechte der Frauen die gleichen sind wie die der Männer, in dem Armut und Reichtum nicht so ungerecht verteilt sind, in dem das einfache Leben das allgemeine Ideal ist».[79]

Zangwill erlebte eine Enttäuschung nach der anderen. Immer wieder erfuhr er, dass es hier oder dort ein angeblich unbevölkertes Gebiet gebe, das sich als jüdische Heimstätte eignete, nur um danach ernüchtert festzustellen, dass auch dieses Territorium aus geographischen Gründen ungeeignet oder doch bewohnt war. Als ihm jemand mitteilte, nur auf dem Mond könne er ein unbewohntes Gebiet finden, entgegnete er sarkastisch: «Nicht einmal dort, so fürchte ich. Denn da ist ja der Mann auf dem Mond, und wahrscheinlich ist er ein Antisemit.»[80]

Zangwill sollte zwar keine konkrete Umsetzung seiner Pläne erleben, bevor er 1926 starb, doch er erfuhr noch, wie in einem ganz anderen Teil der Welt und aus ganz anderen Motiven die ersten Maßnahmen zur Etablierung eines semi-autonomen jüdischen Territoriums unternommen wurden. In der Sowjetunion wurden die Juden in ihren Identitätspapieren als nationale Minderheit ausgewiesen, doch waren Lenin wie auch Stalin in ihren theoretischen Schriften davon ausgegangen, dass jede Nation ihr eigenes Territorium benötige. Die Idee eines «normalen Volkes», das ein eigenes Territorium besitze, hatte sich auch hier durchgesetzt. Die Juden waren in diesem Sinne keine «normale» Nation, sie lebten verstreut im gesamten Westen der Sowjetunion. Die Vertreter des Autonomismus wie auch des Allgemeinen Jüdischen Arbeiterbunds waren der Meinung, die Juden bräuchten kein klar definiertes Territorium, um als Nation anerkannt zu werden. Beide Parteien waren allerdings in der Sowjetunion verboten. Stattdessen richteten die Kommunisten eine jüdische Sektion in ihrer Partei ein, die sogenannte *Jewsektia*, die für eine völlige Assimilation der Juden eintrat. Doch auch sie konnte nicht den Widerspruch lösen, dass die Juden zwar als nationale Minderheit anerkannt waren, aber als solche über kein eigenes Territorium verfügten. Wenn alle nationalen Minderheiten gleich behandelt werden sollten, dann benötigten auch die Juden – wie die anderen Minderheiten – ihr eigenes Territorium. Und wenn sie keines besaßen, mussten sie eben eines erhalten.

Mit dem eigenen Territorium sollte auch ein weiterer Schritt der Normalisierung der Juden erfolgen, nämlich die Umschichtung ihrer Berufsstruktur. Die meisten von ihnen gehörten zu der Klasse der *lishentsy*, das heißt, sie waren Händler und Handwerker mit mehr als einem Angestellten und wurden daher vom kommunistischen Regime deutlich benachteiligt. Sie hatten beispielsweise kein Recht auf Essensrationen und Aufnahme in Krankenhäusern, und ihre Kinder hatten Schwierigkeiten, in Schulen Aufnahme zu finden.

Der Plan, sie zu Landwirten in einer autonomen Region oder in mehreren autonomen Distrikten zu machen, erfreute sich daher einiger Popularität in den Kreisen der führenden Kommunisten, insbesondere bei Michail Kalinin, der seit 1919 nominell Staatsoberhaupt der Sowjetunion war. Als Ziel der ersten Umsiedlungsaktion wurde die Krimregion ins Auge gefasst, und tatsächlich kam es hier um 1930 zur Gründung einiger jüdischer landwirtschaftlicher Siedlungen mit Namen wie Kalinindorf, Stalindorf und Fraydorf. Yuri Larin, Berater Stalins in jüdischen Fragen, war selbst in der Krimregion aufgewachsen und setzte sich für dieses Projekt ein. Wie andere hochrangige Kommunisten war er der Meinung, die urbanen Zentren seien Brutstätten des Antisemitismus und die Ansiedlung der Juden auf dem Lande sowie ihre Umerziehung zu Landwirten würden den Judenhass eliminieren.[81] Gemeinsam mit dem *American Jewish Joint Distribution Committee* aus dem kapitalistischen Amerika unter Führung des aus Moskau stammenden Joseph Rosen legten führende sowjetische Funktionäre den Grundstein zu einer umfassenden landwirtschaftlichen Ansiedlung von Juden aus dem ehemaligen Ansiedlungsrayon.[82]

Der Widerstand der lokalen Bevölkerung – Ukrainer wie auch

Krimtataren – setzte den großen Plänen, eine autonome jüdische Region auf der Krim zu etablieren, jedoch ein Ende. Zudem begehrten russische und ukrainische Bauern und Arbeiter auf, die selbst das fruchtbare Land der Krim für sich in Anspruch nehmen wollten. Stattdessen fand Stalin nun für die Juden eine neue Heimat: Birobidschan. Die Einrichtung eines Autonomen Jüdischen Gebiets in der dünn besiedelten Region an der chinesischen Grenze im Südosten Russlands, deren Aufbau 1928 begann und die im Jahre 1934 offiziell ausgerufen wurde, diente gleich mehreren Zwecken: Man hoffte erstens, eine Alternative für den Zionismus und Palästina zu schaffen und damit auch die russischen Zionisten zu beschwichtigen. Zweitens bot die Besiedlung des Gebiets die Möglichkeit, einen kaum entwickelten Landstreifen an der Transsibirischen Eisenbahn zu erschließen. Drittens schließlich war man überzeugt, mit derartigen Plänen die großen jüdischen Gemeinden in anderen Ländern wie Polen und Rumänien zu gewinnen, was wiederum dazu beitragen konnte, die kommunistische Weltrevolution zu beschleunigen.

Zwar rief im Mai 1934 das Staatsoberhaupt der Sowjetunion, Michail Kalinin, aus: «Birobidschan betrachten wir als einen jüdischen nationalen Staat», doch der Plan, ein auf der jiddischen Sprache basierendes «rotes Palästina» aufzubauen, war zum Scheitern verurteilt.[83] Freiwillig wanderten nur wenige Juden in diese entfernte und wenig attraktive Region aus. Sie bildeten auch auf dem Höhepunkt der Ansiedlung nur eine kleine Minderheit in ihrer eigenen autonomen Region. Die Mehrzahl der jüdischen Umsiedler verließ Birobidschan nach wenigen Jahren wieder.[84] 1939 betrug die Gesamtzahl der in alle autonomen jüdischen Distrikte und Regionen umgesiedelten Juden 136 000. Dies entsprach 4,5 Prozent der jüdischen Gesamtbevölkerung in der Sowjetunion und weit weniger als von der Parteiführung angestrebt.[85]

Stalin aber hatte «sein» Palästina gegründet und konnte der Welt verkünden, dass ein eigener jüdischer Staat nicht mehr notwendig war. Für die in Europa nun akut bedrohten Juden dagegen war Birobidschan lediglich eine Schimäre. Die über Europa hereinbrechende Katastrophe des Weltkriegs, der gerade in den dichtesten Siedlungs-

Ein jüdisches autonomes Gebiet in Fernost: Das Ortseingangsschild von Birobidschan
mit kyrillischer und hebräischer Beschriftung

gebieten der Juden am ärgsten tobte, die dem Krieg folgenden antijüdischen Ausschreitungen in Ostmitteleuropa und die Tatsache, dass
auch die nun über Palästina herrschende Mandatsmacht Großbritannien trotz anderslautender Bekundungen den Juden keine Souveränität in ihrer historischen Heimat gewährte, machten den Territorialisten klar: Eine Lösung für die europäischen Juden konnte nicht mehr
warten.

   Hitler hatte keinerlei Absicht, den Juden ein eigenes Territorium zu
schenken, wenngleich einige führende Nationalsozialisten – wie vorher bereits polnische Nationalisten – Pläne zur Ansiedlung der Juden
in Madagaskar und an anderen exotischen Orten zeitweise ernsthaft
erwogen.[86] Unter den deutschen Juden dagegen gab es nun auch Stimmen, die insbesondere nach der wachsenden Bedrohung durch den
Nationalsozialismus eine territoriale Lösung für die Juden forderten.
Die bekannteste unter ihnen gehörte dem Autor von *Berlin Alexan-*

*derplatz*, Alfred Döblin. Erstaunlicherweise konnte noch im April 1933 der Berliner Verlag S. Fischer Döblins Buch *Unser Dasein* publizieren. Im September erschien dann, bereits im Amsterdamer Exilverlag Querido, ein Teil des Buches in einer Neufassung unter dem Titel *Jüdische Erneuerung*, und zwei Jahre später tauchten viele der hier bereits veröffentlichten Gedanken in seiner Sammlung *Flucht und Exil des Judenvolks* wieder auf. Ein Teil dieser Sammlung ist «Das Neue Juda» betitelt.

Was ist das «Neue Juda»? Es geht Döblin in seinen eigenen Worten um die Schaffung einer Massenbewegung der Juden, die «die jüdische Frage an ihrem Kern, der Landlosigkeit, anfassen will und diese Frage wirklich, also nicht für Splitter lösen will…»[87] Der Zionismus, dessen Ansatz Döblin grundsätzlich ebenso begrüßte wie den Kampf um nationale Minderheitenrechte, könne niemals eine Antwort auf die gesamte jüdische Frage bieten, sondern gerade einmal eine Heimstätte für «sechshunderttausend bis eine Million» Menschen sein.[88] Es musste stattdessen zu Massensiedlungen für die bedrohten europäischen Juden kommen. «Hierfür stehen nur außereuropäische schwach bewohnte Länder zur Verfügung.»[89] Döblin nennt explizit Angola, Peru und Australien.

Was ursprünglich als «Nachtasyl» gedacht war, erwog Döblin als dauerhafte Lösung. Er engagierte sich bereits seit den zwanziger Jahren für den jüdischen Territorialismus, aber die Ernennung Hitlers zum Reichskanzler gab ihm denselben Anstoß, den der Pogrom von Kischinew dreißig Jahre früher anderen Aktivisten verliehen hatte. Döblin hatte sich in den Jahren vor dem Ersten Weltkrieg von seiner jüdischen Herkunft distanziert. 1912 war er aus der Jüdischen Gemeinde ausgetreten und erzog seine Kinder im protestantischen Glauben. Als es 1923 mitten in Berlin zu judenfeindlichen Krawallen kam, verspürte er das Bedürfnis, seine minimalen Kenntnisse über Juden und das Judentum zu verbessern. Er war zwar in einer jüdischen Familie aufgewachsen und hatte viele Juden in seinem privaten Umfeld, doch erklärte er: «Ich fand, ich kannte eigentlich Juden nicht. Ich konnte meine Bekannten, die sich Juden nannten, nicht Juden nennen… Ich fragte also mich und fragte andere: Wo gibt es Juden? Man sagte mir: In Polen.»[90] Aus seiner Fahrt dorthin entstand das Buch *Reise in Polen*, in dem er der Begegnung mit dem Ostjudentum breiten Raum einräumte.

Diese Begegnung zeigte Döblin, dass eine territoriale Lösung für die wirtschaftlichen und politischen osteuropäischen Juden außerhalb Europas gefunden werden musste. Der Zionismus allein könne dieses Problem nicht bewältigen. In den dreißiger Jahren widmete er sich in zahlreichen Artikeln diesem Thema. Er schlug eine «weltliche jüdische Zentrale» vor, die als eine Art internationale Regierung die Belange der Juden vertreten sollte. Döblin stand in engem Kontakt mit dem «Erfinder» des Begriffs «Zionismus» und später abtrünnigen Zionisten Nathan Birnbaum, er steuerte Material für die territorialistische Freiland-Bewegung bei, gehörte dem Vorstand der «ligue juive pour colonisation» an und engagierte sich in der Vorbereitung der Internationalen Konferenz der Territorialistischen Bewegung in Paris im Juli 1935. Thomas Mann schrieb er aus Paris, dass er angefangen habe, Jiddisch zu lernen.[91]

Für Döblin war mit dem Territorium die jüdische Frage noch nicht gelöst. Es müsse auch eine spirituelle Lösung geben. Wie genau diese auszusehen habe, das erklärte er nicht, aber er wehrte sich gegen den Weg der Assimilation des Westjudentums. Es hätte seinen Emanzipationskampf verloren. Ebenso wie das Judentum nach der Zerstörung des Zweiten Tempels religiös neu aufgestellt wurde, so müsse es nun eine neue säkulare Grundlage erhalten. Döblins Ideen wurden ins Hebräische übersetzt und in der wichtigsten Kulturzeitschrift Palästinas, *Turim*, abgedruckt.[92]

Döblin berief sich auf Herzl als Gründer des Territorialismus. In einem Aufsatz behauptete er 1937: «Es ist nicht nötig auszuführen, daß Herzl von Haus aus kein Zionist war, und daß er, der sachliche Westeuropäer, nur aus taktischen Gründen dem Drängen der östlichen Palästinapassion nachgab (er wurde ein Opfer dieser Taktik, er fand sich selbst nie damit ab).»[93] Döblin spielt damit auf Herzls grundsätzliche Bereitschaft an, so unterschiedliche Territorien wie Argentinien, Ostafrika oder Zypern für seinen Judenstaat in Erwägung zu ziehen.

Für Döblin blieb der Einsatz für den Territorialismus ein Zwischenspiel. 1941 konvertierte er zum Katholizismus, nach dem Zweiten Weltkrieg kehrte er aus dem französischen Exil in seine deutsche Heimat zurück und verbrachte dort seinen Lebensabend, fernab von dem mittlerweile etablierten jüdischen Staat.

Mit der zunehmenden Bedrohung durch die Ausbreitung Nazideutschlands wandten sich in den späten dreißiger Jahren aber auch manche Zionisten wieder der Option eines «Nachtasyls» zu: einer vorübergehenden Heimat, die den Juden eine Fluchtstätte bieten sollte. So rief der führende argentinische Zionist Eugenio Villa 1939 dazu auf, in Süd-Rhodesien einen Staat Juda zu gründen, der als Vorstufe für das in ferner Zukunft zu gründende Israel dienen sollte. Millionen europäischer Juden könnten dort zunächst einmal in Sicherheit gebracht werden.[94] Innerhalb der zionistischen Bewegung stieß er damit jedoch auf wenig Widerhall.

Selbst nach Ende des Zweiten Weltkriegs ging die Suche nach einer jüdischen Heimstätte außerhalb Palästinas weiter. Wichtigster Vertreter des Territorialismus in den dreißiger und vierziger Jahren war eine schillernde Figur: Jitzchak Nachman Steinberg, ehemals führender Sozialrevolutionär, von Lenin zum ersten Volkskommissar für Justiz in der Sowjetunion 1917/18 ernannt, als Exilant in Berlin einer der Mitbegründer des YIVO-Instituts und nach seiner Emigration nach London 1933 Begründer der Freiland-Liga *(Frayland-lige far Yidisher Teritoryalistisher Kolonizatsye, Freeland League for Jewish Territorial Colonization)*, die nach einem jüdischen Territorium in Australien, Südafrika oder Südamerika Ausschau hielt. Der Chronist der Territorialismus-Bewegung, Adam Rovner, stellte Steinberg seinen Lesern folgendermaßen vor: «Steinberg ist einer der wichtigsten jüdischen Persönlichkeiten des zwanzigsten Jahrhunderts, von der Sie wahrscheinlich noch nie etwas gehört haben.»[95]

Während der dreißiger Jahre lebte Steinberg vier Jahre lang in Australien und wollte dort in den Kimberleys im wenig bevölkerten Westen des Landes eine autonome Region für die in Europa bedrohten Juden einrichten. Seine revolutionäre Vergangenheit schien ihm bei den Verhandlungen mit der australischen Regierung zu helfen und nicht zu schaden: «Erstaunlicher war diese Sache mit meiner ‹Vergangenheit›. Nicht nur, dass sie unseren Zielen keinen Schaden zufügte, ganz im Gegenteil. Zahllose politische Führer des Landes interessierten sich in positiver Weise dafür. Die australische Presse hatte schon darüber geschrieben, bevor ich ankam. In Perth, in Melbourne, in Sidney versuchten die Leute, mit mir über Russland und meine Erfahrungen zu sprechen ... So gewann unser Kimberley-Projekt durch das Interesse, das man an seinem Vertreter nahm, an Gewicht.»[96]

Steinberg wollte keinen unabhängigen Staat in Australien gründen, sondern den europäischen Juden lediglich eine vor Verfolgung sichere neue Heimat einrichten. So wandte er sich grundsätzlich gegen die Idee, neue Staaten zu gründen: «Gibt es irgendeinen Nutzen für die Menschheit, einen neuen, jüdischen Staat zu gründen? Würde er zum Weltfrieden oder der besseren Entwicklung des jüdischen Volkes selbst beitragen?», fragte er rhetorisch und gab zur Antwort: «Ich selbst bezweifle den Wert eines jüdischen Staates, selbst in Palästina.»[97] Das Judenstaatsprojekt in Palästina war Steinberg zufolge ohnehin zum Scheitern verurteilt, da eine Massenansiedlung nicht gegen den Widerstand der lokalen Bevölkerung möglich sei: «Solch ein Staat muss mit dem Einverständnis und dem guten Willen der Bevölkerung des betroffenen Landes gegründet werden. Und dies bedeutet, dass er auf langfristigen gegenseitigen Interessen basieren muss. Nicht nur Regierungen, sondern auch die Völker selbst müssen befragt und für die Idee einer jüdischen Kolonisierung gewonnen werden.»[98] Im Übrigen nahm Steinberg stolz zur Kenntnis, dass Vladimir Jabotinsky in seinem Buch *Der Judenstaat* sein Australien-Projekt eingehend und respektvoll behandelte, wenngleich dieser es am Ende in die Kategorie der «Fata-Morgana-Länder» steckte.

Als das australische Kimberley-Projekt schließlich scheiterte, verhandelte Steinberg zunächst über eine jüdische Heimstätte in Tasmanien und danach noch bis 1948 mit der niederländischen Regierung über ein mögliches autonomes jüdisches Gebiet in Surinam an der Nordspitze Südamerikas.[99] Steinberg wurde vor das Anglo-American Committee geladen und sagte dort aus, dass ein jüdischer Staat in Palästina keine akzeptable Lösung sei, da dieses Gebiet bereits bevölkert sei. Noch in seinem 1948 erschienenen Buch über seine Australien-Pläne schreibt er: «Der Autor kann mit Freude berichten, dass diese Ideen, die erstmals in Australien getestet wurden, seitdem in einer anderen Ecke der Welt den Ort für ihre Realisierung gefunden haben. Im Juni 1947 hat das Parlament von Surinam (Holländisch Guyana), ebenso wie die niederländische Regierung, dem Plan der Freiland-Liga für eine großangelegte jüdische Kolonisation in den nichtbevölkerten Gebieten des Landes zugestimmt.»[100] Erst mit der Gründung des Staates Israel brachen die Niederlande die Verhandlungen über Surinam ab.[101]

Zangwill, Döblin und Steinberg waren sich im Klaren darüber, dass die «jüdische Frage» nicht mit der konventionellen Lösung eines Nationalstaates zu beantworten war. Darin wurden sie von einem führenden Theoretiker, Sir Alfred Zimmern von der Universität Oxford, dem ersten Professor für Internationale Beziehungen überhaupt, unterstützt. Zimmern zufolge waren die Juden die Nation, die es am besten verstand, «die irreführende Verwechslung von Nationalität und Staatlichkeit und die damit verbundenen Fallgruben eines Nationalstaats als das normale und endgültige Modell von Staatsgewalt zu vermeiden».[102]

Die verschiedenen Ausdrucksformen des Territorialismus zeigen eines: Um dem besonderen Charakter der in aller Welt zerstreuten Juden gerecht zu werden, konnten auch ungewöhnliche Wege des Nationalismus eingeschlagen werden. Letztlich scheiterten all diese Versuche, doch die Beharrlichkeit, mit der ihre Vertreter um ihre Realisierung kämpften, zeigt die Vielseitigkeit des jüdischen Nationalismus. Was aus Sicht der Ereignisse ab 1947 wie die Verwirklichung eines geradlinigen Weges wirkte – die Gründung des Staates Israel –, war nur wenige Jahre zuvor alles andere als klar. Nicht nur der Holocaust, sondern auch das Nationalstaatsprinzip, das die internationale Staatengemeinschaft wie schon nach dem Ersten Weltkrieg auch nach dem Zweiten Weltkrieg verfolgte, ließ schließlich weder den Verfechtern eines (moderaten oder expansiven) binationalen Staates noch den Kämpfern für eine weniger konfliktbeladene territoriale Lösung eine Chance. Die Entscheidung der UNO, Palästina in einen jüdischen und einen arabischen Staat aufzuteilen, entspricht ihrer globalen Politik, die in ähnlicher Weise auf dem indischen Subkontinent verfolgt wurde, als 1947 Britisch-Indien in zwei unabhängige Staaten, das islamische Pakistan und das hinduistische Indien, geteilt wurde.

Mit der Annahme des Teilungsplans für Palästina durch die UNO-Vollversammlung vom 29. November 1947 war der Weg für die Gründung eines jüdischen Staates geschaffen. Doch für sechs Millionen von Herzls Kindern und Enkelkindern im symbolischen Sinne kam dieser Beschluss um Jahre zu spät. Sie hatten ihren gewaltsamen Tod in Orten wie Babi Yar, Auschwitz oder Bergen-Belsen gefunden.

Auch Herzls biologische Nachkommen fanden keinen Platz in dem von ihrem Vater bzw. Großvater geplanten Staat. Herzls älteste Tochter Pauline, die einen Großteil ihres Lebens wegen ihrer depressiven Neigungen in psychiatrischer Behandlung verbrachte, starb 1930 in Bordeaux wohl an einer Überdosis Morphium. Als ihr Bruder Hans, der mehrfach die Religion gewechselt und sich verschiedenen christlichen Bekenntnissen angeschlossen hatte, erfuhr, dass seine Schwester schwer erkrankt war, eilte er nach Bordeaux, fand sie jedoch bereits tot vor und nahm sich in seinem Hotelzimmer das Leben, nicht ohne vorher zu verfügen, dass er und seine Schwester im selben Sarg beerdigt werden sollten. Länger am Leben blieb Herzls jüngstes Kind Trude, die wie ihre Geschwister von Kindheit an unter Depressionen litt. Nach der Geburt ihres Sohnes Stephan Theodor 1918 wurde sie in eine Nervenklinik eingewiesen, in der sie den Großteil ihres Lebens verbrachte. 1942 deportierten die Nazis sie nach Theresienstadt, wo sie im darauffolgenden Jahr verstarb. Der nach seinem Großvater benannte Stephan Theodor Neumann war fortan der einzige Nachkomme Herzls. Er überlebte den Krieg in England, studierte in Oxford und diente im Zweiten Weltkrieg als Stephen Norman in der britischen Armee. Als er kurz nach Kriegsende Palästina bereiste, wurde er enthusiastisch empfangen, doch wenig später, im November 1946, stürzte er sich unter dem Eindruck der Auslöschung seiner Familie in Europa von der Massachusetts Avenue Bridge in Washington in den Tod.[103]

Damit endete die auch in Israel wenig bekannte Geschichte der Familie Herzl. Sie passte nicht ins Bild des heroischen Vordenkers vom jüdischen Staat, und so sollte es viele Jahrzehnte dauern, bis der letzte Wunsch Herzls erfüllt wurde: dass nicht nur seine sterblichen Überreste und die seiner Eltern, sondern auch die seiner Kinder ihre letzte Ruhestätte im jüdischen Staat fänden. Während Herzls Gebeine und die seiner Eltern in einer pompösen staatlichen Zeremonie auf dem nach ihm benannten Herzl-Berg an einem neu geschaffenen «Herzl-Tag», dem 17. August 1949, in Jerusalem beigesetzt wurden, entschied ein Komitee gegen die Überführung seiner Kinder Pauline und Hans. Erst 2006 wurden ihre Gebeine aus Frankreich und die von Herzls Enkel aus Washington nach Jerusalem überführt und ebenfalls auf dem Herzl-Berg beigesetzt.[104]

# 4. Vom Traum zur Wirklichkeit (1947–1967)

«Die Normalität, dass es einen Staat Israel gibt,
ist zur gleichen Zeit eine Anomalität an sich.»
Claude Lanzmann[1]

Als die UN-Vollversammlung im November 1947 beschloss, einen arabischen und einen jüdischen Staat in Palästina zu errichten, war noch nicht endgültig geklärt, wie dieser heißen sollte. In der Hebräischen Bibel, auf die der Rückkehrgedanke der Juden zurückging, hat das Land mehrere Namen. Erez Jisrael, das Land Israel, blieb in der jüdischen Tradition über die Jahrhunderte ein populärer Begriff. Aber auch Juda oder Judäa, der Name des Königreichs mit der Hauptstadt Jerusalem, das nach der Zerstörung des Königreichs Israel im Jahr 722 v. u. Z. weiterbestand und das den Juden ihren Namen verlieh, war in der Diskussion um den neuen Ländernamen. Der Berg Zion in Jerusalem, der in den jüdischen Gebeten für das ganze Land steht und nach dem der Zionismus benannt ist, wurde ebenfalls ins Gespräch gebracht. Eine kleine Gruppe von Intellektuellen schließlich berief sich auf das Land Kanaan, die biblische Bezeichnung für das verheißene Land vor der jüdischen Landnahme.[2]

Auch nachdem die Entscheidung für den Namen «Staat Israel» (Medinat Jisrael) gefallen war, blieb zunächst offen, wie sich der erste jüdische Staat der Neuzeit in Bezug auf das weiterhin verstreute jüdische Volk definieren würde. War mit der Gründung des ersten jüdischen Staates nach zwei Jahrtausenden die lange herbeigesehnte Normalisierung der Juden erreicht, oder war ihr Sonderstatus damit nur um einen weiteren Aspekt ergänzt worden? Sollte die erwünschte Normalisierung langfristig die Auflösung der jüdischen Diaspora bedeuten oder gar ihre Stärkung? Sollte der Staat Israel in enger Verbindung mit den Juden der Welt leben oder seine Bande mit diesen lösen? Und wer bestimmte darüber, wer als Jude in einem jüdischen Staat zu gelten habe?

## Ein Staat wie jeder andere oder ein Licht unter den Völkern?

David Ben Gurions Vorstellungen prägten die ersten beiden Jahrzehnte der Staatlichkeit. Seine Ansichten von der Normalisierung der
jüdischen Geschichte waren – wie die Herzls – von Widersprüchen
gezeichnet. In der von Ben Gurion verlesenen (und unter seiner Mitarbeit redigierten) israelischen Unabhängigkeitserklärung war zwar
davon die Rede, dass die Juden eine Nation «wie alle anderen» bildeten – doch der Staat Israel sollte seinem ersten Ministerpräsidenten
zufolge kein Staat wie jeder andere sein. Er sollte – ganz wie Herzls
Altneuland – ein Musterstaat werden, ein Licht unter den Völkern:

«Im Lande herrscht Feierstimmung und tiefe Freude. Und wieder
fühle ich mich wie ein Trauernder unter den Feiernden, wie bereits am
29. November», notierte David Ben Gurion am 14. Mai 1948 in sein
Tagebuch unter Bezugnahme auf den UN-Teilungsplan vom Vorjahr.
Dann schloss er den Band und begann mit folgendem Eintrag einen
neuen Band: «Um vier Uhr nachmittags wurde der Staat gegründet.
Sein Schicksal liegt in der Hand der Armee.»[3]

Wenige Stunden zuvor – die Briten hatten eben ihre Flagge eingezogen – hatte Ben Gurion den Staat Israel proklamiert. Ob dies wie
geplant tatsächlich an diesem Tag erfolgen konnte, war noch zwei
Tage zuvor ungewiss gewesen. Zwar hatte die UN-Vollversammlung in einer dramatischen Sitzung am 29. November 1947 mit der
notwendigen Zweidrittelmehrheit für die Teilung Palästinas in einen
jüdischen und einen arabischen Staat gestimmt, doch die arabischen
Staaten akzeptierten die Teilung nicht und drohten mit Krieg für den
Fall der Gründung Israels. Die Amerikaner versuchten, Ben Gurion
davon zu überzeugen, die Staatsgründung zu verschieben, und noch
am 12. Mai gab es darüber heftige Diskussionen im Jüdischen National-
rat, der vorstaatlichen Regierung. Am Ende stimmten sechs seiner
Mitglieder für die Ausrufung des Staates und vier dagegen. Ob der
junge Staat dem Angriff der Armeen aus Ägypten, Syrien, Jordanien,
Libanon und dem Irak standhalten würde, war alles andere als sicher.[4]
Als die provisorische Regierung die Armeeführung um ihre Einschätzung der Überlebenschancen bat, erhielt sie die Antwort: Fifty-fifty.

Am 14. Mai 1948 proklamierte David Ben Gurion im Stadtmuseum
von Tel Aviv die Unabhängigkeit des Staates Israel.

Bei Unterzeichnung der Waffenstillstandsvereinbarungen von 1949
gelang es Israel nicht nur, den ihm von der UNO zugesagten Teil zu
verteidigen, sondern weitere Gebietsgewinne zu erzielen. Jerusalem
blieb bis 1967 eine geteilte Stadt. Zur Altstadt mit ihren heiligen Stätten hatten Juden unter der neuen jordanischen Herrschaft keinen Zugang. Die Bevölkerungsverhältnisse im neuen Staat Israel waren nun
eindeutig. Nachdem die Mehrheit der palästinensisch-arabischen Bevölkerung geflüchtet war und ein kleinerer Teil gezielt vertrieben
wurde, bildeten die etwa 700 000 Juden über 80 Prozent der Gesamtbevölkerung im neuen Staat. Innerhalb eines Jahrzehnts sollten sie
nicht zuletzt aufgrund der Vertreibung aus den arabischen Staaten auf
knapp zwei Millionen und damit etwa 90 Prozent der Gesamtbevölkerung Israels anwachsen.

Der Staat Israel sollte die Erfüllung des Traumes der Zionisten sein,
die Juden wieder zu einem normalen Volk zu machen, das einen Staat
besitzt, «gleich allen anderen Völkern». So sagt dies die israelische

Unabhängigkeitserklärung: «Gleich allen anderen Völkern, ist es das natürliche Recht des jüdischen Volkes, sein eigenes Schicksal als souveräner Staat selbst zu bestimmen.» Doch die Geburtswehen des Staates zeigen, dass nichts so kam wie geplant. Ben Gurion schrieb im Rückblick, was viele dachten und sich nicht zu fragen trauten: «Über Hunderte von Jahren wiederholten die Juden ein Frage-Gebet: Kann ein Staat für das Volk gefunden werden? Niemand zog die schreckliche Frage in Erwägung: Wird sich noch ein Volk für den Staat finden, wenn dieser einmal etabliert ist?»[5]

Die historischen Umstände ließen die Gründung des Staates Israel in anderem Licht erscheinen als die Neugründungen von postkolonialen Staaten in Asien und Afrika nach dem Zweiten Weltkrieg. Wo sonst – so lautete das häufig gehörte Argument – gab es ein Volk, das nach 2000 Jahren der Zerstreuung in der gesamten Welt wieder in sein historisches Territorium zurückkehrte und dort einen souveränen Staat errichtete? Und wo hatte es ein Volk gegeben, das nur wenige Jahre vor seinem größten Triumph millionenfach – von den Säuglingen bis zu den Greisen – systematisch erfasst, in Vernichtungslager deportiert und schließlich in Gaskammern und Massenerschießungen umgebracht wurde? Israels Staatsgründer David Ben Gurion fasste diese Gedanken so zusammen: «Im letzten Jahrzehnt der ersten Hälfte des zwanzigsten Jahrhunderts haben wir die größten Tiefen der Vernichtung des jüdischen Volkes erlebt – und auch den Höhepunkt des Trostes: der Staat Israel wurde geboren.»[6] Selten lagen Trauer und Enthusiasmus im kollektiven Bewusstsein so nahe beieinander wie im Falle der Ermordung eines Drittels des jüdischen Volkes und der Errichtung jüdischer Staatlichkeit. Traum und Trauma begegneten sich hier in besonderer Weise.

Auch wenn erst viel später der Begriff Holocaust allgemein gebräuchlich und seine historische Singularität anerkannt werden sollte, auch wenn die meisten Überlebenden noch sprachlos blieben in Bezug auf das, was sie erlebt hatten: Die Verbindung von einem Genozid ungekannten Ausmaßes und einer so ungewöhnlichen Staatsgründung ließ Betroffene und Außenstehende von einem einzigartigen Staat sprechen, der – in einer grausam wörtlich klingenden Allegorie – wie ein Phönix aus der Asche erstand. Wieder einmal schien die jüdische Geschichte außerhalb der «normalen» Geschichte angesiedelt.

Nahum Goldmann, der Präsident des Jüdischen Weltkongresses und später auch der Zionistischen Weltorganisation, stellte dementsprechend fest: «Daß ein Volk, zweitausend Jahre aus seinem Ursprungsland entfernt, zerstreut in Dutzende Länder in der ganzen Welt, verfolgt und mißhandelt seit Jahrhunderten, trotz alldem sich geweigert hat, auf seine Identität, seine Religion und seine Philosophie zu verzichten, und – was in unserem Zusammenhang noch wichtiger ist – daß es an seiner unlösbaren Verbundenheit mit seinem Ursprungsland Palästina durch die Jahrhunderte festgehalten hat (verbunden durch Religion und Gefühl, Intellekt und Mystik), all das ist ein einzigartiges Phänomen der Weltgeschichte.»[7] Und Arthur Koestler, der das Werden des Staates Israel als Chronist und Romanautor verfolgte, schrieb ein Jahr nach der Gründung des Staates: «Wenn man über die Ereignisse in der Vergangenheit und der Gegenwart schreibt, die zur Wiedergeburt des jüdischen Staates führten, so fällt es schwer, Adjektive wie ‹einzigartig› und ‹präzedenzlos› zu vermeiden.»[8]

Für viele Überlebende stellte sich die Gründung eines jüdischen Staates als eine Art modernes historisches Wunder dar. Der bekannte liberale britische Rabbiner John Rayner, der selbst als Kind Deutschland entkommen war, versuchte das Wunder in rationaler Terminologie zu erfassen: «Ein Wunder ist ein Ereignis, das durch sein unerwartetes Eintreten Erstaunen erregt, das die Gesetze von Natur und Geschichte Lügen straft und das von den meisten Menschen als unmöglich angesehen wird, bevor es Wirklichkeit wird. Die Gründung des Staates Israel war ein Wunder in diesem Sinne.»[9] Rayner sprach nicht nur zahlreichen Beobachtern von außen aus dem Herzen, sondern fasste in Worte, was viele israelische Politiker verinnerlicht hatten. David Ben Gurion, der bei seinem Besuch in den Displaced Persons Camps von den jüdischen Überlebenden als eine Art säkularer Messias gefeiert wurde, wird häufig mit dem Satz zitiert: «Wer in Israel nicht an Wunder glaubt, ist kein Realist.» Ähnlich hieß es bei Shimon Peres: «Heute wie gestern und morgen sind Traum und Fiktion die wichtigsten Bestandteile, die geheime Triebfeder unseres Le-

Die Grenzen Israels 1948–1967

Das israelische Staatsgebiet, wie es der UN-Teilungsplan vorsah, der von den Arabern abgelehnt wurde

Gebiete außerhalb der UN-Grenzen, die Israel 1948–1949 eroberte

Westjordanland, von Jordanien annektiert

Gazastreifen, von Ägypten besetzt

LIBANON

Sidon

Damaskus

Sur

SYRIEN

Akko

*See Genezareth*

Haifa

Nazareth

Irbid

*Mittelmeer*

Jenin

Tel Aviv

Nablus

Jaffa

Ramallah

Jericho

Amman

Jerusalem

Bethlehem

Gaza

Hebron

*Totes Meer*

Beer Scheba

ISRAEL

ÄGYPTEN

*Wüste Negev*

JORDANIEN

*Sinai*

Ma'an

Eilat

Akaba

0   20   40   60   80   100 km

bens.»[10] Bis heute wird Israel auch außerhalb orthodoxer Kreise in
übernatürlicher Terminologie beschrieben. Dabei kommt der einzig-
artige Charakter der jüdischen Geschichte nicht, wie von den Gründern des Zionismus beabsichtigt, mit der Gründung eines jüdischen
Staates zum Ende, sondern findet in der Existenz Israels seine Fortsetzung. In einer modernen Sammlung von Texten amerikanischer
Juden zu Israel etwa ist an vielen Stellen von einem Wunder die Rede.
Für Bradley Shavit Artson, den Vizepräsidenten der American Jewish
University in Los Angeles, ist «Israels Existenz ein Wunder», und
Rosanne Miller Selfon, Präsidentin der Women of Reform Judaism,
meint, «Israel spiegelt ein modernes Wunder wider».[11]

Bei so viel Wunderglauben haben es Verfechter der Normalitäts-
theorie Israels wie der Schriftsteller Abraham B. Yehoshua schwer, im
Schatten des Holocaust und des scheinbar wundersamen Sieges Israels
im Unabhängigkeitskrieg an ihrer These, Israel sei ein Staat wie jeder
andere, festzuhalten: «Der Holocaust lieferte außerdem all denen un-
zweifelhafte Beweise, die an ein spezifisch jüdisches Schicksal glaub-
ten», gestand Yehoshua ein. Im Gegensatz zu jenen, die sich in dem
Glauben bestätigt fühlten, der Holocaust beweise nur, «daß der Versuch, diesem besonderen Schicksal zu entkommen, vergeblich ist»,
hielt Yehoshua jedoch daran fest, dass die Gründung Israels gerade
der Versuch war, diesem besonderen Schicksal zu entkommen.[12]
Yehoshua und andere Vertreter der Normalisierungsthese stellten die
Besonderheiten der jüdischen Geschichte nicht in Frage, bestritten
aber, dass diese ein für alle Mal gelten müssen. Die Hauptaufgabe des
Staates Israel sei es, mit dieser Sonderrolle der jüdischen Geschichte
zu brechen.

Das Bestreben nach Auflösung der Besonderheiten der jüdischen
Geschichte durch die Gründung eines jüdischen Staates findet in
der israelischen Unabhängigkeitserklärung seinen Niederschlag. Der
Massenmord an den Juden dient hier – wen kann dies verwundern? –
als eine Legitimation des jüdischen Staates: «Die Katastrophe, die in
unserer Zeit über das jüdische Volk hereingebrochen ist und in
Europa Millionen von Juden vernichtet hat, hat unwiderleglich aufs
Neue bewiesen, dass das Problem der jüdischen Heimatlosigkeit

durch die Wiederherstellung des jüdischen Staates im Lande Israel gelöst werden muss, in einem Staat, dessen Pforten jedem Juden offen
stehen und der dem jüdischen Volk den Rang einer gleichberechtigten
Nation in der Völkerfamilie sichert.»[13]

Der Holocaust war aber keineswegs der einzige Legitimationsgrund
für die Gründerväter und -mütter Israels. Die Unabhängigkeitserklärung beruft sich zu einem großen Teil auf die Geschichte eines Volkes,
das nach zweitausend Jahren in der Zerstreuung wieder seine staatliche Souveränität beansprucht. Sie betont neben der Einzigartigkeit
der jüdischen Geschichte die universellen Werte, die das jüdische Volk
seit seiner Entstehung für die gesamte Menschheit geschaffen hat. So
beginnt der Text mit den Anfängen des Judentums im Lande Israel, in
dem seine Träger die auch für andere Kulturen heilige Schrift schufen
und der gesamten Welt zum «Geschenk machten». Weiterhin heißt es
in dem Dokument, dass die in der gesamten Welt verstreuten Juden
auch nach ihrer Vertreibung aus ihrer Heimat am Land Israel hingen
und kontinuierlich um Rückkehr in dieses beteten. Dann springt die
Erklärung in die neueste Zeit und erwähnt die wichtigsten Ereignisse
der zionistischen Geschichte: den Zionistenkongress von 1897, die
Balfour-Deklaration von 1917 und den UNO-Teilungsbeschluss vom
November 1947. Die sozialistisch orientierten Staatsgründer achte-
ten sorgsam darauf, dass das Wort «Gott» in der Unabhängigkeitserklärung nicht explizit auftaucht. Als Kompromiss gegenüber den
Religiösen gewährte man allerdings die Aufnahme der Floskel «Fels
Israels», die von diesen als eine der vielen Umschreibungen Gottes
verstanden wurde.

Der israelischen Unabhängigkeitserklärung, die ganz klar die
Gleichheit aller Staatsbürger, egal welcher Nationalität oder Religion
garantiert, kommt bis heute ein großer Stellenwert zu, da der Staat
Israel niemals eine Verfassung erhielt. Alle Versuche, eine solche zu
initiieren, scheiterten bislang an den gesellschaftlichen Gegensätzen,
insbesondere zwischen religiösen und säkularen Elementen. Während
der Staat Israel sich eindeutig als säkularer Staat versteht, hat Ben
Gurion – vor dem Hintergrund des Holocaust und der Dezimierung
insbesondere der orthodoxen jüdischen Bevölkerung – bei der Staats-

gründung bestimmte Zugeständnisse an die Religiösen gemacht. Er versprach, die Situation «status quo ante» aus der britischen Mandatszeit beizubehalten und bestimmte Bereiche wie Eheschließung und Scheidung den religiösen Institutionen zu überlassen. Aus der Überzeugung heraus, dass die Orthodoxie immer weiter schrumpfen würde, betrachtete er die Zugeständnisse als weitgehend symbolisch. So schien es Ben Gurion und seinen Anhängern vertretbar, für die damals 2000 ultra-orthodoxen Talmudschüler Ausnahmeregelungen von der Militärpflicht zu erzielen. Die Staatsgründer konnten sich nicht vorstellen, dass es knapp sieben Jahrzehnte später über 100 000 orthodoxe Talmudstudenten geben würde.

Mit der Formulierung, «gleich allen anderen Völkern» *(kechol am ve-am)* sei es «das natürliche Recht des jüdischen Volkes, sein eigenes Schicksal als souveräner Staat selbst zu bestimmen», bezieht sich die israelische Unabhängigkeitserklärung direkt auf den zionistischen Traum von der Normalisierung der Juden, der nun Wirklichkeit zu werden scheint. Alle anderen Völker hätten ihren eigenen Staat, daher komme auch dem jüdischen Volk staatliche Souveränität zu. Nur so könne man dem tragischen Schicksal der jüdischen Geschichte in Zukunft ausweichen.

Die Anklänge dieses Satzes an jüdische Traditionen sind durchaus ambivalent. Jeder mit der Bibel Vertraute fühlt sich unwillkürlich an die Erzählung im 1. Buch Samuel (8:5) erinnert, in der das Volk Israel so sein möchte «wie alle anderen Völker». Nur war es damals kein Staat, sondern ein König, den das Volk sich herbeisehnte: «Setze nun einen König über uns, der über uns richte, wie alle Völker einen haben.» Samuel warnte das Volk. Nur Gott sei König über Israel, und wenn sie einen König aus ihren eigenen Reihen wählten, so werde er sie ausnützen und ausbeuten, wie Könige dies zu tun pflegen. Doch das Volk beharrte darauf, so zu sein wie alle anderen Völker, und Gott befahl Samuel schließlich nachzugeben.

Ben Gurion mag der Vergleich mit dem Wunsch des Volkes nach einem König wie auch die lange Kette der Verfehlungen fast aller Könige, die schließlich dem biblischen Bericht zufolge zum Untergang der Königreiche Israel und Juda und zum Babylonischen Exil führten, erst später in den Sinn gekommen sein. Sein Interesse für jüdische und vor allem biblische Geschichte begann in den fünfziger Jahren konkrete Formen anzunehmen und wurde nun ein wesentlicher Faktor in seinem Staatsverständnis. Er sah in den archäologischen Ausgrabungen die Möglichkeit, an das jüdische Erbe im Lande anzuknüpfen, und initiierte eine Gruppe von Intellektuellen, die sich in seinem Haus trafen, um die Bibel zu studieren und neu zu interpretieren.

Eine der frühesten Zeugnisse von Ben Gurions Beschäftigung mit jüdischer Geschichte war ein Vortrag vor der Armeeleitung aus dem Jahre 1950 mit dem Titel «Einzigartigkeit und Mission», in dem er darauf verwies, dass die Geschichte ein integrierender Faktor bei der Eingliederung von Einwanderern aus so vielen unterschiedlichen Ländern sein könne. Für Ben Gurion gab es keinen Widerspruch zwischen nationaler Souveränität und universalistischer Mission. Der Staat der Juden sei sowohl der Beginn der nationalen wie auch der universalen Erlösung.[14]

In einer Rede vor jungen Offizieren betonte er während des Unabhängigkeitskrieges selbst in der Stunde größter Not, dass die jungen Soldaten nicht nur für ihre körperliche Leistungsfähigkeit und für physische Überlegenheit sorgen müssten, sondern dass sie sich auch während des Krieges der einzigartigen Verpflichtungen aus der jüdischen Geschichte bewusst sein und den Traditionen jüdischer Moral, Erziehung und Geisteshaltung Ehre erweisen müssten.[15] Ben Gurion selbst machte ihnen vor, wie ernst er dies meinte. Im Jahre 1949 – mitten im Kriegsgeschehen bzw. unmittelbar danach – traf er sich zweimal mit einer ausgewählten Gruppe von Intellektuellen, unter ihnen der Philosoph Martin Buber, der Historiker Benzion Dünaburg (Dinur) sowie die Schriftsteller Leah Goldberg und Moshe Shamir, um Fragen des Wesens des jüdischen Staates sowie der kulturellen Folgen der Masseneinwanderung zu diskutieren. Buber gab zu bedenken, dass der jüdische Staat nicht einfach «noch ein» Staat sein könne, sondern ein Staat zu einem höheren Zweck sein müsse und dass die neuen Staatsbürger nicht einfach einwandern, sondern «aufsteigen». Sie kommen, so Buber, «um für dieses Land etwas zu bewerkstelligen, das sie für kein anderes Land bewerkstelligen würden».[16]

Ben Gurion, der 1886 als David Gruen in dem mehrheitlich von
Juden bewohnten polnischen Schtetl Plonsk bei Warschau geboren
wurde, war mit dem alltäglichen Antisemitismus in Osteuropa aufgewachsen. Zeitlebens betonte er aber, dass der Zionismus seine Trieb-
kräfte weniger aus den negativen Kräften der Judenfeindschaft als
aus der positiven Sehnsucht nach jüdischer Neugeburt schöpfte. Diese
Art Zionismus, gemischt mit einer kräftigen Prise Sozialismus, strebe
nach einer besseren Gesellschaft nicht nur für die Juden, sondern auch
für die gesamte Menschheit. In diesem Sinne war Ben Gurion auch ein
Erbe Herzls. So wie dieser vom Siebenstundentag träumte – und so
wie Jabotinsky die Nährpflicht heilig hielt –, schwebte Ben Gurion
ebenfalls ein Musterstaat vor, der anderen jungen Staaten als Modell
dienen sollte. War Herzl der Moses, der den Auszug aus Ägypten ein-
leitete, so sah Ben Gurion sich als Josua, der die Juden zurück in ihre
Heimat führte.

Als ein Markstein auf dem Weg zu dem von Ben Gurion angestrebten Musterstaat war die Entwicklungshilfe von besonderer Bedeutung, die Israel für die wenige Jahre nach der eigenen Staatsgründung
unabhängig werdenden Staaten Asiens und insbesondere Afrikas
leistete. Israel verstand sich als Mittler zwischen der Ersten und der
Dritten Welt, als ein Staat, der sein technologisches Wissen in die weniger entwickelten Länder weitergeben konnte und wollte. Im Jahre
1972 unterhielt Israel diplomatische Beziehungen mit 32 afrikani-
schen Staaten, von denen viele ihre Botschaft – gegen den Protest der
arabischen Welt – sogar in Jerusalem eröffnet hatten. Obwohl auch
ökonomische, strategische und militärische Ziele eine große Rolle in
der Entfaltung der israelisch-afrikanischen Beziehungen während der
fünfziger und sechziger Jahre spielten, sollte die idealistische Kompo-
nente dieser Beziehungen auf beiden Seiten nicht übersehen werden.
David Ben Gurion schrieb 1960 über die Afrikaner, ganz im paterna-
listischen Tone Theodor Herzls gegenüber den Arabern: «Israel hat
das historische Privileg zugestanden bekommen, ... rückständigen
und primitiven Völkern zu helfen, sich zu verbessern, weiterzuentwi-
ckeln und voranzuschreiten.»[17] Auf der anderen Seite betonten auch
zahlreiche afrikanische Politiker ihre Affinität mit dem Volk der Juden,

das wie die Afrikaner so viele Jahrhunderte unter der Herrschaft Anderer gelitten habe.

Die große Bedeutung, die Ben Gurion der Entwicklungshilfe einräumte, war Teil seiner Vorstellung, dass Israel ein anderes Schicksal hatte als alle anderen Nationen – eine Überzeugung, die er in zahlreichen Reden und Aufsätzen der fünfziger Jahre betonte: «Von Anfang an waren wir ein Volk, das sich von allen anderen unterschied. Wir wurden ein Volk des Buches, der Propheten, des Jüngsten Tages, das Ewige Volk.»[18] Zu Beginn des Jahres 1957, noch im Schatten der Suez-Krise und zahlreicher drängender Tagesprobleme, fand Ben Gurion reichlich Zeit zu einem intensiven Gedankenaustausch mit dem Jerusalemer Philosophieprofessor Nathan Rotenstreich. In diesem Briefwechsel unterstrich er die direkte Anknüpfung der neuesten Geschichte Israels an die biblische Geschichte, während er der gesamten jüdischen Diasporageschichte, einschließlich der frühen zionistischen Geschichte, wenig Relevanz für die Gegenwart einräumte. Er betrachtete den modernen Staat Israel als säkulare Fortführung der biblischen Königreiche Israel und Juda. Die jungen Israelis fänden das Bewusstsein für ihre Heimat nicht in den Büchern von Pinsker und Herzl, sondern in der Bibel, proklamierte Ben Gurion. Die biblischen Propheten ständen den Einwanderern näher als die mittelalterlichen Rabbiner oder sämtliche Kongressreden von Basel.[19] Er verstand den Staat Israel als messianische Erfüllung im «gesellschaftlich-kulturell-moralischen Sinne».[20]

Ben Gurions Geschichtsbild, das durch einen säkularisierten Messianismus geprägt war und in dem die Etablierung des jüdischen Staates mit der biblisch verheißenen Erlösung in Verbindung gebracht wurde, wurde von Rotenstreich vehement zurückgewiesen. Doch Ben Gurion bekräftigte dieses Geschichtsbild ein Jahr später bei einer von der Jewish Agency einberufenen Tagung über die Grundideen des Zionismus. Gegenwind erhielt er bei dieser Gelegenheit nicht nur von israelischen Intellektuellen, sondern auch von amerikanischen Juden, wie dem Theologen Mordecai Kaplan, die ihm ebenfalls vorwarfen, die lange Diasporageschichte zugunsten einer direkten Anknüpfung an die jüdische Staatlichkeit in der Antike zu vernachlässigen. Auch

Nahum Goldmann, der Präsident des Jüdischen Weltkongresses, hielt Ben Gurion vor: «Eine Nation kann sich nicht die Teile der Geschichte aussuchen, die ihr gefallen, und andere, die ihr nicht gefallen, einfach beiseitelassen.»[21]

Als Ministerpräsident hat Ben Gurion jene Gedanken, die ihm von intellektueller Tragweite schienen, Jahr für Jahr an einem Ort zu Papier gebracht, der ihm besonders wichtig war: im Jahrbuch der Regierung, das regelmäßig einen Aufsatz des Ministerpräsidenten enthielt. Ben Gurions langjähriger Büroleiter und späterer Staatspräsident Israels, Yitzhak Navon, bemerkte einmal, dass der Ministerpräsident sich viel Zeit dafür nahm, um diese Aufsätze zu verfassen und in seinem engsten Mitarbeiterkreis zu besprechen. Navon schildert, wie ungeduldig sein Chef jeweils das Erscheinen des Jahrbuchs erwartete: «Von dem Moment an, in dem der Aufsatz in den Druck ging, löcherte er uns mit nervenden Fragen: ‹Wann wird der Aufsatz erscheinen? Wann wird das Jahrbuch erscheinen?› Als das Buch ihm dann endlich übergeben wurde, erfreute er sich sichtlich an seinem Beitrag, als ob es der erste Artikel wäre, den er jemals veröffentlichte.»[22] Wie Navon richtig feststellte, gab es einen roten Faden, der sich durch alle Aufsätze zog, die Ben Gurion für das Jahrbuch verfasste: Sein unerschütterlicher Glaube daran, dass das Schicksal Israels anders sei als das aller anderen Nationen und dass der jüdische Staat ein Licht unter den Nationen sein müsse.

Ben Gurion ließ keinerlei Zweifel daran, dass er an die Einzigartigkeit der Geschichte des jüdischen Volkes glaubte. Seine Sprache, der er sich Jahr für Jahr in seinen Aufsätzen bediente, ist voller biblischer und messianischer Anklänge, die die universale Mission des Judentums unterstreichen: «Die Wiedergeburt Israels war niemals und wird niemals auf die Wiedererlangung der Souveränität durch die jüdische Nation in lokalem Sinne eingeengt werden. Sie wird ihren vollständigen und wichtigsten Ausdruck in der Offenbarung ihres ewigen Geistes und in der Erfüllung ihrer historischen Mission für die Erlösung der gesamten Menschheit erhalten ... Wir bauen einen Staat mit prophetischer Vision und mit messianischer Sehnsucht, als ein Beispiel und ein Modell für alle Menschen. Die Worte des Propheten sind für uns immer Wahrheit: ‹Ich werde dich zu einem Licht unter den Völkern machen, auf dass du meine Erlösung bis zum Ende der Welt sein wirst.›»[23]

Ben Gurion bediente sich dieser Sprache nicht nur in einem programmatischen Aufsatz, sondern Jahr für Jahr. «Die messianische Vision hat unseren Weg seit Tausenden von Jahren beleuchtet und uns zu einem Licht unter den Völkern gemacht. Mehr noch, sie hat uns die Pflicht auferlegt, zu einem Mustervolk zu werden und einen Musterstaat aufzubauen.» Ben Gurion versuchte Herzls Idee eines Musterstaats in die Realität zu übersetzen. Ihm war dabei bewusst, dass es eine konstante Spannung zwischen dem Anspruch gab, einen Staat «wie alle anderen Staaten» zu etablieren, und der Verpflichtung, ein Musterstaat zu sein: «Zwei grundlegende Bestrebungen liegen unserem gesamten Wirken in diesem Lande zugrunde: so zu sein wie alle Völker und anders zu sein als alle Völker. Diese beiden Bestrebungen scheinen sich zu widersprechen, aber in Wirklichkeit ergänzen sie einander. Wir wollen ein freies Volk sein, unabhängig und gleichberechtigt in der Familie der Nationen, und wir streben danach, anders zu sein als alle anderen Nationen, wenn es um unsere geistige Erhebung und den Charakter unserer Mustergesellschaft geht, die auf den Prinzipien von Freiheit, Zusammenarbeit und der Brüderlichkeit mit allen Juden und der gesamten Menschheit beruht. Dieses Streben ist nicht etwa das Resultat des Gefühls, dass wir ein auserwähltes Volk wären, sondern eine essentielle Notwendigkeit für unser Überleben, denn wir sind wenige und unsere Situation unterscheidet sich von der anderer Völker: die große Mehrheit unseres Volkes lebt außerhalb unseres Landes in der ganzen Welt verstreut.»[24]

Was der Politikwissenschaftler Michael Barnett in Bezug auf die israelische Politik insgesamt konstatierte, trifft zweifellos auf Israels ersten Ministerpräsidenten zu: «Für jede Forderung eines israelischen Politikers, Israel an höheren Maßstäben zu messen und seine Einzigartigkeit zu proklamieren, gibt es eine andere, die von der internationalen Gemeinschaft verlangt, Israel mit denselben Maßstäben wie die meisten anderen Staaten zu beurteilen.»[25]

Auch wenn Ben Gurion sich der beiden Pole wohl bewusst war,

zwischen denen sich der junge Staat bewegte – auf der einen Seite dem Drang, so zu sein wie jeder andere Staat, auf der anderen Seite der Hang zur Einzigartigkeit einer Mustergesellschaft –, so ließ er keinen Zweifel daran, an welchem der beiden Ansprüche ihm am meisten lag. Bei zahlreichen Gelegenheiten gab Ben Gurion seiner Überzeugung Ausdruck, dass Israel einzigartig sei und sein Schicksal nicht mit dem anderer Staaten verglichen werden kann: «Unser Land nimmt einen einzigartigen Platz in der Geistes- und Kulturgeschichte der Menschheit ein.» Daraus resultiere, dass «alles, was in diesem Land passiert, von der gesamten Welt sehr gut beobachtet wird, mehr als ähnliche Geschehnisse in Ländern vergleichbarer Größe und Bevölkerung... Die Etablierung des Staates Israel in unserer Zeit unterscheidet sich von der Etablierung jedes anderen Landes in der Neuzeit.» Der Kampf des jüdischen Volkes um die Wiedererlangung seiner Staatlichkeit sei einzigartig in der Geschichte der Menschheit und stehe «im Gegensatz zu allen Gesetzen der Logik und der Realität und ist ohne ein einziges Beispiel in der Geschichte der Menschheit». Auch politische Gegner Ben Gurions, die seine Rhetorik von der wundersamen Gründung des Staates Israel zurückwiesen, stimmten mit der Forderung überein, dass Israel nicht einfach «noch ein Staat» in der Familie der Nationen sein könne. Nahum Goldmann, der sonst wenig Gelegenheiten ausließ, seine Differenzen zu Ben Gurion zu betonen, unterstrich anlässlich des hundertjährigen Geburtstages von Theodor Herzl ebenfalls den besonderen Charakter des jüdischen Staates: «Glauben Sie, dass andere Völker den Zionismus deswegen bewunderten, weil auch die Juden einen Staat mit Ministern, Botschaftern, Kabinettskrisen und einer Flagge wollten? Als ob die Welt nicht schon genügend Staaten hätte... In historischer Perspektive waren es gerade die utopischen Aspekte des Zionismus, die viele Juden mit Enthusiasmus für den Zionismus erfüllten.» Die Juden müssten auch heute noch den großen humanitären Idealen nachgehen und nicht «dem kurzsichtigen, provinziellen Realismus mancher Gruppen in Israel».[26]

Goldmann hatte mit dieser Kritik ausgerechnet Ben Gurion und dessen Politik im Sinn, die oft als *Mamlachtiut* (wörtlich: «Staatismus») bezeichnet wurde und der er vorwarf, den Staat zu überhöhen und zu vergessen, «dass jeder Staat nichts weiter ist als ein Mittel, die Essenz, das Wesen und die Identität eines Volkes zu verwirklichen». Dabei merkte Goldmann nicht, wie nahe er doch selbst Ben Gurions These von der Einzigartigkeit des jüdischen Staates war, wenn er fortfuhr: «Diese Grundtatsache hat für Israel eine noch größere Bedeutung als für irgend ein anderes Volk. Die größte Gefahr, die Israel bedroht, besteht darin, seinen besonderen Charakter zu verlieren, um sich damit zu begnügen, ein Staat wie alle anderen zu sein. Für mich jedenfalls ist klar, daß ein jüdischer Staat nur überleben kann, wenn er ein einzigartiges Phänomen in der heutigen Welt darstellt; wenn er ein Staat wie jeder andere werden sollte, würde die kollektive Assimilation der Juden triumphieren – und sie ist à la longue sehr viel gefährlicher als die individuelle. Ein solcher Staat würde seine Raison d'être und seine Bedeutung weitgehend verlieren, sowohl für die Juden als auch die Nichtjuden.»[27]

Goldmann vertrat allerdings eine andere Auffassung des Zionismus als Ben Gurion. Er berief sich auf die Ideen Achad Ha'ams von Israel als geistigem Zentrum bei gleichzeitigem Weiterbestehen der jüdischen Diaspora: «Was man die ‹Normalisierung› des jüdischen Lebens nennen könnte, würde nicht in der Abschaffung der Diaspora und dem Zusammenschluß des ganzen Volkes in seinem eigenen Territorium bestehen, sondern in der Entstehung einer Lebensform, die sowohl aus Israel als dem Zentrum und aus der Diaspora als Peripherie besteht, beide eng verbunden und untrennbare Teile des gleichen Volkes.»[28]

Die Ideen Achad Ha'ams waren mit der Gründung des Staates Israel nicht aus dem Denken jüdischer Philosophen in der Diaspora verschwunden. Auch und gerade nach der Etablierung des Staates Israel machten sie sich Gedanken darüber, wie Israel und die jüdische Diaspora koexistieren könnten. Die wichtigste Stimme für eine respektvolle Koexistenz war die des in England und den USA lehrenden Philosophen Simon Rawidowicz, der vehement für das Bestehen zweier *gleichrangiger* Zentren – Israel und die Diaspora – eintrat, oder wie er sie nannte: Jerusalem und Babel.[29] Ben Gurion, der sich bekanntlich gerne in die philosophischen Diskurse zur modernen jüdischen Existenz einmischte, nahm Rawidowicz durchaus ernst, widersprach ihm allerdings heftig: «Es kann nicht so etwas wie jüdische Kultur in der Diaspora geben, wie Simon Rawidowicz annimmt. Es kann im besten Falle ein kulturelles Ghetto geben.»[30] In einem Brief an Rawidowicz behauptete der israelische Ministerpräsident: «Der Jude im Exil (‹*golah*›), sogar ein Jude wie Sie selbst, der ein vollständiges jüdisches Leben führt, ist nicht in der Lage, ein vollständiger Jude zu sein, und keine jüdische Gemeinde im Exil ist in der Lage, ein vollständig jüdisches Leben zu führen. Dies ist nur im Staat Israel möglich. Nur hier wird eine jüdische Kultur, die diesen Namen verdient, blühen können.»[31]

Dies war der typische Streit zwischen den Befürwortern und den Gegnern einer jüdischen Diaspora. Für Ben Gurion waren die Juden der Diaspora «menschlicher Staub»: «Wir haben menschlichen Staub, den wir aus der ganzen Welt sammelten, in eine unabhängige, souveräne Nation verwandelt, die einen respektablen Platz in der Familie der Nationen einnimmt.»[32]

Ben Gurion hielt bis zum Ende seines Lebens daran fest, dass Israel eine weltgeschichtlich bedeutsame Mission zu erfüllen habe. So sprach er 1966 in einem Interview von der Aufgabe Israels als «Licht unter den Völkern» und fügte hinzu, nur wenn Israel seine «moralische und intellektuelle Stärke ausweite, könne es zu einem auserwählten Volk werden, einem Bollwerk für die Juden in der Diaspora, einem erzieherischen Beispiel für andere Völker und zu einem begehrten Partner für unsere Nachbarn auf der Grundlage der Zusammenarbeit im gesamten Nahen Osten und für einen zunehmenden Frieden in der Region und der gesamten Welt.»[33]

### Wer ist Jude im jüdischen Staat?

Ben Gurions Idee der Einzigartigkeit des jüdischen Staates beruhte auf seiner Überzeugung von der Einzigartigkeit des jüdischen Volkes. Erst im Laufe der Jahre wurde ihm bewusst, dass es durchaus mit Komplikationen verbunden war, genau zu definieren, wer Teil dieses Volkes ist und damit Teil dieses Staates sein darf. Die israelische Unabhängigkeitserklärung spricht davon, dass die Pforten des neuen Staates allen Juden offen stehen. Das Rückkehrgesetz von 1950 legte dies auch rechtlich fest. Es machte ohne nähere Definition jede jüdische Person, die nach Israel immigrieren (in israelischer Auffassung: nach Israel zurückkehren) möchte, zum Staatsbürger Israels. Als Ben Gurion der Knesset den Gesetzentwurf vorstellte, argumentierte er wiederum mit der Einzigartigkeit des jüdischen Volkes: «Das Rückkehrgesetz und das Nationalitätengesetz, die Ihnen beide vorliegen, sind eng miteinander verbunden und haben eine gemeinsame ideologische Grundlage, die von der historischen Einzigartigkeit des Staates Israel ausgeht – eine Einzigartigkeit, die sowohl die Vergangenheit wie auch die Zukunft betrifft… Diese beiden Gesetze machen den besonderen Charakter des Staates Israel aus, der die Botschaft der Erlösung Israels in sich trägt.»[34]

Das Gesetz besagt, dass Israels Tore allen Juden offen stehen sollten.[35] Doch es klärt nicht, wer als Jude im Sinne dieses Gesetzes zu betrachten sei. Während der nächsten Jahre stritten sich Juristen und religiöse Autoritäten über diese Frage, die nicht nur für die Einwanderung nach Israel von essentieller Bedeutung war, sondern auch für den richtigen Eintrag in die Personalausweise, die neben der Staatsbürgerschaft die Kategorie «Nationalität» aufweisen, wozu eben auch «jüdisch» zählt. Auch die Möglichkeit, in Israel zu heiraten, hing davon ab, denn in Ermangelung der Zivilehe untersteht das Eherecht den jeweiligen religiösen Autoritäten und ermöglicht nur die Eheschließungen von Angehörigen der gleichen Religionsgemeinschaft. Die Frage, wer Jude ist, war aber nicht nur für die personenbezogenen Fragen der Immigration, ethnischen Zuordnung und des Eherechts von Bedeutung, sondern auch für die Definition, was ein jüdischer Staat ist.

Ben Gurion hielt diese Frage für so wichtig, dass er am 27. Oktober 1958 eine historisch beispiellose Aktion startete. Er fragte rund fünfzig angesehene jüdische religiöse Persönlichkeiten und öffentliche Intellektuelle in der ganzen Welt, wer nach ihrer Auffassung Jude sei und wie man mit Kindern eines jüdischen Vaters und einer nichtjüdischen Mutter umzugehen habe. Ausgelöst wurde diese ungewöhnliche Aktion durch eine Regierungskrise, die sich entzündete, nachdem das Kabinett entschieden hatte, man solle jeden, der sich selbst oder seine Kinder als Jude ausgibt, diesen Eintrag im Personalausweis zugestehen. Die Nationalreligiöse Partei, die Teil der Regierungskoalition war, bestand darauf, dass nur das Rabbinat diese Frage entscheiden könne, und fürchtete insbesondere, dass entgegen der Tradition auch Kinder nicht-jüdischer Mütter den Eintrag «jüdisch» erhalten könnten. Sie verließ daraufhin vorübergehend Ben Gurions Koalition.[36]

Wie fielen nun die Antworten auf Ben Gurions Frage aus? Die Vertreter der Orthodoxie vertraten eine klare Linie. Für sie entbehrte die gesamte Aktion jeglicher Legitimität. Die Frage, wer Jude sei, stellte sich für sie gar nicht: In der Regel gilt das Kind einer jüdischen Mutter als jüdisch oder eine Person, die in einem orthodoxen Akt zum Judentum konvertiert. Sollten dennoch Zweifel auftauchen, so gebe es zur Klärung die rabbinischen Gerichte und insbesondere die beiden Oberrabbiner des Staates Israel.

Typisch für diesen Ansatz fiel die Antwort von Rabbiner Yehuda Leib Maimon aus, einem der Begründer der religiösen Misrachi-Bewegung, einem Unterzeichner der israelischen Unabhängigkeitserklärung und Israels erstem Religionsminister: «Die Frage ‹Wer ist Jude?› wurde seit Jahrtausenden, seit wir ein Volk bilden, beantwortet. Gemäß der ewigen Tora und unserer Tradition ist ein Jude eine Person, die von einer jüdischen Mutter geboren wurde. Keine Macht in der Welt kann diese Regelung, die die Grundlage des gesamten Judentums darstellt, widerrufen ... Wenn aus irgendeinem Grund Zweifel an dieser traditionellen Regelung erwachsen sollten, so muss man die Meinung des Oberrabbinats einholen, das alleine die Autorität in Fragen des jüdischen Religionsgesetzes hat.»[37]

Der Schriftsteller Samuel Yosef Agnon, selbst ein orthodoxer Jude und wenige Jahre später Träger des Literaturnobelpreises, stimmte mit Maimons Urteil überein und gab Ben Gurion folgenden Ratschlag: «Als eine Person, auf deren Schultern die Sicherheit und das Wohlergehen des Staates ruht, würden Sie gut daran tun, sich aus Angelegenheiten der Religion herauszuhalten. Egal ob dies besser oder schlechter ist, Sie müssen sich auf die Staatsangelegenheiten konzentrieren.»[38]

Agnon übersah allerdings etwas Entscheidendes: Ben Gurions Anfrage ging weit über den Bereich der Religion hinaus und betraf eine zentrale Staatsangelegenheit. Sein Interesse an der Frage, wer Jude sei, hatte nur vordergründig mit der Religion zu tun, ihm ging es um die Lösung der Fragen der jüdischen Nationalität und der israelischen Staatsbürgerschaft. Der Staat, und nicht das Oberrabbinat, hatte diese Fragen zu beantworten.

Auch andere Intellektuelle sprachen deutlich aus, was sie dachten. Der aus Deutschland eingewanderte Pädagoge Ernst Simon gab zu bedenken, dass in Israel keine Gefahr der individuellen Assimilation an eine nichtjüdische Umwelt zu befürchten sei. Doch, und hier ließ sich Achad Ha'ams Stimme im Hintergrund nicht verkennen, gebe es «allen Grund zur Befürchtung, dass die gesamte Nation eine kollektive Assimilation unterlaufe, wenn sie – Gott behüte – ihrer minimalen jüdischen Substanz beraubt» werde.[39]

Unter den Juden außerhalb Israels, die Ben Gurion befragte, befand sich der Philosophieprofessor Alexander Altmann, der vor den Nazis nach England geflohen war und nun in Manchester lehrte, bevor er an der Brandeis University bei Boston sein endgültiges Zuhause fand. Er ging weiter als die meisten israelischen Befragten: «Ich muss konstatieren, dass es auf dem Personalausweis eines modernen demokratischen Staates keinen Platz für Fragen nach Religion und Nationalität geben sollte.» Wie für Simon, ließen sich auch für ihn die Begriffe Religion und Nation im Judentum nicht voneinander trennen: «Die alten israelitischen Stämme sind unter dem Einfluss religiöser Erfahrungen zu einer Nation geworden, und die Geschichte der Nation und der Religion sind identisch … Jeder, der versucht, diese Einheit auseinanderzubrechen, gefährdet das Herz dieser Nation.»[40]

Isaiah Berlin, der Oxforder Philosoph, konstatierte knapp, dass Israel als liberaler Staat «den Status seiner Bürger und all seiner Bewohner nicht in religiösen Begriffen» definieren könne. Im Gegensatz zu Simon und Altmann glaubte Berlin, «dass eine Kategorie von Personen existieren muss, die sich als Juden qua Nationalität, aber nicht als Juden qua Religion» einschreiben sollten.[41] Noch komplizierter wurde die Situation durch die Aussage des angesehenen Philosophieprofessors der Harvard University, Harry A. Wolfson, der forderte, eine neue Kategorie der «Hebräer» einzuführen.[42]

Die unterschiedlichen Meinungen der religiösen Vertreter und der Intellektuellen machten es nur noch schwieriger für Ben Gurion, der praktische Antworten auf seine Frage erhofft hatte. Es verwundert nicht, dass die pragmatischste Antwort von einem Juristen kam: von Haim Cohen, einem Mitglied von Israels Oberstem Gerichtshof. Er vermied die religiösen und philosophischen Dimensionen der Frage und konzentrierte sich auf ihre rechtliche Problematik: «Die Bedeutung des Wortes ‹Jude› in Fragen der Rechtsprechung in der Knesset ist nicht identisch mit seiner Bedeutung im Religionsgesetz.»[43]

Cohens Argument wurde in den folgenden Jahren und Jahrzehnten zur Grundlage der Gesetzgebung. Die staatlichen Gerichte versuchten nicht, festzustellen, wer im religiösen Sinne als Jude anzusehen sei, sondern betrachteten die Frage, wer Jude im Sinne des Rückkehrgesetzes war, separat von ihrem religiösen Gehalt. Dagegen verblieb die Entscheidung darüber, wer als Jude im religiösen Sinne zu gelten habe, beim Rabbinat.

Lange Zeit versuchte der Staat, einer genauen Definition der Angehörigkeit zum Judentum für die Zwecke der Einwanderung auszuweichen. Erst 1970 wurde in einem Zusatz zum Rückkehrgesetz versucht, staatlicherseits zu definieren, wer als Jude zu gelten habe. Es heißt dabei ausdrücklich: «Für die Zwecke dieses Gesetzes bedeutet Jude eine Person, die von einer jüdischen Mutter geboren wurde oder zum Judentum übergetreten ist und die keiner anderen Religionsgemeinschaft angehört.»[44] Der Gesetzgeber machte unmissverständlich klar, dass diese Definition in keiner Weise in die rabbinische Rechtsprechung eingreifen sollte. Eine weitere Klarstellung in demselben Zusatz besagte: «Die Rechte eines Juden unter diesem Gesetz und die Rechte eines Einwanderers unter dem Nationalitätengesetz von 1952 ... werden auch dem Kind und dem Enkelkind eines Juden verliehen, dem Ehepartner eines Juden, dem Ehepartner eines Kindes oder Enkelkindes eines Juden, mit der Ausnahme von Personen, die freiwillig ihre Religion gewechselt haben.»[45] Wenn man diese Zeilen genau liest, so ist klar, dass das Gesetz nicht versuchte, nichtjüdische

Ehepartner von Juden und deren Kindern oder gar Enkelkindern in irgendeinem religiös relevanten Sinne zu Juden zu machen. Es eröffnete aber die Möglichkeit, im Sinne des Rückkehrgesetzes diesem relativ großen Personenkreis die Einwanderung nach Israel zu ermöglichen und ihnen die israelische Staatsbürgerschaft zu verleihen. Der Gesetzgeber war sich wohl bewusst, dass er dadurch nicht den Rabbinern vorschrieb, wen sie im religiösen Sinn als Juden anzuerkennen hätten.

Diese Klarstellungen waren nötig geworden, nachdem das Oberste Gericht sich 1962 und 1969 mit zwei wichtigen Einzelfällen auseinandergesetzt hatte. Der erste Fall war der von Oswald Rufeisen bzw. – wie er sich selber nannte – Bruder Daniel. Rufeisen war ein polnischer Jude, der sich während des Krieges als Volksdeutscher ausgegeben hatte und auf diese Weise half, Hunderten von Juden im Ghetto von Mir das Leben zu retten. Nachdem seine wahre Identität verraten worden war, retteten polnische Nonnen ihm das Leben. Aus Dankbarkeit konvertierte er zum Katholizismus, trat dem Karmeliterorden bei und wurde zum Priester geweiht. In den fünfziger Jahren zog er nach Israel, wo sein Bruder, der einzige Überlebende aus seiner Familie, lebte. Er beantragte die israelische Staatsbürgerschaft auf der Grundlage des Rückkehrgesetzes, indem er behauptete, dass seine Religion zwar katholisch, seine Nationalität aber jüdisch geblieben sei. Die israelischen Behörden weigerten sich, diese Argumentation anzuerkennen. Ihnen zufolge hatte eine Person, die eine andere Religion angenommen hatte, das Judentum in jeder Form verlassen. Rufeisen erhielt zwar die israelische Staatsbürgerschaft, aber nicht auf der Grundlage des Rückkehrgesetzes, sondern als Ergebnis einer formalen Einbürgerung.[46] Damit gab er sich nicht zufrieden und ging vor Gericht. In einer häufig zitierten Stellungnahme entschied das Gericht 1962, zur gleichen Zeit übrigens, als es die Berufung des Urteils über Adolf Eichmann diskutierte, dass die israelischen Behörden richtig entschieden hätten. Der Fall war von so außerordentlicher Bedeutung, dass erstmals fünf Richter – und nicht, wie sonst üblich, drei – über das Urteil entschieden.

In ihren Ausführungen beriefen sich die Richter auf die jüdische Geschichte. Richter Silberg, der selbst orthodox war, sprach die Meinung aller seiner Kollegen aus, indem er Oswald Rufeisen den höchsten menschlichen Respekt für seine Rettungsaktionen unter der Naziherrschaft zollte. Er sprach allerdings nicht mehr für alle seine Kollegen, als er ausführte, dass das, «worum uns Bruder Daniel bittet, nichts anderes bedeutet als die historische und geheiligte Bedeutung des Wortes ‹Jude› auszulöschen und sämtliche geistigen Werte, für die die Mitglieder unseres Volkes in verschiedenen Perioden der Geschichte ihrer langen Verstreuung ihr Leben geopfert haben, zu verneinen». Silberg betonte, dass es nicht die Aufgabe des Gerichts sei zu entscheiden, wer ein Jude im religiösen Sinne war. Aufgabe des Gerichts sei es vielmehr zu entscheiden, wer als Jude «im gewöhnlichen Sinne des Wortes verstanden werde, und zwar durch den – ich betone dies ausdrücklich – ganz normalen Juden auf der Straße».

Es war eine unlösbare Aufgabe, die sich Silberg hier gestellt hatte. Wie kann ein Richter objektiv entscheiden, was der «ganz normale Jude auf der Straße» denkt? Richter Silberg gab eine selbstbewusste Antwort darauf: «Die Antwort auf meine Frage ist, meiner Meinung nach, klar und eindeutig: Ein Jude, der ein Christ geworden ist, kann nicht als Jude betrachtet werden.» Diese Antwort, so Silberg, werde «von allen Juden, die in Israel leben (mit Ausnahme von einer Hand voll), geteilt, denn deren Auffassung ist, dass wir uns nicht von unserer Geschichte abschneiden und dass wir nicht unser historisches Erbe verleugnen. Wir trinken weiterhin aus denselben Quellen.» Nur ein naiver Mensch könne meinen, «dass wir hier eine neue Kultur schaffen». Der Staat Israel sei vielmehr die Fortführung der jahrhundertealten jüdischen Tradition: «Der Jude, der in Israel lebt, ist – ob er will oder nicht – durch die Nabelschnur mit dem historischen Judentum verbunden.» Richter Silberg fuhr fort, im Gerichtssaal Geschichtslektionen zu erteilen. Er sprach lange von den historischen Helden im Judentum, von den Märtyrern der jüdischen Vergangenheit, von den biblischen Festtagen und von der Wiederbelebung der hebräischen Sprache. All dies bilde die Grundlage der jüdischen Gesellschaft im Staat Israel.[47]

Wenn die Tatsache, dass die Angelegenheit komplexer war als von Silberg geschildert, irgendeines Beweises bedurfte, dann wurde dieser

Beweis genau hier im Gerichtssaal geliefert. Während Silberg nämlich behauptete, es bestehe allgemeine Übereinstimmung unter allen Juden über die Frage, wer als Jude verstanden wurde, konnten nicht einmal alle fünf Richter zu einer solchen Übereinstimmung kommen. Silbergs Kollege Haim Cohen präsentierte eine abweichende Meinung. Ihm zufolge liege es nicht im Kompetenzbereich des Gerichts, darüber zu entscheiden, wer im Sinne der Nationalität jüdisch sei. Dies sollte vielmehr rein der subjektiven Auffassung der jeweiligen Person überlassen werden. Das Gericht kam letztlich zu keiner Entscheidung darüber, wer nun als Jude zu gelten habe, sondern sprach lediglich aus, wer *nicht* als Jude zu gelten habe.[48]

Der Fall macht deutlich, dass eine Person in einer bestimmten Situation als Jude gelten kann, in einer anderen dagegen nicht. Wie Avishai Margalit richtig festgestellt hat, kann eine Person prinzipiell von einem Rabbiner als Jude gesehen werden, obwohl diese Person zu einer anderen Religion konvertiert ist, aber derselbe Rabbiner wird ihn nicht als Jude anerkennen, wenn es etwa darum geht, ihn in der Synagoge zur Tora aufzurufen.[49] Die Frage, wer Jude ist, verlangt also nach einer situativen Antwort. Zudem ist es auch eine zeitabhängige Frage. Während die Mehrzahl der Richter 1962 Bruder Daniel nicht als Jude anerkannte, mag ein Gericht eine Generation später zu einer ganz anderen Einschätzung kommen. Und was ein «normaler Jude auf der Straße» 1962 dachte, mochte damals etwas ganz anderes sein, als es fünf Jahrzehnte später ist.

Nur sieben Jahre nach dem Rufeisen-Urteil beschäftigte ein anderer Fall das Gericht und die Nation. Dieses Mal ging es nicht um einen Juden, der zum Christentum konvertiert war, sondern um die Kinder eines jüdischen Vaters und einer nichtjüdischen Mutter. Benjamin Shalit hatte seine Frau in Schottland kennengelernt, sie heirateten, zogen nach Israel und gründeten dort eine Familie. Shalit wurde Offizier in der israelischen Marine und wollte seine Kinder nach deren Geburt unter der Rubrik «Nationalität» als jüdisch registrieren lassen. Der Beamte verweigerte ihm dies, da die Mutter nicht jüdisch sei. Der Vater protestierte, und die Angelegenheit kam vor den Obersten Gerichtshof.

In ihren Ausführungen gingen die Richter auch dieses Mal auf das allgemeine Verständnis davon ein, wer als Jude betrachtet werden solle. Ein Richter betonte, dass Judesein weder ein Verdienst noch ein Makel sei. Ein Sohn einer jüdischen Mutter, der als Terrorist den Staat Israel angreife, bleibe trotz seiner Vergehen ein Jude. Ein Nichtjude, der sein Leben in der Uniform der israelischen Armee für den jüdischen Staat einsetze, werde deswegen nicht zum Juden: «‹Judesein› ist kein Preis, der Leuten für ihre Verdienste um das Judentum verliehen wird. ‹Judesein› ist eine religiös-rechtliche Eigenschaft, die unter ganz bestimmten Kriterien definiert ist, und die Kinder des Antragstellers entsprechen diesen Kriterien nicht.»[50]

Das Gericht wies Shalits Anliegen zurück, ebnete aber gleichzeitig den Weg für die oben bereits erwähnte Gesetzesänderung, die einer wesentlich größeren Gruppe als im jüdisch-religiösen Sinne das Recht auf «Rückkehr» nach Israel und israelischer Staatsbürgerschaft gab. Dem Antrag, die Kategorie der Nationalität in israelischen Ausweisen ganz abzuschaffen, wurde nicht stattgegeben.

Ben Gurion hat diesen Fall wohl mit besonders großem Interesse verfolgt. Sein Sohn Amos hatte eine nichtjüdische Frau geheiratet, und ihre gemeinsame erste Tochter wurde vom orthodoxen Rabbinat nicht als jüdisch angesehen, da ihre Mutter bei einem nichtorthodoxen Rabbiner übergetreten war. So war, wie ein Knessetabgeordneter süffisant vermerkte, nach der geltenden israelischen Rechtslage der Enkel von Nikita Chruschtschow (des sowjetischen Regierungschefs, dessen Sohn eine jüdische Frau geheiratet hatte) jüdisch, die Enkelin von Ben Gurion dagegen nichtjüdisch.[51]

Das Rückkehrgesetz von 1950 und seine späteren Interpretationen sowie die Gerichtsentscheidungen zu der Frage «Wer ist Jude?» sahen einen engen Zusammenhang zwischen Juden und Israelis. Gemäß dem Rückkehrgesetz ist jeder Jude ein potentieller israelischer Staatsbürger. Die Bande zwischen dem Staat Israel und den Juden in der Diaspora sind damit juristisch untermauert. Doch in Bezug auf den Anspruch auf einen «normalen» Staat bleiben Widersprüchlichkeiten bestehen. Die Mehrheit der potentiellen Staatsbürger Israels lebt weiter in der gesamten Welt verstreut. Mehr noch: Das Rückkehrgesetz erlaubt es Angehörigen von Bevölkerungsgruppen, die von den rabbinischen Autoritäten als Juden anerkannt werden, als Staatsbürger nach Israel einzuwandern – auch wenn ihre Vorfahren jahrtausendelang nicht als Juden gelebt hatten oder als solche wahrgenommen worden waren (siehe Kapitel 6).

Mit seiner zumindest teilweise ethnischen Definition der Staatsbürgerschaft steht Israel nicht allein. Auch in Deutschland gilt das Prinzip, dass all diejenigen, die nachweisen können, deutscher Abstammung zu sein, weiterhin Anspruch auf die deutsche Staatsbürgerschaft haben. So können sogenannte Spätaussiedler aus Russland oder Rumänien auch Jahrhunderte nach der Auswanderung ihrer Vorfahren nach Deutschland «zurückkehren» und die deutsche Staatsbürgerschaft beanspruchen. Allerdings ist der Fall Israel etwas komplizierter, da ethnische und religiöse Identitäten miteinander vermengt sind und da Israel seit seiner Staatsgründung eine Gesellschaft ist, die sich mehrheitlich aus Einwanderern und deren Kindern zusammensetzt. Hinzu kommt die Tatsache, dass ein beträchtlicher Teil der Staatsbürger im jüdischen Staat Araber sind. Damit sind die Juden das erste Mal in der modernen Geschichte mit der Tatsache konfrontiert, dass sie – die selbst immer Minderheit waren – nun als Mehrheitsbevölkerung eine andere Minderheit integrieren müssen.

## Ein neues Kanaan?

Nicht alle jüdischen Bürger Israels sprachen sich für die in dem Rückkehrgesetz verankerte Verbindung zwischen Israelis und Juden außerhalb des Staates aus. In den Anfangsjahren des Staates Israel formierte sich eine neue israelische Identität, die sich zunehmend von den Wurzeln des Diasporajudentums zu lösen suchte. Als Sinnbild dieser neuen Identität und typischer «Sabre» – ein in Israel geborener «neuer Jude», benannt nach der außen stacheligen, aber innen süßen Kaktusfrucht – galt der Autor und Journalist Dan Ben-Amotz. Er verschwieg in seiner Biographie konsequent, dass er in Polen als Moshe Tehillimzeiger geboren und erst als Teenager nach Palästina eingewandert war. Tatsächlich in Palästina geboren war dagegen ein anderer «typischer»

Sabre: Moshe Dayan, der 1915 als zweites Kind in einem Kibbuz zur Welt kam und später zum militärischen Helden des jungen Staates aufstieg, galt als die Verkörperung des militärische Stärke und neues Selbstbewusstsein ausstrahlenden Israeli. Die Trauerrede des Generalstabschefs Dayan anlässlich der Beerdigung von Roi Rotberg, der 1956 bei der Verteidigung des Kibbuz Nahal Oz nahe des Gazastreifens von arabischen Infiltranten erschossen und dessen Leiche verstümmelt wurde, ist Ausdruck dieser neuen kollektiven wehrhaften israelischen Identität: «Wir sind eine Generation der Siedler, und ohne den Stahlhelm und die Mündung des Gewehrs werden wir keinen Baum pflanzen und kein Haus bauen ... Dies ist das Schicksal unserer Generation. Dies ist unsere Wahl: bereit zu sein und bewaffnet zu sein, zäh und stark, sonst wird das Schwert aus unseren Händen fallen und unsere Lebensader kurz sein.»[52] 1967 wurde Dayans jüngster Sohn Assi zum neuen Symbol des Sabre, als er in der Verfilmung von Moshe Shamirs Kultroman *Er ging durch die Felder* den Typus des Kibbuznik idealisierte.

Gleichzeitig breitete sich in den fünfziger und sechziger Jahren ein neuer Individualismus aus, der sich gegen den Kollektivismus von Ben Gurions Überhöhung des Staates, gegen das Kibbuzideal und die militärische Hörigkeit wandte. Der Schriftsteller S. Yizhar gebrauchte den von Arthur Koestler geprägten Begriff von der «Espresso-Generation», die ihre Zeit in den Kaffeehäusern verbringe.[53] Die Zeitschrift *Ha-Ischa* schrieb einen Miss-Israel-Wettbewerb aus, der ein neues Frauenideal entstehen ließ. Die kommunistisch beeinflusste *Matzpen*-Gruppe, die den Zionismus des Staates in Frage stellte, bildete seit 1962 eine neue politische, außerparlamentarische Opposition, die viele Positionen mit den gesellschaftskritischen Studentenbewegungen Europas und Amerikas teilte. Schließlich erschütterten soziale Proteste, von den Wadi-Salib-Unruhen bis zu der 1971 gegründeten Black-Panther-Bewegung, das Land und zeigten die prekäre Situation der Einwanderer aus arabischen Staaten an, die sich als Außenseiter des neuen israelischen Kollektivs fühlten.[54]

Der Staat versuchte, alle dem Kollektivismus schädlichen Bewegungen zu unterdrücken. Die Verweigerung der israelischen Regierung,

Moshe Dayan (rechts), Kommandeur im Israelischen Unabhängigkeitskrieg, der sich für einen Waffenstillstand mit Jordanien einsetzte, 1949 mit jordanischen Offizieren

den Beatles 1965 für ein Konzert die Einreise nach Israel zu gewähren, ist dafür ebenso symptomatisch wie Ben Gurions langjährige Ablehnung des Fernsehens. Als endlich 1968 auch Israel einen Fernsehsender erhielt, sollte dieser staatliche Kanal für zwanzig Jahre das einzige Programm bleiben.[55]

Ben Gurions Auffassung vom jüdischen Staat war jedoch nicht unumstritten. Bereits in den Jahren vor der Staatsgründung hatte sich eine radikale Bewegung gegen die Verknüpfung von jüdischer Existenz und dem Staat Israel herausgebildet. Für die Gruppe, die sich als «Kanaanäer» bezeichnete, war mit der Gründung des Staates Israel ein neues Kapitel angebrochen: Die Normalisierung der jüdischen Geschichte konnte für sie nur durch eine völlige Lossagung des Staates Israel von der jüdischen Diasporageschichte und durch eine klare Trennung zwischen Israelis und Israeliten, zwischen Bürgern des jüdischen Staats und Angehörigen der jüdischen Religion, erreicht werden.

Diese kleine, aber einflussreiche Gruppe Intellektueller im Palästina und Israel der vierziger und fünfziger Jahre ging wesentlich weiter in ihrem Drängen nach Normalität als Ben Gurion und das zionistische Establishment. Um die Israelis in ihrer Region zu integrieren, wollten sie diese von der jüdischen Geschichte abkoppeln und mit der Geschichte ihrer arabischen Nachbarn verbinden. Während Ben Gurion an die Israeliten der biblischen Geschichte anknüpfen wollte, beriefen sie sich provokant auf die Geschichte des Volkes, von dem die Israeliten das Land erobert hatten: die Kanaanäer. Ähnlich wie sich Nordamerikaner oder Australier von ihren britischen Wurzeln gelöst hatten, hielten sie das Auseinanderdriften jüdischer und israelischer Identitäten für den normalen Prozess der Geschichte. Im nativistischen Selbstverständnis der Kanaanäer bildeten die neuen Hebräer ein Volk, das mit den Europäern oder Amerikanern, die sich der jüdischen Religion zurechneten, nichts mehr gemein hatte.

In der Gedankenwelt der modernen Kanaanäer, deren Bewegung in den vierziger Jahren des zwanzigsten Jahrhunderts entstand, hatte der Zionismus nichts anderes erreicht, als die Diasporajuden in den Nahen Osten zu verpflanzen und dort einen Ghettostaat inmitten einer feindlichen Umgebung zu errichten. Die Kanaanäer wollten mit dem Sonderschicksal der Juden ein für alle Mal aufräumen und ihre Zukunft mit der Zukunft der Völker in der Region verbinden. Wenn sie einmal ihren eigenen Staat geschaffen hätten, so würden die Juden aufhören, Juden zu sein, und stattdessen wieder Teil der Umgebung werden, in der sie nun lebten. Sie würden ein orientalisches Volk inmitten anderer semitischer Völker sein, mit denen sie familiäre Bande einten. Dafür mussten sie die Idee opfern, dass es weiterhin ein jüdisches Volk gab, das weltweit verstreut war. Die Verbindungen zwischen den Kanaanäern in der alt-neuen Heimat und den Juden in der Diaspora musste völlig getrennt werden. Die Bewegung der Kanaanäer blieb zahlenmäßig klein, aber unter ihnen waren einige bedeutende Intellektuelle des frühen Staates Israel.

Der Begriff des Kanaanismus wurde von Avraham Shlonsky geprägt, der nicht nur einer der wichtigsten hebräischen Dichter seiner Generation war, sondern auch die einflussreiche Position des Literaturredakteurs der Zeitung *Ha'aretz* bekleidete. Shlonsky gebrauchte den Begriff, um eine Gruppe junger Hebräisch schreibender Dichter *(Ivri'im ha-tzeirim)* zu charakterisieren. An der Spitze der Gruppe stand Yonatan Ratosh, der als Uriel Halperin in Warschau aufgewachsen und 1920 im Alter von zwölf Jahren mit seiner Familie nach Palästina gekommen war. Ratosh wurde in jungen Jahren ein Aktivist für Jabotinskys Revisionistische Bewegung. Während eines Aufenthalts in Paris traf er A. G. Horon, der die Theorie aufstellte, dass in der Antike Hebräisch als Umgangssprache im gesamten Nahen Osten gebraucht wurde. Gemeinsam mit Horon strebte Ratosh danach, die jüdische Bevölkerung in Palästina mit den Muslimen und Christen der Region zu einer großen semitischen Sprachfamilie mit Hebräisch als dominanter Sprache zu vereinen. Ihnen schwebte ein modernes hebräisches Großreich vor, das vom Mittelmeer bis zum Euphrat reichte.[56]

Zu den radikalsten Dokumenten der kanaanäischen Bewegung gehörte Ratoshs «Eröffnungsrede beim Treffen des Komitees mit Vertretern der Zelle» aus dem Jahr 1944. Ausgerechnet zu einem Zeitpunkt, als der Mord an den europäischen Juden in vollem Gange war, betonte Ratosh die völlige Loslösung von den Juden in der Diaspora und der offiziellen zionistischen Bewegung: «Solange das Land der Hebräer nicht vom Zionismus gereinigt wird und die Herzen der Hebräer vom Judentum geläutert werden, sind alle Anstrengungen vergebens und jedes Opfer verschwendet … solange die Hebräer die jüdische Geschichte nicht als die eines fremden Volkes anerkennen, wird der Glanz der Hebräer für sie verschlossen und der Weg zur hebräischen Zukunft desolat bleiben.»[57]

Nicht Blut oder Glauben, sondern Boden und Sprache wurden die zentralen Elemente der kanaanäischen Ideologie. Zwar strebten sie nach einer Normalisierung des jüdischen Schicksals, doch konnten auch sie sich nicht vorstellen, dass das kleine «Hebräische Volk» ein Volk unter vielen werden würde. Ihr Ziel war es vielmehr, alle «semitischen Völker» unter der Vorherrschaft der «Hebräer» in einem Staat zu vereinen. Jegliche Verbindungen mit Juden, die außerhalb dieses Staates lebten, sollten gekappt werden. Die modernen Kanaanäer, so Ratosh und seine Genossen, hätten nichts mit den Menschen jüdischer Religion gemein, die weiterhin in Europa und Amerika lebten. Dagegen besäßen die hebräischsprachigen und arabischsprachigen Menschen des Nahen Ostens eine ausreichende Grundlage zur Schaffung einer gemeinsamen Kultur und politischen Staatsform.

In gewissem Sinne bildet das Gedankengut der Kanaanäer den radikalsten Versuch einer Normalisierung der jüdischen Geschichte. Sie flüchteten einfach aus dieser Geschichte: nicht etwa in eine andere Religion oder Region, sondern in eine imaginäre Vergangenheit und eine phantastische Zukunft. Ihre Geschichtskonstruktion war abenteuerlich, ihre Pläne waren verworren, ihre Herrschaftsgelüste elitär. Doch die Idee eines Hebräischen Reiches war letztlich eine logische Ausgeburt des Willens, endlich so zu sein wie alle anderen, endlich einen Staat in der historischen Heimat zu gründen und sich endlich von der «einzigartigen» jüdischen Geschichte loszusagen.

Dass die Ideen der Kanaanäer auf wenig Gegenliebe stießen, verwundert nicht. Die Zionisten lehnten die Vorstellung, dass die Tore Palästinas zukünftig für Juden aus der Diaspora verschlossen bleiben sollten, als Leugnung eines ihrer Grundprinzipien, nämlich der «Sammlung aller Verstreuten», ab. Die Araber betrachteten die Kanaanäer als imperialistisch und paternalistisch, sofern sie überhaupt von ihren Plänen erfuhren, und wehrten sich dagegen, sich unter die Vorherrschaft einer kleinen hebräischsprachigen Minderheit zu stellen.

Ratosh jedoch ließ sich von seinen Plänen nicht abbringen. Noch nach dem Sechstagekrieg erklärte er: «Am Ausgang des vorigen Jahrhunderts entstand hier in diesem Lande eine neue Nation, die hebräische Nation. Diese neue Nation entwickelte sich aus der geographischen und linguistischen Vorgeschichte der klassischen hebräischen Nation heraus, die dem Judentum vorausgegangen war.»[58] Ratosh forderte die Abschaffung des Rückkehrgesetzes und verlangte, Erziehungswesen, Armee und Immigration «ohne jeglichen Unterschied in Bezug auf Abstammung oder Religion» neu zu strukturieren. Wenn es Israel gelungen war, kurdische, jemenitische und deutsche Juden zu einer Nation zu formen, so konnte Ratosh zufolge das neue Kanaan auch die arabisch-palästinensische Bevölkerung als Teil einer gemeinsamen Nation integrieren.[59]

Die Kanaanäer waren eine kleine Gruppe von mehreren Dutzend Intellektuellen. Ihre Ideen stießen aber auf ein breites gesellschaftliches Echo. Insbesondere der junge, aus Deutschland stammende Journalist Helmut Ostermann, besser bekannt unter seinem Namen Uri Avnery als Gründer der einflussreichen Zeitschrift *Ha-olam ha-se*, trug in der Frühzeit des Staates Israel viel zur Verbreitung des kanaanäischen Gedankenguts bei.[60] Auf der Höhe ihres Einflusses hat der vielleicht wichtigste Literaturkritiker Israels, Baruch Kurzweil, die Bewegung als ein Resultat radikaler säkularer zionistischer Strömungen seit Beginn des Jahrhunderts und als eine mögliche, wenngleich von ihm vehement abgelehnte Alternative säkularzionistischen Denkens verstanden.[61] Auch führende Politiker schienen diesem Gedankengut zumindest nicht völlig fern zu stehen, wenngleich sie die Radikalität von Ratosh ablehnten. So wurde selbst David Ben Gurion häufig als verkappter Vertreter kanaanäischen Gedankenguts angesehen, weil er sich von der jüdischen Diasporageschichte und zunehmend sogar von der Geschichte der zionistischen Bewegung distanzierte. Freilich setzte er sich gegen diesen Vorwurf zur Wehr.

Gershom Scholem zufolge «ermutigte Ben Gurion die Kanaanäer, weil er direkt von der Bibel [in die Gegenwart] sprang und die Zeit des Exils ablehnte».[62] Für Scholem waren die Kanaanäer eine moderne Sekte, die aus dem Judentum herausführte: «Ihr Sieg würde nicht zur Gründung einer neuen hebräischen Nation führen, sondern zu der Herausbildung einer kleinen Sekte, die im Sturm der historischen Dialektik verschwinden würde.» Der Staat Israel dagegen sei vor allem deswegen von Bedeutung, weil er die Kontinuität des Judentums garantiere.[63]

Die Geschichte der modernen Kanaanäer zeigt, wie eine alternative Geschichte Israels hätte verlaufen können. Der Plan hatte jedoch von Anfang an keine Chance auf Realisierung, da er von der großen Mehrheit der Juden und Araber abgelehnt wurde und weil in vielen Teilen der Welt die Assimilation der Juden an ihre Umgebung, die Teil der Lösung gewesen wäre, von der Mehrheitsgesellschaft nicht gewünscht war. Die Gruppe, von der man erwarten konnte, dass sie einem neuen Kanaan am nächsten stand, nämlich die der jüdischen Einwanderer

aus arabischen Ländern, fühlte sich von der Kopfgeburt einiger asch-
kenasischer Intellektueller am wenigsten angezogen. Die Juden, die ab
1949 aus dem Jemen, ab 1951 aus dem Irak, und in späteren Jahren
aus Nordafrika einwanderten und die israelische Gesellschaft sub-
stantiell veränderten, waren in ihrer Mehrzahl nicht als Anhänger
einer säkularen, europäisch geprägten Nationalbewegung eingewandert. Sie waren viel stärker von traditionell-religiöser Anhänglichkeit
an das Land Israel geprägt und kamen zumeist, weil sie aufgrund der
antijüdischen öffentlichen Meinung und Politik als Folge des Nahost-
konflikts regelrecht aus ihren Heimatstaaten vertrieben wurden. Mit
Israel verbanden sie weder die utopischen Vorstellungen eines Theodor Herzl noch die sozialistischen Ideen, die mit einer von Kibbuz und
Gewerkschaft geprägten Gesellschaft einhergingen. Aber auch die
Pläne der Kanaanäer waren ihnen fremd. Ihre Beziehungen zur muslimischen Umwelt waren oft von Konflikten geprägt gewesen, ihre Erinnerung an Verfolgungen und Vertreibungen waren noch frisch. Ein
jüdisch-arabischer Großstaat war gerade jenen besonders fremd, die
das jüdisch-arabische Zusammenleben aus eigener Erfahrung kannten.

# 5. Von der Wirklichkeit zum Traum (1967–1995)

> Well, the neighborhood bully, he's just one man
> His enemies say he's on their land
> They got him outnumbered about a million to one
> He got no place to escape to, no place to run
> He's the neighborhood bully
>
> The neighborhood bully just lives to survive
> He's criticized and condemned for being alive
> He's not supposed to fight back, he's supposed to have
> thick skin
> He's supposed to lay down and die when his door is
> kicked in
> He's the neighborhood bully
>
> Bob Dylan, *Neighborhood Bully*, 1983

Am 10. November 1975, genau siebenunddreißig Jahre nach der Reichspogromnacht, beschloss die UN-Vollversammlung mit 72 gegen 35 Stimmen bei 32 Enthaltungen, den Zionismus als eine Form des Rassismus zu brandmarken. Dies war nur der Tiefpunkt in einer insgesamt wenig harmonischen Beziehung zwischen den Vereinten Nationen und ihrem Mitgliedsland Israel.[1] Nahezu die Hälfte aller länderspezifischen Resolutionen der UN-Vollversammlung richtete sich in den kommenden Jahren und Jahrzehnten gegen Israel. Israel war jahrzehntelang aus den regionalen Gruppen der UN ausgeschlossen und hatte dadurch erhebliche Einschränkungen als UN-Mitgliedsstaat auf sich zu nehmen.[2] Die meisten Staaten der Welt unterhielten mit Israel während der siebziger und achtziger Jahre keine diplomatischen Beziehungen. Mit seinen Nachbarn befand es sich im Kriegszustand. Kein Israeli konnte bis Ende der siebziger Jahre legal die Grenze seines Landes überqueren.

Herzls Idee, dass der Staat der Juden ein Modellstaat für die gesamte Menschheit werden sollte, schien in ihr Gegenteil verkehrt worden zu sein. Israel war in den Augen eines Großteils der Welt zum Pariastaat geworden.[3] Keinem anderen Staat schlug so viel Misstrauen entgegen, das Existenzrecht keines anderen souveränen Staates wurde in ähnlicher Weise in Frage gestellt. Der Schriftsteller und Nobelpreisträger Saul Bellow kam anlässlich einer Reise nach Israel im selben Jahr, in dem die UNO den Zionismus als Rassismus verurteilte, zu folgender Erkenntnis: «Die Juden wurden nicht etwa nationalistisch, weil sie aus einer dem deutschen Blut und Eisen gleichenden Ideologie Inspiration gezogen hätten, sondern weil sie allein unter den Völkern der Erde nicht das natürliche Recht aller Völker zugestanden bekamen, im Land ihrer Herkunft zu leben. Noch immer wird dieses Recht in Frage gestellt, sogar in der liberalen westlichen Welt.»[4]

Israel galt seit dem Sechstagekrieg 1967 auch in weiten Teilen der westlichen Welt als imperialistischer, kolonialistischer, kurzum anachronistischer Staat. Innerhalb kurzer Zeit waren die Juden in den Augen der Welt von Opfern zu Tätern geworden, der David war zum Goliath mutiert. Was war passiert?

## Der siebte Tag

Sechs Tage im Juni 1967 veränderten die Grundlage des jüdischen Staates völlig. Als Reaktion auf die immer stärker werdenden Drohgebärden Ägyptens, Israel von der Landkarte zu tilgen, und ausgelöst durch die Schließung der für Israel lebenswichtigen Meerenge von Tiran am südlichen Ende des Golfs von Akaba, initiierte die israelische Armee am 5. Juni 1967 einen militärischen Präventivschlag. Innerhalb von wenigen Stunden war praktisch die gesamte ägyptische Luftwaffe zerstört, nach zwei Tagen stand ganz Jerusalem unter israelischer Kontrolle, und weitere vier Tage später war der Krieg, in den mittlerweile auch Israels andere arabische Nachbarstaaten involviert waren, beendet. Israel kontrollierte nun – unter Einschluss der Sinai-Halbinsel, des Gazastreifens, des Westufers des Jordans sowie der Golanhöhen – eine Fläche, die mehr als dreimal so groß war wie sein bisheriges Territorium. Zudem war damit eine beträchtliche arabische Bevölkerung unter israelische Herrschaft gelangt.[5]

Israel 1967, nach dem Sechstagekrieg

Israelisches Gebiet
1949 bis 4. Juni 1967

Von Israel im Sechstagekrieg
(5.–10. Juni 1967) eroberte Gebiete

LIBANON

Tripoli
Beirut
Damaskus
SYRIEN

*Golan*

*Mittelmeer*

Akko
Haifa
Nazareth
*Jordan*
Jenin
Nablus
Tel Aviv
*Allenby-Brücke*
Ramallah
Jericho
Amman
Jerusalem
Bethlehem
Gaza
Hebron
*Totes Meer*
Beer Scheba

ISRAEL

*Wüste Negev*
JORDANIEN

Port Said
*Suezkanal*
Ma'an

Kairo
Suez

*Sinai*
Eilat
Akaba

ÄGYPTEN

*Nil*

*Golf von Suez*

*Golf von Akaba*
SAUDI-ARABIEN

0  20  40  60  80  100 km

Scharm el Scheich

Auch das Verhältnis zwischen Israel und der jüdischen Welt veränderte sich durch den Sechstagekrieg entscheidend. Erstmals reagierten die Juden in Amerika und Europa auf die existentielle Gefahr des Staates Israel mit massiver Hilfeleistung und zahlreichen Solidaritätsaktionen. Insbesondere junge amerikanische Juden waren von der militärischen Leistung Israels beeindruckt. Ganz im Sinne der zionistischen Idee, einen «neuen Juden» zu schaffen, begannen sie, die Israelis nicht als Vertreter eines Kleinstaates im Nahen Osten wahrzunehmen, sondern als militärische Helden und erfolgreiche politische Strategen. In den Augen vieler Beobachter wurde die Solidarität mit Israel nach 1967 zur «Religion» der amerikanischen Juden.[6] So verlieh der Sechstagekrieg den amerikanischen Juden, die oft wegen ihrer Ohnmacht während des Holocaust ein schlechtes Gewissen hatten, das Gefühl, dieses Mal in der Lage zu sein, andernorts bedrohten Juden zu helfen. Zudem gab es auch im amerikanischen Judentum Stimmen, die den militärischen Triumph von 1967, der die heiligen Stätten von Jerusalem und Hebron unter israelische Kontrolle gebracht hatte, als erste Stufe der messianischen Erlösung deuteten.[7]

In Israel registrierte man die Wandlungen im amerikanischen Judentum sehr wohl. Gershom Scholem, einer der führenden Intellektuellen Israels und von 1968 bis 1974 Präsident der Israelischen Akademie der Wissenschaften, brachte dies auf folgenden Nenner: «Bis zum Sechstagekrieg haben sie gesagt, dass der wahre Staat Israel in New York ist, da dort die größte und kreativste jüdische Gemeinde zu Hause ist. Heute haben sie aufgehört, so zu sprechen. Etwas ist mit ihnen passiert. Vor dem Sechstagekrieg hatten sie das Gefühl, dass es hier in Israel ein zweites Auschwitz geben würde, während ihnen die Hände gebunden sind und sie nicht in der Lage sind, etwas zu unternehmen. Sie würden im Nachhinein nicht einmal in der Lage sein zu behaupten, dass sie es nicht gewusst hätten, wie während des Holocaust, denn es stand ja in der Zeitung, es war Teil der arabischen Propaganda und es war im Fernsehen zu sehen. Und es handelte sich dabei um ein ernsthaftes Trauma: Unter den jüdischen Intellektuellen im Ausland entstand das Gefühl, der Holocaust würde sich wiederholen.»[8]

Der Oberrabbiner der israelischen Armee,
Shlomo Goren, bläst das Schofar-Horn an der Klagemauer
in der eroberten Altstadt Jerusalems, 8. Juni 1967

Der Sechstagekrieg hatte zunächst einmal profunde Auswirkungen vor allem auf die israelische Gesellschaft selbst.[9] Durch die Gebietseroberungen und die damit entstehenden Pufferzonen zum israelischen Kerngebiet schienen die Grenzen des kleinen Staates sicherer geworden zu sein. Das Selbstbewusstsein der Israelis erhielt einen deutlichen Auftrieb. Das Gefühl der Euphorie, das sich noch während des Krieges breitmachte, hatte nicht nur profane Gründe. Viele Orte, die in der jüdischen Tradition eine herausragende Rolle spielten – von der Klagemauer in Jerusalem bis zu den Patriarchengräbern in Hebron –, waren nun plötzlich unter israelische Kontrolle gelangt, ebenso aber auch Hunderttausende von Palästinensern. In gewissem Sinn kann man von einer zweiten Staatsgründung im Jahr 1967 sprechen. Der Staat, der sich im Laufe der nächsten Jahrzehnte herausschälte, wurde zu einem in seinem Wesen anderen als der von 1948.

Die messianische Deutung der Geschehnisse aus vorwiegend, aber nicht ausschließlich religiösen Kreisen führte zu einer Umdeutung der Existenzgrundlage des Staates Israel. Wie bereits 1948 tauchte auch 1967 wieder die Metapher vom «Wunder Israel» auf, diesmal allerdings im religiösen Kontext. Ganz im Gegensatz zu seiner Gründung wurde die Expansion Israels in religiösen Kreisen als Beginn des messianischen Zeitalters gesehen. Moshe Unna, ein orthodoxer Rabbiner, der den messianischen Bestrebungen ablehnend gegenüberstand, fasste die Stimmung im religiösen Lager nach dem Sechstagekrieg, dessen Bezeichnung bereits religiös aufgeladen ist, in folgenden Worten zusammen: «Die Ereignisse wurden als ‹offensichtliches Wunder› nicht nur empfunden, sondern auch als solches offiziell erklärt. Der Glaube an die nahende Erlösung, in dem der religiöse Zionismus verwurzelt ist, wurde in jenen Tagen zu heller Glut verwandelt. Viele sahen in den Ereignissen Zeichen des kommenden Messias ... Die Verpflichtung wurde in erster Linie als solche verstanden, das gelobte Land, das jetzt bis zum Jordan in der Hand des jüdischen Volkes war, in Besitz zu halten und nicht mehr Fremden zu überlassen.»[10]

Israelische Intellektuelle nahmen die Veränderungen der Gesellschaft Israels sehr schnell und sehr unterschiedlich wahr. Am Vorabend des Krieges hatte der israelische Schriftsteller und Journalist Ehud Ben Ezer eine Reihe ausführlicher Interviews mit führenden Intellektuellen Israels über die spirituelle Situation der israelischen Gesellschaft geführt. Die Frage nach der Normalität des Staates bzw. seiner Einzigartigkeit war ein zentrales Element in vielen dieser Gespräche. Dabei war der Diskurs vor dem Juni 1967 noch weitgehend durch die gleichen Fragestellungen geprägt, die bereits die Debatten im frühen Zionismus beherrscht hatten. Unter den Stimmen, die das moralische Gewissen Israels ausmachten, dominierten jene, die in dem noch jungen Staat ein «Licht unter den Nationen», einen Modellstaat, sehen wollten. Normalität war dafür nur hinderlich.

So warnte Martin Buber, der einst gemeinsam mit Achad Ha'am für den Kulturzionismus stand, sich dann für einen binationalen Staat einsetzte und als erster Präsident der Israelischen Akademie der Wissenschaften auch im jüdischen Staat große Anerkennung genoss, vor einer Einstellung, die «Wiedergeburt» und «Normalisierung» gleichsetze. Dabei folge die dringend notwendige geistige Erneuerung des jüdischen Volkes keineswegs automatisch aus der Normalisierung seiner Geschichte, die viele durch die Schaffung eines Staates als erreicht ansahen. Im Gegenteil, es bestehe nun die Gefahr «der nationalen Assimilation, die gefährlicher ist als die individuelle Assimilation, da die Letztere nur den Einzelnen und die Familie berührt, die Erstere aber an der Essenz von Israels eigenständiger Existenz nagt».[11] Man ist hier einmal mehr an die Auseinandersetzung über kollektive Assimilation erinnert, die um die Jahrhundertwende Herzl und Achad Ha'am geführt hatten.

Auch Yeshayahu Leibowitz – angesehener Naturwissenschaftler, Philosoph, politischer Provokateur und orthodoxer Jude – konnte sich den Staat Israel nicht einfach wie jeden anderen Staat vorstellen. Um «das einzigartige historische Schicksal» des jüdischen Volkes zu betonen, sollte Israel außerhalb der Vereinten Nationen bleiben. Israel müsse völlige Neutralität wahren, und außerdem – so Leibowitz – könne seine Mitgliedschaft in den Vereinten Nationen jüdische Gemeinden in anderen Teilen der Welt gefährden. Eine Rolle außerhalb des internationalen Staatenbunds wäre Leibowitz zufolge «in Einklang mit dieser historischen und nationalen Einzigartigkeit».[12] Ähnlich forderte auch Nahum Goldmann als Präsident des Jüdischen Weltkongresses und der Zionistischen Weltorganisation eine völlige politische Neutralität Israels, da die Probleme des Landes nicht gelöst werden könnten, «wenn es ein Staat wie alle anderen wird ... Die Neutralisierung Israels, wie ich sie konzipiere, würde darin bestehen, daß der spezifische, einzigartige und neutrale Charakter des jüdischen Staates durch die Mehrzahl, wenn nicht aller Länder der Welt einschließlich der arabischen, akzeptiert würde.»[13] Weizmanns Traum von einem zweiten Albanien war der Albtraum dieser Intellektuellen.

Der Krieg von 1967 änderte die Voraussetzungen, unter denen über die Normalität Israels diskutiert wurde. Als sich Ehud Ben Ezer wenige Jahre nach dem Krieg nochmals an jüdische Intellektuelle wandte, um sie nach dessen geistigen Folgen zu fragen, stand im Mittelpunkt des Normalisierungsdiskurses nun die Frage: Hatten der Triumph von 1967 und seine Folgen die nach 1948 möglich scheinende Normalisierung der Juden, vor der die Philosophen gewarnt hatten, jetzt endgültig in weite Ferne gerückt? Nun waren es die Anhänger der Normalitätsthese, die sich in die Defensive gedrängt sahen.

Sprachrohr dieser Auffassung war der Schriftsteller A. B. Yehoshua, dem zufolge der Staat Israel ohne den Konflikt mit den Arabern die Normalisierung der jüdischen Geschichte erreicht hätte: «Ich glaube, dass das grundlegende Ziel des Zionismus erfüllt wurde. Ich betrachte den Zionismus nicht als eine allumfassende Ideologie, weder als einen Lebensstil noch als sonst irgendeine Philosophie, sondern in erster Linie als einen historischen Akt, dessen Ziel es war, eine gewisse Normalisierung der Judenfrage zu erreichen, indem sich ein Teil des jüdischen Volkes in einem eigenen Staat, einem eigenen Territorium, sammelt. Wären wir nicht mit den Arabern in einen Konflikt verwickelt, so wie wir es nun einmal sind, hätte der Zionismus in der Tat eine Normalisierung des jüdischen Volkes erreicht, und seine wesentliche Aufgabe wäre erfüllt.»[14]

Nach 1967 sah Yehoshua viele der wesentlichen Errungenschaften des jüdischen Staates gefährdet. Die Tatsache, dass ein wachsender Teil der Bevölkerung den militärischen Triumph enthusiastisch als göttliches Vorzeichen des messianischen Zeitalters begrüßte und nun auch rückwirkend die Gründung des jüdischen Staates in eine heilsgeschichtliche Perspektive stellte, beobachtete Yehoshua mit großer Sorge.[15] Dass nach 1967 die religiösen und messianischen Elemente in den Vordergrund rückten, stellte in seinen Augen die Errungenschaften des Zionismus in Frage, ja er witterte gar Verrat an der säkularen Grundidee des Zionismus: «Es ist Verrat am Zionismus, wenn man die Ansiedlung in allen Gebieten von Groß-Israel als messianisch und sakrosankt betrachtet und nicht das Überleben und die Normalisierung des jüdischen Volkes als die Hauptsache erachtet, sondern die Expansion und territoriale Ansiedlung sowie ein Leben im ewigen Konflikt mit den Arabern, und letztlich mit der gesamten Welt.»[16]

Unterstützung erhielt Yehoshua von einem anderen bedeutenden jüdischen Schriftsteller: Saul Bellow, der 1975 – ein Jahr, bevor er den Literaturnobelpreis erhielt – nach Israel reiste und seine Beobachtungen in einem Reisebericht zusammenfasste. Dabei wendet er sich gegen die Vorstellung, die ihm zufolge Jean-Paul Sartre vertrat und die lautete: «Wir verlangen von Israel mehr [als von anderen Staaten].» Bellow argumentierte dagegen: «Aber da Israels Souveränität in Frage gestellt wird und die Welt nicht bereit ist, Israel als ein Land wie jedes andere zu betrachten, ist es absurd, mehr von Israel zu verlangen.»[17]

Wie Yehoshua und Bellow wehrte sich auch Gershom Scholem vehement gegen die Vorwürfe jüdischer Intellektueller in der Diaspora, die wie George Steiner (siehe Kapitel 6) dem Staat Israel Provinzialismus vorwarfen. An die Stelle der produktiven kosmopolitischen jüdischen Intellektualität, die Folge ihrer Minderheitssituation in der Diaspora war, sei diesen Diasporastimmen zufolge ein weiterer Kleinstaat getreten, eben ein jüdisches «Albanien». An Steiner gerichtet, argumentierte Scholem mit der historischen Aufgabe des Zionismus, die Juden in den normalen Verlauf der Geschichte zurückzuholen: «Er versucht, außerhalb der Geschichte zu leben, während wir in Israel verantwortungsvoll, innerhalb der Geschichte leben.»[18] Doch, so Scholem weiter, wäre es ausgesprochen naiv zu glauben, der Zionismus hätte die jüdische Geschichte quasi über Nacht normalisiert. Ohne Zionismus könnten die Juden nicht überleben, aber eine Normalisierung der Geschichte sei noch nicht erreicht worden.[19] Scholem, der beste Kenner der jüdischen Mystik, erkannte – wie Yehoshua – die große Gefahr, dass die nach 1967 wachsende theologische Rechtfertigung der Existenz Israels diesen Lauf wieder in eine andere Richtung lenken könnte.

Während Scholem und Yehoshua die Integration religiös-messianischer Elemente in die Tagespolitik des Staates Israel als eine Gefährdung der durch den Zionismus angestrebten Normalisierung zurückwiesen, sahen andere Intellektuelle nach 1967 die Chance gekommen, nun all das zu erfüllen, was 1948 nicht gelungen war. Einige von ihnen, wie die Schriftsteller Samuel Yosef Agnon, Natan Alterman, Uri Zwi Greenberg und Moshe Shamir, unterschrieben ein Manifest mit der Forderung, die besetzten Gebiete nicht mehr zurückzugeben.[20]

Natan Alterman zufolge gab es nach den Eroberungen von 1967 keinen Unterschied mehr zwischen dem Land Israel und dem Staat Israel, zwischen dem biblischen Boden und dem modernen säkularen Staat. Für seinen Kollegen Moshe Shamir, der ebenfalls aus dem linken sozialistischen Lager stammte, sich aber von hier aus politisch immer weiter nach rechts bewegte, war die Wiedervereinigung Jerusalems ein Zeichen dafür, dass das Ende der Tage nahte. Die Aufgabe des Zionismus war für diese Intellektuellen gerade hiermit erfüllt, Jerusalem diene in der Zukunft als die Hauptstadt des ewigen Friedens.[21] Shamir, der als Abgeordneter der nationalistischen Likud-Partei in der Knesset saß und nach seiner Ablehnung der Friedensverträge mit Ägypten in die noch weiter rechts angesiedelte «Techija»-Partei eintrat, war davon überzeugt, dass die Juden immerfort in einem Zustand der Verfolgung lebten. Er betrachtete den Sechstagekrieg lediglich als ein weiteres Glied in der langen Kette von Versuchen, die Juden zu vernichten. Die Juden waren für ihn kein Volk wie jedes andere, sondern eine ständige Zielscheibe von Aggressionen und würden dies auch bleiben. Der Staat Israel könne dies nicht grundlegend ändern, aber er könne den Juden Selbstvertrauen zurückgeben. Nur im eigenen Staat könnten sie ihr Schicksal in die eigene Hand nehmen, und nur, wenn dieser Staat stark sei, hätten sie eine Chance im Kampf gegen den Rest der Welt.[22]

Diese Intellektuellen, die in verschiedenen Schattierungen dem erstarkenden Nationalismus huldigten, warfen damit eine Frage auf, die für die Zukunft des Staates Israel von existentieller Bedeutung wurde: Soll die Besatzung temporären Charakter in Hinblick auf Israels Sicherheitslage haben, oder soll Israel die neuen Gebiete aus religiös-ideologischen Gründen für sich beanspruchen? Die Antwort auf diese Frage ist Israel bis heute schuldig geblieben. Der 1967 geschaffene Zustand dauert bereits ein halbes Jahrhundert an.

Während ein «normaler Staat» mehr oder weniger klar definierte Grenzen hat, kennt Israel diese nicht. Es gibt die Grenzen des UN-Teilungsbeschlusses von 1947, die international anerkannten Grenzen nach dem Waffenstillstand von 1949 und die Grenzen von 1967, die sogenannte «grüne Linie». Die Revisionisten von Jabotinskys Nachfolger Menachem Begin, aus denen später die Cherut- und die Likud-Partei hervorgingen, hielten bis Mitte der fünfziger Jahre an der Vorstellung eines jüdischen Staates zu beiden Seiten des Jordans fest.[23]

In den meisten Karten, die in arabischen Ländern kursieren, wiederum existiert Israel überhaupt nicht. Entweder bleibt das Territorium namenlos oder heißt einfach «Besetztes Palästina». Auch die nach

1967 entstandene Bewegung religiös motivierter jüdischer Siedler ließ die Definition von Grenzen offen. Für diese ist nicht «Medinat Israel» (der Staat Israel), sondern «Erez Israel», das biblisch konnotierte Land Israel, dessen Grenzen nicht genau festgelegt sind, von essentieller Bedeutung.

Bereits kurz nach Ende des Sechstagekriegs warnten besorgte Stimmen vor zu viel Euphorie. Eine der lautesten war die von Yeshayahu Leibowitz, der davon sprach, dass Israel den militärischen Triumph des Sechstagekriegs am siebten Tag in ein historisches Desaster verwandelt habe: «Am siebten Tag mussten wir uns entscheiden – und wir waren frei, uns zu entscheiden – ob dieser Krieg ein Verteidigungskrieg oder ein Eroberungskrieg war. Unsere Entscheidung lief auf einen Eroberungskrieg hinaus, mit all dem, was daraus folgt. Nicht nur hat sich der Charakter des Staates verändert; die pure Grundlage seiner Existenz erhielt einen neuen Aspekt. Der Wandel war nicht nur einer der Quantität, sondern der Substanz.»[24]

Die Folgen der Besatzung veränderten Leibowitz zufolge den Charakter des Staates und ersetzten seine ursprünglichen Ideale durch neue. Am deutlichsten war dies an der Klagemauer, auf Hebräisch *Kotel*, zu sehen. Sie war vor dem Krieg nur durch eine schmale Gasse zugänglich gewesen, die auf der einen Seite von der Westmauer des Tempelplateaus, auf der anderen Seite vom marokkanischen Viertel der Jerusalemer Altstadt begrenzt wurde. Der Zugang wurde seit dem Unabhängigkeitskrieg 1948 von Jordanien kontrolliert und war Juden verwehrt. Das änderte sich mit der Einnahme Jerusalems durch Israel 1967. Das marokkanische Viertel wurde kurz nach Kriegsende abgerissen, an seiner Stelle entstand ein monumentaler freier Platz. Die *Kotel*, die in der klassischen zionistischen Ideologie keine wichtige Rolle spielte, wurde nun zum spirituellen Zentrum auch des säkularen Israel. Massenvereidigungen von Soldaten finden seitdem hier – ebenso wie zeitweise in Massada, der ehemals letzten Bastion des jüdischen Aufstands gegen die Römer – statt, Bar-Mitzwa-Feiern werden auf der Freifläche begangen, und an den Feiertagen kommen Tausende von Betenden. Leibowitz schlug sarkastisch vor, man könne doch gleich eine riesige Diskothek einrichten und sie «Göttliche Disco»

Juden beten anlässlich des Versöhnungstages Jom Kippur an der Klagemauer,
die nur durch eine Gasse zugänglich ist, vor 1948.

nennen. Die Zeitung *Ha'aretz* veröffentlichte den Leserbrief unter der
Überschrift «Diskotel».[25]

Jacob Talmon, der wohl angesehenste Historiker seiner Generation
in Israel, brachte wenige Jahre nach dem Sechstagekrieg in einem sor-
generfüllten Buch, dem er den Untertitel «Reflektionen über jüdische

Betende Männer und – abgetrennt im Vordergrund – Frauen im Juli 1967 an der Klagemauer, vor der direkt nach dem Sechstagekrieg ein Vorplatz geschaffen wurde

Staatlichkeit» gab, die Befürchtungen der liberal gesinnten israelischen Intellektuellen zum Ausdruck. Er teilt darin mit, wie der damalige Premierminister Levi Eshkol ihm selbst versicherte, er hätte keinerlei Interesse daran, arabische Gebiete zu behalten: «Er war glücklich darüber, dass wir endlich ‹etwas zum Verhandeln› hatten.»[26] Talmon wagte im Jahre 1970 die Prophezeiung: «Sollte dieser Kriegszustand zwischen Juden und Arabern, der nun bereits fünfzig Jahre lang andauert, nochmals fünfzig Jahre dauern, ... wird es keine Sieger und Besiegten geben, sondern nur gegenseitige Zerstörung.» Und er fuhr fort: «Die Priorisierung von Sicherheit, so natürlich und gerechtfertigt sie erscheint, wird oftmals zu einer einen selbst besiegenden Obsession. Welcher Staat in der Welt hat jemals Sicherheit genossen, gerade heutzutage in einem Zeitalter der nuklearen, chemischen und biologischen Kriege? Das Axiom des ewigen arabischen Hasses und der immerwährenden Feindschaft ist selbstmörderisch.»[27]

Talmon mochte sich nicht der allgemeinen Welle des Enthusiasmus anschließen, die von dem Land Besitz ergriffen hatte. Er ahnte, dass diese sein Land grundlegend verändern würde, dass es ein «Ghettostaat» werden könnte.[28]

Auch unter der jungen Generation gab es mahnende Stimmen. Der achtundzwanzigjährige Amos Oz warnte in der Zeitung *Davar* vor den Folgen der Besatzung: «Einen Monat lang, ein Jahr lang oder eine ganze Generation lang werden wir als Besatzer in Orten sitzen müssen, deren Geschichte unsere Herzen berührt. Und wir müssen uns daran erinnern: als Besatzer, denn dazu gibt es keine Alternative… Nicht als Erlöser und nicht als Befreier. Nur im Zwielicht der Mythen kann man von der Befreiung eines Landes sprechen, das unter fremder Herrschaft stand. Land ist nicht versklavt, und es gibt nicht so etwas wie eine Befreiung des Landes. Es gibt versklavte Völker, und das Wort ‹Befreiung› bezieht sich nur auf Menschen. Wir haben nicht Hebron und Ramallah und El-Arish befreit, und wir haben nicht deren Bewohner erlöst. Wir haben sie erobert, und wir sind dabei, über sie zu regieren, bis der Friede gesichert ist.»[29]

Es sollte nur ein paar Jahre dauern, bis das allgemeine Gefühl des Enthusiasmus, von dem sich Leibowitz, Talmon und Oz distanzierten, dem der Ernüchterung wich. Als Ägypten und weitere arabische Staaten im Oktober 1973 Israel militärisch angriffen, kämpfte der jüdische Staat zunächst ums Überleben. Überrascht durch den Kriegsbeginn am höchsten jüdischen Feiertag, dem Fasttag Jom Kippur, gelang es der israelischen Armee erst nach einigen Tagen und unter erheblichen Verlusten, wieder die gewohnte Überlegenheit herzustellen. Die Unterstützung aus Westeuropa war angesichts des drohenden Ölboykotts der arabischen Staaten verhalten. Im Inneren wurde die Regierung Golda Meirs dafür verantwortlich gemacht, auf den Angriff nicht vorbereitet gewesen zu sein. Ein Jahr später trat die erste Frau an der Spitze eines westlichen Landes unter dem zunehmenden Druck zurück.

## Siedlerträume

Diese Gefühlsschwankungen, in Verbindung mit politischen Skandalen, wirtschaftlicher Krise, Unruhen unter den israelischen Arabern und dem sich immer stärker artikulierenden Empfinden der Juden aus arabischen Ländern, in Israel nur Einwanderer zweiter Klasse zu sein, resultierten 1977 in einem politischen Erdbeben. Der Nachrichtensprecher Chaim Yavin kommentierte das Ergebnis der Wahlen im Mai 1977 mit den Worten: «Meine Damen und Herren, eine Revolution!»

Der ständige Oppositionsführer des rechtsnationalen Lagers, Menachem Begin, war erstmals an die Macht gekommen. Begins Zionismus war aus anderem Holz geschnitzt als der seiner Vorgänger. Er war in Osteuropa aufgewachsen, hatte den Großteil seiner Familie im Holocaust verloren und war von dieser Tragödie weitaus stärker geprägt als die führenden Politiker der Arbeitspartei. Zudem bewahrte Begin eine wesentlich größere Nähe zur jüdischen Tradition. Er lebte zwar nicht orthodox, doch versuchte er nach Möglichkeit, den Schabbat und andere Vorschriften einzuhalten, und bediente sich vor allem in der Öffentlichkeit religiöser Symbolik.

Am Abend des Wahlerfolgs von Begins Likud-Partei konnten die Fernsehzuschauer eine für Israel ungewöhnliche Wahlparty erleben: Als das Likud-Hauptquartier in Jerusalem eingeblendet wurde, spielte eine chassidische Musikgruppe, und ein alter weißhaariger Jude blies in das Schofarhorn. Diese Szene trug messianische Züge.[30] Begin lud die ultra-orthodoxen Parteien zur Mitarbeit in seine Regierung ein – noch bevor er sich um die Unterstützung der liberalen Dash-Partei bemühte. In seiner ersten Rede nach Bildung der Regierung unterstrich er, dass «das jüdische Volk ein ewiges historisches Recht auf das Land Israel, das Land unserer Vorfahren – ein unabänderliches Recht» habe.[31]

Vor seinem Antrittsbesuch beim amerikanischen Präsidenten Jimmy Carter im Sommer 1977 legte Begin bewusst einen öffentlich zelebrierten Zwischenstopp in der 770 Eastern Parkway in Brooklyn ein, der legendären Adresse des Lubawitscher Rebbe, des spirituellen Führers zahlreicher chassidischer Juden. Er ließ sich den Segen Menachem

Am 17. Juli 1977 traf der neue israelische Ministerpräsident Menachem Begin
in New York den Lubawitscher Rebbe, bevor er zu
Jimmy Carter nach Washington weiterreiste.

Mendel Schneersons geben, der von den Lubawitscher Chassidim
später als Messias gefeiert wurde. Wenige Jahre später setzte Begins
Regierung durch, dass die nationale Fluggesellschaft El Al am Schabbat und an den jüdischen Feiertagen nicht mehr fliegen durfte.

Begin war fest davon überzeugt, dass die Juden ein historisch einzigartiges Volk waren und dass der jüdische Staat daher ein einzigartiges Staatswesen verkörpere. Begins Theorie von der Einzigartigkeit
Israels unterschied sich jedoch grundlegend von der seines Erzrivalen
Ben Gurion. Ben Gurion verband die biblischen Propheten und die
sozialistischen Prinzipien zu einer Ideologie, nach der Israel der Welt
ein Vorbild sein sollte. Er sah im jüdischen Staat den Geburtshelfer
der Staaten der Dritten Welt, Herzls Altneuland war für ihn kein uto-
pischer Traum. Auch Begin war von der Bibel beeinflusst, doch sah er
seine Vorbilder in den Kämpfern für einen starken jüdischen Staat wie
Josua und König David, zum anderen prägte ihn die ständige Bedrohung der Juden durch seine Feinde von den Amalekitern bis Haman.
Den aus der größten Tragödie des zwanzigsten Jahrhunderts erwach-
senen Staat Israel nahm er als eine Fortsetzung dieser ewigen Span-

nung zwischen Triumph und Tragödie wahr. Er sah sich zuerst als
Jude und erst in zweiter Linie als Israeli. So wurde er auch von anderen wahrgenommen. Einer seiner engsten Mitarbeiter, Yehuda Avner,
bemerkte einmal, dass er der erste «jüdische» Ministerpräsident Israels
war, obwohl Avner vorher unter Golda Meir und Jitzchak Rabin ge-
arbeitet hatte. Begins starker jüdischer Partikularismus konnte aber
mitunter auch universalistische Züge annehmen, etwa wenn es darum
ging, Menschenleben zu retten. Seine erste Amtshandlung nach seiner
Wahl 1977 war die Gewährung von Asyl für 67 vietnamesische Boots-
flüchtlinge, die hilflos im Chinesischen Meer umhertrieben.[32]

Die enge Verbindung zu den Juden außerhalb Israels hatte für Begin
große Bedeutung. Anfang der fünfziger Jahre hatte er versucht, epo-
chale Fragen, wie etwa die von ihm sehr kritisch betrachteten Kon-
takte zur Bundesrepublik Deutschland und die damit verbundenen
Reparationszahlungen, von einem neuen Gremium entscheiden zu
lassen, das sich aus Vertretern des Staates Israel und der jüdischen
Gemeinden außerhalb Israels zusammensetzen sollte.[33] Diese Bemühungen scheiterten zwar, doch im Inneren kam es während der Regierungszeit von Begin und seines Nachfolgers Jitzchak Schamir zu
grundlegenden Umwälzungen der Gesellschaft und des Verständnisses
davon, was ein jüdischer Staat sein sollte.

Unter Begins Regierung wurde die nationalreligiöse Siedlerbewegung zu einem legitimen Element im Staate. Die Siedler (ein Begriff,
der jetzt ausschließlich auf die Besiedlung der seit 1967 von Israel besetzten Gebiete im Westjordanland und dem Gazastreifen sowie anfangs auch der Sinai-Halbinsel bezogen wurde) verstanden sich nun
als die wahre zionistische Elite, die die aus der Mode gekommenen
Pioniere des Kibbuz abgelöst hätten. So wie diese mit den sozialistischen Idealen das Land bearbeitet und die Wüste zum Blühen gebracht hatten, so kehrten die Siedler nun mit der Bibel in die historisch und religiös bedeutsamen Orte der biblischen Landschaft zurück
und nahmen diese für sich in Besitz. Pinchas Wallerstein, ein langjähriger Sprecher der Siedlerbewegung, formulierte dies so: «Wir folgten
dem Ethos der Arbeiterbewegung und brauchten ihre Methoden. Im
letzten Viertel des zwanzigsten Jahrhunderts taten wir in Samaria,

was die Arbeiterbewegung im Harod-Tal im ersten Viertel des zwanzigsten Jahrhunderts getan hatte.»[34]

Die Siedlerbewegung berief sich weniger auf Herzl als auf den ersten Oberrabbiner Palästinas, Abraham Isaak Kook, der im Gegensatz
zu den meisten anderen religiösen Zionisten den Staat Israel als An-
bruch des messianischen Zeitalters interpretiert hatte. Obwohl Kook
lange vor der Staatsgründung, im Jahre 1935, verstorben war, legten
seine Schüler und allen voran sein Sohn Zvi Yehuda Kook seine Lehre
in dem Sinne aus, dass der Boden des Landes Israel heilig sei. Am Vorabend des Sechstagekrieges, am israelischen Unabhängigkeitstag im
Mai 1967, hielt der betagte Zvi Yehuda Kook eine aufsehenerregende
Rede, in der er sich an seinen Gemütszustand nach dem UN-Teilungs-
beschluss von 1947 erinnerte. Während die Massen sich freuten und in
den Straßen tanzten, trauerte er: «Wo ist unser Hebron – haben wir es
vergessen? Und wo ist unser Nablus – haben wir es vergessen? Unser
Jericho ... unsere Ostufer! Wo ist jeder einzelne Haufen Erde? ... Können wir nur einen Millimeter davon aufgeben? Gott behüte! Mein ganzer Körper war erschüttert, verwundet und in Stücke gerissen, und ich
konnte mich an nichts erfreuen.»[35] So wie Achad Ha'am sich auf dem
ersten Zionistenkongress als Trauernder auf einem Hochzeitsfest ge-
fühlt hatte, erging es fünfzig Jahre später dem Rabbiner Zvi Yehuda
Kook. Wenige Wochen nach der bewegenden Rede vom Mai 1967
wurde sein Traum Realität. Nun standen Hebron, Nablus und Jericho
unter israelischer Verwaltung. Zvi Yehuda Kook wurde zum geistigen
Vater der Siedlerbewegung, deren Mitglieder sowohl gegen die Passi-
vität der traditionellen Orthodoxie als auch gegen den Säkularismus
der traditionellen Zionisten rebellierten.

Die Anfänge der Siedlerbewegung liegen in den ersten Jahren nach
dem Krieg von 1967, noch unter den von der Arbeitspartei geführten
Regierungen. Die Regierung sah insbesondere den militärisch-strate-
gischen Wert der Siedlungen, doch fehlte eine Gesamtstrategie: «Mehr
als sich für die Siedlungen zu entscheiden, schlidderte die Regierung
dahin, deren Bau zu erlauben ... Dies war keine Entscheidung, die aus
strategischen Gründen erfolgte, sondern aus einem Mangel an strategischen Gründen.»[36] Damals gab es bereits die ersten religiös motivier-

ten Siedler. So kehrte der 1948 als Kind aus Gush Etzion geflüchtete Aktivist und spätere nationalreligiöse Knessetabgeordnete Chanan Porat bald nach Kriegsende in das nun wieder unter israelischer Kontrolle stehende Kfar Etzion zurück. 1968 setzte sich eine kleine Gruppe orthodoxer Juden unter der Führung von Rabbiner Mosche Levinger, einem Absolventen von Kooks *Jeschivat ha-Rav,* in Hebron fest. Hier, im Schatten der Patriarchengräber, war die alte jüdische Siedlung 1929 als Folge antijüdischer Unruhen gewaltsam aufgelöst worden. Die Wiederbesiedlung eines Ortes, der von zentraler Bedeutung für die biblische Geschichte war und zugleich an die gewaltsame Vertreibung von Juden während der britischen Mandatszeit erinnerte, hatte zweifachen symbolischen Wert. Die israelische Regierung erkannte aber auch den potentiellen Konfliktherd einer jüdischen Ansiedlung inmitten einer arabischen Stadt, die auch für Muslime und Christen ein heiliger Ort ist, und gestand der Gruppe um Rabbiner Levinger lediglich die Gründung einer neuen Siedlung außerhalb der Stadtgrenzen von Hebron zu. Mit Kiryat Arba entstand hier eine der frühesten Siedlungen innerhalb der 1967 besetzten Gebiete.[37]

Es war die Kombination aus dem triumphalen, messianische Erwartungen weckenden Sieg von 1967 und der Ernüchterung über das linke Establishment nach dem Beinahe-Fiasko des Jom-Kippur-Krieges von 1973, die aus isolierten Siedlungen eine Siedlerbewegung in den nun von Israel kontrollierten Gebieten entstehen ließ. So fasste Gershon Shafat, einer der frühen Aktivisten der Siedlerbewegung und zeitweise Mitglied der Knesset, das Gefühl der Siedler in diesen Worten zusammen: «Wir schritten unerschütterlich dem Licht des Glaubens sowie der Hoffnung und Erfüllung entgegen, um dem Niedergang und der Verzweiflung zu entkommen, die nach dem Jom-Kippur-Krieg herrschten.»[38] Im Januar 1974 gründeten einige Aktivisten die Bewegung *Gusch Emunim* (Block der Getreuen), die zum Kern der Siedlerbewegung werden sollte. Die Mitglieder von *Gusch Emunim* verstanden sich selbst als Vollender der zionistischen Ideale. In ihrem Selbstverständnis krönten sie den Traum der Besiedlung des jüdischen Landes und gaben einer ursprünglich säkular ausgerichteten Bewegung einen religiösen Anspruch.[39]

Während von Hebron und Kiryat Arba die Besiedlung des biblischen Judäa ausgehen sollte, war die Gegend um das antike Sichem,
das nun Kern der arabischen Stadt Nablus war, Ausgangspunkt für
die Besiedlung des biblischen Samaria. Eine Gruppe von Aktivisten,
die sich unabhängig von *Gusch Emunim* gebildet hatte, gründete
1974 eine Siedlung in Elon Moreh bei Nablus. Der greise Rabbiner
Zvi Yehuda Kook begab sich in Begleitung des ehemaligen Generals
(und späteren Premierministers) Ariel Sharon persönlich dorthin. Am
Tag zuvor hatte er betont, es sei ein religiöses Gebot, das Heilige Land
zu besiedeln, auch wenn dies religiöses Märtyrertum bedeute. Die
Regierung von Jitzchak Rabin und die Soldaten vor Ort verhinderten
die Siedlung zu diesem Zeitpunkt, doch war bereits die Unterstützung
von mehreren Parlamentsabgeordneten sichtbar. Als Menachem Begin
1977 Premierminister wurde, verkündete er umgehend seine Unterstützung für das Projekt: «Es wird viele Elon Morehs geben!»[40] 1980
schließlich wurde die Siedlung offiziell errichtet. Kurz nach seiner
Wahl zum Ministerpräsidenten war Menachem Begin zum geistigen
Vater der *Gusch-Emunim*–Bewegung, Rabbiner Zvi Yehuda Kook, ge-
pilgert. In den Worten eines Studenten an der Jeschiwa von Rabbiner
Kook, der damals zugegen war, fühlte sich dies – in einem merkwürdig formulierten Bild aus diesen Kreisen – für einen außenstehenden
Beobachter an wie Begins Gang nach Canossa.[41]

Eine weitere tiefgreifende Veränderung jener Jahre war die Radikalisierung der Nationalreligiösen Partei, die in den meisten Regierungen als Koalitionspartner mitgewirkt hatte und unter der Führung
von Chaim Mosche Shapira und Josef Burg ein moderates stabilisie-
rendes Element der israelischen Politik gewesen war. In den achtziger
Jahren wurde diese Partei durch den Aufstieg einer jungen messianisch geprägten Generation zum Sprachrohr der Siedlerbewegung.
Versuche von einzelnen Nationalreligiösen, sich gegen eine messianische Deutung der Geschehnisse von 1967 zu wenden, wie etwa die
Gründung der Organisation *Os ve-schalom* (Stärke und Frieden),
schlugen fehl.

Zwischen 1977 und 1981 gründete die Likud-Regierung etwa
zwanzig Siedlungen, die Zahl der Siedler wuchs von 3500 auf 18500,

im Jahre 1985 lag sie bereits bei 46 000 in insgesamt 113 Siedlungen.[42] Doch die Regierung Begin erfüllte nicht alle Erwartungen der Siedlerbewegungen. Insbesondere die Bereitschaft Menachem Begins nach dem Friedensabkommen mit Ägypten, die Sinai-Halbinsel zurückzugeben, enttäuschte die Maximalerwartungen des *Gusch Emunim* und führte zur Radikalisierung einiger seiner Mitglieder, die nun im Untergrund Terrorpläne schmiedeten. In einer Reihe von Anschlägen gegen palästinensische Bürgermeister, aber auch gegen normale Bürger, wurde die Gewaltbereitschaft des radikalen Randes der Siedlerbewegung deutlich. Die israelische Öffentlichkeit und die gemäßigte Mehrheit der Siedler reagierte mit Schrecken, als 1984 Pläne des rechtsradikalen Untergrunds, unter ihnen prominente Mitglieder der *Gusch-Emunim*-Bewegung, zur Sprengung der al-Aqsa-Moschee auf dem Tempelberg aufgedeckt wurden.

Den Terroristen wurde der Prozess gemacht, sie wurden zu Haftstrafen verurteilt; die Angriffe auf den demokratischen Rechtsstaat Israel, der alle seine Bürger gleich behandelt, gingen jedoch weiter. Andere rechtsextreme Gruppen stellten die Rechte und sogar die Existenz der arabischen Bevölkerung in einem jüdischen Staat in Frage. Sie plädierten für einen Bevölkerungstransfer der arabischen Bevölkerung, wie die Moledet-Partei des ehemaligen Armeegenerals Rehavam Ze'evi, oder gingen, wie die radikale Kach-Partei des aus den USA eingewanderten Rabbiners Meir Kahane, auch gewaltsam gegen arabische Israelis vor. Die Kach-Partei wurde vom israelischen Obersten Gerichtshof verboten. Ze'evi und Kahane fielen Mordanschlägen zum Opfer. Den Kampf um einen «rein» jüdischen Staat führten jedoch andere weiter.

Wenige Jahre nach dem Sechstagekrieg hatte der Staat Israel neue Konturen angenommen: Das ungeteilte Jerusalem war nun das Herz des Landes geworden, und wäre es nach Begin, Schamir und der Siedlerbewegung gegangen, würden «Judäa und Samaria» ebenso wie die Golanhöhen und Ost-Jerusalem für immer Teil des neuen Israel bleiben. Eine Normalität für den jüdischen Staat im Nahen Osten war für sie in absehbarer Zukunft nicht vorstellbar. Israel war in den Nachbeben einer einzigartigen historischen Katastrophe entstanden und

musste in den Augen einer nun heranwachsenden neuen politischen
Elite des rechten Lagers eine einzigartige historische Aufgabe erfüllen.
Wenn es sein musste, auch gegen den Rest der Welt.

### Friedensträume

Mitte der siebziger Jahre wurde aber nicht nur der Keim für die Siedlerbewegung gesetzt, sondern auch für radikale Neuansätze zu einem
Zusammenleben im Nahen Osten. Kaum jemand erwartete positive
Entwicklungen in Bezug auf den Friedensprozess von der neuen nationalistischen Regierung unter Menachem Begin, doch war dieser kurz
nach Übernahme der Regierungsgeschäfte damit konfrontiert, auf den
überraschenden Besuch des ägyptischen Staatspräsidenten Anwar
al-Sadat in Jerusalem im November 1977 zu reagieren. Erstmals in
der Geschichte Israels hatte ein arabischer Staat sich dazu durch-
gerungen, unter bestimmten Voraussetzungen den Staat der Juden anzuerkennen. Mit seiner dramatischen Geste – einer Ansprache im
israelischen Parlament – erntete Sadat viele Sympathien in Israel sowie in der westlichen Welt und isolierte sich gleichzeitig im arabischen
Lager. Israel zog sich in den folgenden Jahren, nach der Unterzeichnung des Camp-David-Abkommens mit Ägypten, stufenweise aus der
1967 eroberten Sinai-Halbinsel zurück und versprach den Palästinensern Autonomie für die weiterhin besetzten Gebiete im Westjordanland und im Gazastreifen.

Die Autonomiegespräche verliefen allerdings im Sande, und es sollte
noch über ein Jahrzehnt – mit weiteren konfliktreichen Auseinandersetzungen im Libanon und in den besetzten Gebieten – dauern, bis
sich Israels Situation in der Weltgemeinschaft positiv veränderte. Das
Ende der kommunistischen Regime in Europa trug entscheidend zu
dieser Entwicklung bei. In der UNO hatten in der Regel die islamischen Staaten zusammen mit dem sowjetischen Block gegen Israel gestimmt. Die Sowjetunion hatte Syrien, Israels gefährlichsten Gegner
nach dem Friedensschluss mit Ägypten, militärisch aufgerüstet. Nach
dem Zerfall der Sowjetunion nahmen ihre Nachfolgestaaten wie auch
die Staaten Osteuropas wieder diplomatische Beziehungen mit Israel

auf, eine ganze Reihe afrikanischer und asiatischer Staaten folgten. Die UNO widerrief 1991 ihre den Zionismus verdammende Resolution, und im Jahr 2000 wurde Israel – wenngleich zunächst mit Einschränkungen – in die regionale Gruppe der westeuropäischen und anderer Staaten aufgenommen.

Unter dem neuen Regierungschef Jitzchak Rabin und dessen Außenminister Shimon Peres, deren Wahlsieg mit der wiedererstarkten Arbeitspartei 1992 fünfzehn Jahre Likud-Vorherrschaft beendete, kam neue Bewegung in den Friedensprozess. Innerhalb weniger Jahre wurden sowohl mit den Palästinensern als auch mit Jordanien Friedensverträge ausgehandelt, nachdem Vertreter beider Seiten in Gesprächen in Oslo die Grundlagen zu einer gegenseitigen Anerkennung gelegt hatten. Erstmals schien die von A. B. Yehoshua ersehnte Normalität greifbar: Israel als ein Staat, der mit seinen Nachbarn im Frieden lebte und der – wie von Herzl vorausgesagt – der Region Prosperität bescheren sollte.

1993 sah der damalige Außenminister Shimon Peres aufgrund der globalen Neuordnung zu Beginn der neunziger Jahre «jene seltene Anhäufung von Umständen, die es einem Staatsmann erlauben, Richtungsänderungen im Lauf der Geschichte herbeizuführen».[43] Angeregt durch die Friedensverhandlungen in Oslo und den Dialog mit den Palästinensern trat er mit einer grandiosen neuen Vision an die Öffentlichkeit. Es war die Vision einer Musterregion. In seinem Buch *Die Versöhnung: Der neue Nahe Osten* heißt es: «Die Errichtung des Friedens zwischen Israel und seinen arabischen Nachbarn wird die Tür öffnen für grundlegende Erneuerungen im Nahen Osten… Die Veränderung, die in der Tatsache des Friedensschlusses mit Israel liegt, und die Anerkennung der Israelis und der Araber als gleichwertige Partner mit gleichen Rechten und Pflichten in der Region werden eine Kooperation neuer Art eröffnen, und zwar nicht nur zwischen Israel und seinen Nachbarn, sondern auch zwischen diesen Nachbarstaaten. Darüber hinaus wird allmählich ein gemeinsamer regionaler Rahmen wachsen, der die Gestalt der Region verändern wird, und zwar zuallererst im Bewußtsein der Völker des Nahen Ostens.»[44]

Was Deutschland und Frankreich nach Jahrhunderten kriegerischer

Auseinandersetzungen schafften, nämlich Frieden zu schließen und wirtschaftliche Prosperität in Europa zu gewährleisten, das könnten Israel und seine arabischen Nachbarn für den Nahen Osten erreichen. Peres erinnerte sich an seine Begegnungen mit dem Architekten der europäischen Einigung, Jean Monnet, in den fünfziger Jahren – und sah sich wohl selbst in der Rolle des nahöstlichen Monnet. Aber ebenso inspirierten ihn Theodor Herzls Träume in dessen utopischem Roman *Altneuland:* «Am Ende des 19. Jahrhunderts durfte geträumt werden. Am Ende des 20. Jahrhunderts ist es möglich, die Träume der Vergangenheit Realität werden zu lassen.»[45] So, wie Herzl sich den zukünftigen Judenstaat in allen Farben ausgemalt hatte, so legte Peres einen detaillierten Plan für den zukünftigen Nahen Osten vor, der durch wirtschaftliche Zusammenarbeit, gemeinsame Sicherheitsstrategien sowie kollektive Infrastrukturen auf den Gebieten des Verkehrswesens und der Kommunikation gekennzeichnet war. Er nannte ihn «Das neue Denken».[46]

Das Israel von Peres' neuem Nahen Osten war nicht länger der Pariastaat, der keinen Platz in der Staatengemeinschaft fand, nicht länger der *neighborhood bully*, sondern wieder Herzls und Ben Gurions Vorbildstaat, der der Welt zeigen kann, wie verfeindete Nationen Frieden schließen und wie eine Krisenregion zu einer Musterregion politischer Zusammenarbeit und ökonomischer Prosperität wird. Es verwundert nicht, dass Peres sich bei seiner Vision auf Herzls *Altneuland* berief.

Dabei gab Peres zu, dass er – wie die meisten Politiker Israels – während seiner Laufbahn als Politiker so gut wie gar nichts von Herzl gelesen hatte. Erst als Siebzigjähriger, als er bereits Jahrzehnte israelische Politik mitbestimmt hatte, nahm sich Peres den utopischen Roman Herzls zur Lektüre vor. Als er ihn entdeckt hatte, war er davon so fasziniert, dass er Herzl wieder zum Leben erwecken und ihm das gegenwärtige Israel (des Jahres 1998) zeigen wollte. So begab er sich auf eine fiktive Reise mit Herzl durch Israel und verfasste einen «Reisebericht».[47] In vielen Aspekten stellte der Staat Israel Peres zufolge tatsächlich die Erfüllung von Herzls Träumen dar. In mancherlei Hinsicht jedoch, so gab er zu, war die Realität weit von der Vision des Vordenkers entfernt.

Verleihung des Friedensnobelpreises an
Yassir Arafat, Shimon Peres und Jitzchak Rabin, 1994

Wie sein Held Theodor Herzl und sein Mentor David Ben Gurion
erblickte auch Peres in Israel viel mehr als nur einen Staat wie jeden
anderen. Der Charakter der jüdischen Geschichte war für ihn so
außergewöhnlich, dass auch das Schicksal des jüdischen Staates
außergewöhnlich sein müsse, ob man es beabsichtige oder nicht: «Das
Ungewöhnliche, Paradoxe und das Außergewöhnliche sind unser täg-
liches Los. Ob Juden oder Israelis – auf gewisse Weise bleiben wir ein
besonderes Volk, das stets zahllose und schwer zu beantwortende
Fragen provoziert, für die man bei den anderen Nationen nur schwer-
lich Vergleichbares findet.»[48] Doch sah Peres diese Besonderheiten
nicht für immer auf das jüdische Volk und den jüdischen Staat begrenzt: «Was dem jüdischen Volk widerfahren ist, sagte ich mir, ist
beispiellos: Ein Volk kehrt in sein Land zurück, zu seiner Sprache,
nach einer so langen Zeit. Auch den Palästinensern kann etwas Ein-
maliges widerfahren: Sie, die niemals vorher ein Volk waren, werden
von nun an ein Volk in der Völkerfamilie werden.»[49]

Peres wandelt in Herzls Fußstapfen, wenn er betont, dass Israel eine
multiethnische Gesellschaft sein müsse, und er gesteht schmerzhaft

ein, dass zum Zeitpunkt seines Traktats, im Jahre 1998, extremistische Strömungen auf beiden Seiten an Gewicht gewinnen. Diese sollten jedoch keine Chance erhalten, die Etablierung einer demokratischen und multiethnischen Gesellschaft, für ihn ein wesentlicher Teil des «israelischen Wunders», zu verspielen, «und auch deshalb müssen wir in Israel mit allen Kräften gegen diejenigen kämpfen, für die die Verwirklichung der jüdischen Nationalbestrebungen gleichbedeutend ist mit Abschottung, Ausschluß, ja mit ‹ethnischer Säuberung›, wie sie im ehemaligen Jugoslawien praktiziert worden ist. Mit Schmerz und Bedauern werde ich Herzl sagen müssen, daß derartige Stimmen in den letzten Jahren im Staat Israel laut geworden sind.»[30] Nach einem langen Zitat aus der Rede des Architekten Steineck gegen den Extremisten Geyer und dessen Ideen eines rein jüdischen Staates bemerkt Israels am längsten amtierender Politiker in Bezug auf Herzl: «Wenn ich diese Zeilen lese, kann ich voll und ganz die prophetische Intelligenz dieses Mannes ermessen, der kompromißlos war und sich das biblische Gebot zu eigen gemacht hatte: ‹Friede, Friede denen in der Ferne und denen in der Nähe.› (Jesaja 57,19).»[51]

Die Widerstände gegen die Realisierung von Peres' neuem Nahen Osten erwiesen sich allerdings größer als in seiner Vision: Auf arabischer Seite kam es zu einer Terrorwelle, die die israelische Gesellschaft in Angst und Schrecken versetzte. Zwischen 1994 und 1996 lähmten Anschläge auf Busse, Restaurants und öffentliche Einrichtungen das tägliche Leben. Auf der anderen Seite erschoss während des jüdischen Purimfestes 1994 der in der Siedlung Kiryat Arba lebende Arzt Baruch Goldstein 29 muslimische Araber beim Gebet in Hebron, bevor er selbst zu Tode kam. Radikale Gegner des Osloer Abkommens brandmarkten Jitzchak Rabin so lange als Verräter, bis einer von ihnen, ein Student der Bar-Ilan-Universität, schließlich zur Waffe griff und den Ministerpräsidenten während einer großen Friedensdemonstration im November 1995 erschoss. In der wenige Monate später folgenden Wahl besiegte der nationalistische Oppositionsführer Benjamin Netanjahu den Interimsministerpräsidenten Shimon Peres mit einer denkbar knappen Mehrheit. Der Friedensprozess schien zum Stillstand gebracht worden zu sein, der neue Nahe Osten war wieder der alte Nahe Osten geworden.

Auch wenn Israel Friedensverträge mit seinen Nachbarn Ägypten und Jordanien sowie mit den Palästinensern abgeschlossen hatte, wurde es von seinen arabischen Nachbarn doch nicht als integraler Bestandteil der Region wahrgenommen. Der Frieden blieb ein kalter Frieden, Israel blieb im Bewusstsein der arabischen Welt ein Fremdkörper im Nahen Osten. In den Augen eines Großteils der Welt blieb Israel, was es schon lange war: der *neighborhood bully*, ein Pariastaat.

## Endzeitträume

In einem anderen Teil der Welt wurde und wird Israel dagegen zunehmend idealisiert und für eigene theologische Vorstellungen missbraucht. In christlich-evangelikalen Kreisen vor allem Nordamerikas spielt der Staat Israel die Rolle des Heilsbringers. Die Verbindung von der Rückkehr der Juden mit biblischen Endzeitmotiven hat in der christlichen Theologie eine weit zurückreichende Tradition, der zufolge die Wiedererrichtung jüdischer Souveränität und der Wiederaufbau des Tempels das Ende aller Tage herbeiführen werden. In Jerusalem wird demzufolge zunächst der Antichrist herrschen, in Meggido der Endzeitkrieg zwischen den Mächten Gog und Magog toben, schließlich wird Jesus am Ende der Tage am Ölberg erscheinen und ein neues Reich einleiten.[52] Bereits zu Herzls Zeiten gab es Stimmen, die ihn als Vollstrecker der christlichen Heilslehre betrachteten. Kurz nach Veröffentlichung seines *Judenstaats* erhielt Herzl Post von William Hechler, Kaplan der englischen Botschaft in Wien, der davon überzeugt war, dass der Plan Herzls, einen jüdischen Staat zu gründen, Teil des christlichen Heilsplans sei. So vertraute Herzl nach seiner Begegnung mit Hechler seinem Tagebuch an: «Er hat nämlich nach einer Prophezeiung aus Omars Zeit ausgerechnet, dass nach 42 prophetischen Monden, also in 1260 Jahren, Palästina den Juden zurückgegeben würde. Das ergäbe 1897/98. Als er mein Buch gelesen hatte, eilte er sofort zum Botschafter Monson und sagte ihm, die angekündigte Bewegung ist da.»[53] Herzl mokierte sich zwar in seinem Tagebuch über den biblischen Eifer Hechlers. Als dieser aber vom Großherzog von Baden als Erzieher seiner Kinder angestellt wurde, sah er in ihm den möglichen Verbindungsmann, durch den sich der heiß ersehnte Kontakt zu Kaiser Wilhelm II., dem Neffen des Großherzogs, herstellen ließe.

Auch in den Jahren des britischen Mandats gab es christliche Stimmen, die in der möglichen Etablierung eines jüdischen Staates die Erfüllung der prophetischen Visionen erblickten. Doch erst die Gründung des Staates Israel und mehr noch die Eroberung der biblisch signifikanten Territorien nach 1967 führten zu einer massiven Neubesinnung auf diese Theorien in christlich-fundamentalistischen Kirchen Nordamerikas. Bereits in den evangelikalen Theorien der siebziger Jahre spielte der Staat Israel eine zentrale Rolle im Heilsgeschehen der Welt. In dem Bestseller *The Late, Great Planet Earth* (1970) stellt Hal Lindsey, einer der populärsten evangelikalen Prediger und Vorreiter des «Campus Crusade for Christ», die These auf, dass die Nationen der Welt daran gemessen werden würden, wie sie Israel behandeln, und dass die Rückkehr Christi auf Erden nicht erfolgen könne, bevor die Juden ihren Staat in Palästina wiedererrichtet hätten.[54]

Ihre politische Relevanz erhielten diese Stimmen mit dem wachsenden Einfluss evangelikaler Theologie auf die amerikanische Regierungspolitik mit Beginn der Regierungszeit Ronald Reagans. Das Schicksal Israels nahm seit den achtziger Jahren einen zentralen Stellenwert für die evangelikalen Prediger ein. In sein einflussreiches Buch *Listen America* (1980) integrierte der wohl erfolgreichste «Teleevangelist» und Gründer der konservativen Liberty University, Jerry Falwell, eine leidenschaftliche Verteidigungsrede für den Staat Israel und schrieb: «Ich bin fest davon überzeugt, dass Gott Amerika gesegnet hat, weil Amerika die Juden gesegnet hat.»[55] An anderer Stelle sagte Falwell, der wichtigste Tag der Menschheit seit Christi Himmelfahrt sei der 14. Mai 1948, der Tag, an dem Israel gegründet wurde.[56] Ganz ähnlich äußerten sich viele evangelikale Christen nach dem israelischen Triumph des Sechstagekrieges 1967, den sie als göttliche Vorsehung betrachteten. Die singuläre Bedeutung, die Israel in der Auffassung der evangelikalen Kirchen hat, erläuterte Falwell so: «Gott verspricht, diejenigen zu segnen, die die Kinder Abrahams segnen, und diejenigen zu verfluchen, die Israel verfluchen. Ich glaube, dass die Geschichte zeigt, dass er sein Wort gehalten hat. Wenn man zurückblickt auf die Pharaos und Caesars, auf Adolf Hitler und die Sowjetunion, all diejenigen, die es wagten, Gottes Augapfel – Israel – anzutasten, hat Gott bestraft. Amerika wurde gesegnet, da es Israel gesegnet hat.»[57]

Die Regierung Begin umwarb Falwell und seine Anhänger, die sie in Zeiten der Isolation als treue Freunde des belagerten Staates wahrnahm. Es ist bezeichnend, dass Menachem Begin nach dem erfolgreichen Schlag gegen den irakischen Atomreaktor Osirak 1981 zunächst Falwell anrief und erst danach den amerikanischen Präsidenten informierte.[58] Falwells Überzeugung, dass eine Rückgabe des 1967 eroberten Westjordanlands genau so lächerlich wäre, wie von den USA die Rückgabe von Texas an Mexiko zu fordern, trug dazu bei, dass er 1980 als erster Nichtjude mit der Vladimir-Jabotinsky-Medaille ausgezeichnet wurde und dass er sich der engen Freundschaft des heutigen israelischen Ministerpräsidenten Benjamin Netanjahu erfreuen kann.

Einer der prominentesten evangelikalen Prediger, die Israel für ihre politischen Zwecke beanspruchen, ist der Gründer des Fernsehsenders *Christian Broadcasting Network* (CBN) und ehemalige Bewerber für die republikanische Präsidentschaftskandidatur (1988) Pat Robertson. Bei zahlreichen Gelegenheiten unterstrich er die Bedeutung Israels im Endkampf der Völker. Das endzeitliche Armageddon sei Jerusalem, und Jerusalem müsse bis dahin unter jüdischer Kontrolle bleiben. Auch er sprach sich gegen eine Rückgabe biblischer Territorien an die Palästinenser aus und mischte seinem Kampf für eine vermeintlich christlich-jüdische Allianz kräftig antiislamische Gefühle bei. In einer seiner Reden aus dem Jahr 2004 etwa heißt es: «Der Kampf geht darum, ob Hubal, der Mondgott Mekkas, auch als Allah bekannt, das höchste Wesen ist, oder ob der jüdisch-christliche Gott Jehova aus der Bibel das höchste Wesen ist. Wenn Gottes auserwähltes Volk seine heiligsten Stätten Allahs Kontrolle überlässt, wenn sie den muslimischen Vandalen die Gräber Rachels, Josefs, der Patriarchen und der Propheten überlassen, wenn sie glauben, dass ihr Anspruch auf das Heilige Land nur von Lord Balfour und den stets flatterhaften Vereinten Nationen stammen und nicht von Gottes Versprechen abgeleitet werden, dann wird der Islam die Schlacht gewinnen. In der gesamten muslimischen Welt wird sich dann die Nachricht verbreiten: Allah ist größer als Jehova. Die Versprechen Jehovas an die Juden sind bedeutungslos.»[59]

So wie Falwell und Robertson denkt ein großer Teil der amerikanischen evangelikalen Christen. Israel ist für sie der Augapfel Gottes, das Schicksal des jüdischen Staates ist in vielerlei Hinsicht ausschlaggebend für das Schicksal der Christen. Israel erfüllt damit eine Stellvertreterfunktion im christlichen Endzeitkampf. Wenn Israel die Kontrolle über das Heilige Land etabliert und in Jerusalem der Dritte Tempel errichtet wird, dann – so ihre Überzeugung – wird der christliche Heilsbringer wiedererscheinen.

Auf jüdischer Seite wird dieses eschatologische Weltbild nach dem Motto «Gott schütze uns vor unseren Freunden» nicht immer gerne gesehen, denn bei genauerer Betrachtung wird klar, dass Israel und die Juden nur ein Mittel zum Zweck sind und dass nach Auffassung dieser «Freunde Israels» am Ende der Tage alle Juden ihr Heil in Jesus finden werden. Die Nähe zum Staat Israel geht mit dem Bekehrungseifer gegenüber den Juden einher. So schrieb etwa Jerry Falwell in demselben Buch, in dem er Amerikas Schicksal mit dem des Staates Israel verband, die Juden seien «geistig blind und in verzweifelter Not nach ihrem Messias und Erlöser».[60] Während liberale Stimmen bei Predigern wie Robertson hinter den israelfreundlichen Tönen eine Grundstruktur antijüdischer Verschwörungstheorien vermuten,[61] begrüßen in Zeiten zunehmender politischer Isolierung Israels die rechtsgerichteten israelischen Regierungen von Menachem Begin bis Benjamin Netanjahu Falwell, Robertson und ihre Anhänger. Sie können nicht übersehen, dass die christlichen Fundamentalisten in den USA seit Ende der siebziger Jahre Massendemonstrationen für Israel in Washington organisierten, Politiker im Kongress und der Regierung beeinflussten und Geld für Israel sammelten. Sie sprechen sich deutlich gegen einen möglichen Tausch von Land gegen Frieden aus und werben international für einen Staat Israel in biblischen Grenzen.

Es ist ein verbreitetes Missverständnis, die Solidaritätsadressen amerikanischer Politiker für Israel auf die vielzitierte «jüdische Lobby» in Washington zurückzuführen. Der jüdische Bevölkerungsanteil von 1,7 Prozent ist nahezu bedeutungslos. Was zumeist übersehen wird, ist die Tatsache, dass die proisraelischen Äußerungen der amerikanischen Politiker insbesondere aus dem republikanischen Lager sich gar nicht so sehr an die jüdische Wählerschaft, sondern an die evangelikalen Christen richten, deren Bevölkerungsanteil ein Vielfaches der jüdischen Amerikaner beträgt. Von einer einst relativ kleinen Splittergruppe innerhalb der amerikanischen Protestanten sind die evangelikalen Gruppen seit den siebziger Jahren zur größten religiösen Strömung in den USA, noch vor den Katholiken, geworden und umfassen heute über die Hälfte aller protestantischen Kirchen und über ein Viertel der amerikanischen Bevölkerung.[62] Bei den Wahlsiegen George W. Bushs 2000 und 2004 spielten ihre Stimmen eine wichtige Rolle. Eine Studie des Pew Institutes geht davon aus, dass 2004 34 Prozent der Bush-Wähler aus den Kreisen evangelikaler Christen kamen.[63] Selbstverständlich gibt es innerhalb einer so großen Gruppe unterschiedliche Positionen. Dies betrifft auch die Haltung zu Israel. Doch hat sich, wie Umfragen immer wieder bestätigen, ein Gesamttrend herausgebildet, dem zufolge die breiteste Unterstützung der israelischen Regierungspolitik aus diesem Umfeld kommt. Bemerkenswert ist, dass diese Unterstützung kompromissloser ist als die amerikanischer Juden. Zwei Drittel aller evangelikalen Christen in den USA glauben an die zentrale Rolle Israels als Heilsbringer für die Wiederkehr Christi auf Erden.[64]

In dieser Entwicklung zeigt sich auch die politische Polarisierung sowohl in Israel als auch in den USA. Das politisch rechte Lager in den USA unterstützt das politisch rechte Lager in Israel, während die liberalen Kräfte in beiden Gesellschaften sich zunehmend solidarisieren. Bei dem seit 1977 einsetzenden Rechtsruck und dem wachsenden Einfluss religiös-orthodoxer Kräfte in der israelischen Gesellschaft bedeutet dies auch eine zunehmende Distanz der mehrheitlich der

Demokratischen Partei nahestehenden amerikanischen Juden gegenüber der israelischen Regierungspolitik. Von der bestehenden proisraelischen Lobbygruppe AIPAC hat sich in Washington die linksliberale
J-Street abgespalten, die die Besatzungspolitik Israels ablehnt und
Präsident Obamas Kurs nahesteht. Auch das Reformjudentum und
das Konservative Judentum (das trotz seines Namens eine religiös-
liberale Haltung vertritt) formulieren als größte jüdisch-religiöse Strömungen in den USA zunehmend ihre Ablehnung der Monopolstellung
der religiösen Orthodoxie in Israel. Auf der anderen Seite hat sich eine
Allianz zwischen evangelikalen Christen, Republikanern und dem
politisch rechten Lager in Israel herausgebildet, die sich bereits unter
der Regierung Reagan abzeichnete und 2015 in der Rede des israelischen
Ministerpräsidenten Netanjahu vor dem republikanisch dominierten
US-Kongress kulminierte, die er gegen den deutlichen Protest des US-
Präsidenten hielt. Nachdem die Allianz zwischen den amerikanischen
Juden, der amerikanischen Regierung und der Regierung Israels
immer brüchiger geworden ist, sind die evangelikalen Gruppen in den
USA die verlässlichsten Verbündeten einer rechtsgerichteten israe-
lischen Regierung.

Betrachtet man die Entwicklung Israels in der Langzeitperspektive,
werden mehrere Paradigmenwechsel deutlich. Die ersten beiden Jahrzehnte von Israels Existenz standen vor allem im Zeichen der Transformation vom zionistischen Traum zur israelischen Realität. Mit der
Gründung des Staates Israel schien die zionistische Utopie Wirklichkeit geworden zu sein. Nun ging es darum, sich den wichtigen tages-
politischen Aufgaben zu widmen. Die Integration von Einwanderern,
die innenpolitische Stabilisierung und die Definition eines jüdischen
Staates gehörten neben den außenpolitischen Bedrohungen zu den
großen Herausforderungen jener Zeit.

Der militärische Erfolg von 1967 und der politische Rechtsruck von
1977 brachten die Rückkehr der Utopie in die israelische Politik mit
sich. Das rechte Lager träumte von der Etablierung eines Groß-Israels
auf biblischer Grundlage, das linke Lager von einem neuen Nahen
Osten mit Israel als zentralem Element. Gleichzeitig wurde Israel zur

Projektionsfläche eines breiten Spektrums von Meinungen. Ein Groß-teil der in der UNO vereinten Staaten setzte Zionismus mit Rassismus gleich und machte Israel zum Pariastaat. Das aufsteigende Lager der evangelikalen Kirchen in den USA dagegen erblickt in Israel den Heils-bringer der Welt, dessen Schicksal über die Endzeit der Menschheit entscheiden wird. Einmal mehr wurde Israel zum kulturellen Code für eine Reihe ganz unterschiedlicher Vorstellungen.

# 6. Das globale Israel

«Die sogenannte Normalisierung der Juden ist
von Anfang an eine tragische Illusion gewesen.»
Philip Roth, *Operation Shylock*[1]

Israel wurde als jüdischer Staat gegründet, um der «neurotischen Lösung», wie der israelische Schriftsteller A. B. Yehoshua das jahrhundertelange Exilsdasein der Juden nannte, ein Ende zu bereiten. Die Juden sollten nun ein «normales Leben» wie andere Völker auch führen: eine Existenz in ihrem eigenen Staat. Der in der Welt herumwandernde Jude sollte sich niederlassen, die jüdische Diaspora, so der zionistische Plan, würde sich langsam auflösen.[2] Der Staat Israel konnte die Diaspora jedoch nicht auflösen. Die Mehrheit der Juden lebt heute weiterhin außerhalb des jüdischen Staates. Hinzu kommt etwas, was die Gründer des jüdischen Staates nicht erwartet hatten: Neben der jüdischen Diaspora existiert mittlerweile eine israelische Diaspora.

Israel ist global geworden.[3] Dies ist nicht nur an der neuen Wirtschaftsstruktur der Start-up-Nation sichtbar, in der Orangen längst durch Mikrochips als Exportschlager ersetzt wurden. Israelis selber bilden heute ein globales Netzwerk zwischen Melbourne und Los Angeles. Sie gründen hebräische Schulen in New York und hebräische Bibliotheken in Berlin. Israelische Schriftsteller und Künstler malen sich aus, wie die Nachkommen der Einwanderer aus Berlin und Warschau wieder in die Länder zurückkehren, aus denen sie flüchten mussten, oder wie sie sich in Ländern ansiedeln, die wie Argentinien oder Uganda einstmals als Alternativen zu Palästina galten. Gleichzeitig kommen Menschen aus Teilen der Welt in Israel an, mit denen in den ersten Jahrzehnten der Staatsgründung niemand rechnete: Selbsterklärte Nachkommen der biblischen «verlorenen Stämme» aus Indien und Nigeria, Konvertiten zum Judentum aus Uganda, Gastarbeiter von den Philippinen und Flüchtlinge vor der Hungerkatastrophe aus dem Sudan.

Mit der Globalisierung Israels geht auch seine Fragmentierung einher. Während sich der Lebensalltag vieler säkularer Juden in Tel Aviv und Berlin ebenso ähnelt wie der religiöser Juden in Jerusalem und Brooklyn, scheinen die siebzig Kilometer zwischen Tel Aviv und Jerusalem zwei verschiedene Welten voneinander zu trennen, die immer schwerer miteinander in Einklang zu bringen sind. Die «Normalität» jüdischer und israelischer Existenz bedeutet heute etwas völlig anderes, als vor einem Jahrhundert oder auch noch vor wenigen Jahrzehnten darunter verstanden wurde.[4]

## Zwischen Israel und der Diaspora

Die Geschichte der Auswanderung von Juden aus Palästina ist ebenso alt wie ihre Einwanderung. Während der ersten Einwanderungswellen am Ende des neunzehnten und zu Beginn des zwanzigsten Jahrhunderts kehrte zeitweise die Mehrheit der Einwanderer wieder zurück nach Osteuropa oder zog weiter nach Amerika.[5] Diese Tendenz setzte sich in den zwanziger Jahren des vorigen Jahrhunderts fort, während der sogenannten vierten *Alija* (Einwanderungswelle, wörtlich: Aufstieg), die zumeist aus den bürgerlichen Schichten polnischer Juden bestand.[6] Aber auch nach der Staatsgründung verließen so manche frisch Eingewanderte (in der hebräischen Terminologie: «*Olim*» oder Aufsteigende) das Land schnell wieder. Die Kriegssituation, die wirtschaftliche Not, das Klima – all dies waren Gründe, sich zu dem in Israel verpönten Schritt der *Jerida*, des «Abstiegs», zu entschließen. Zwischen 1948 und 1967 wanderten etwa 184 000 Israelis aus, das entsprach 13 Prozent der Einwanderer im gleichen Zeitraum. In den frühen fünfziger Jahren verließen kurzzeitig sogar mehr Juden Israel, als ins Land einwanderten.[7]

In der Migrationsgeschichte ist die Rückkehr von Emigranten in ihr Heimatland oder ihre Weiterwanderung eigentlich nichts Besonderes. Einwanderung *und* Auswanderung gehörten immer zu den Charakteristiken moderner Staaten. Der Normalitätsanspruch stand in dieser

Frage in Israel aber vor einem nicht zu lösenden Widerspruch: Die zionistische Ideologie wollte einerseits einen Staat wie alle anderen Staaten schaffen. Dazu gehörte auch die Akzeptanz der Tatsache, dass ein Teil der Staatsbürger auswandert – so wie aus anderen Staaten auch. Andererseits sah der Zionismus die Wanderungsbewegung nur in eine Richtung vor, nämlich nach Israel. Herzls *Judenstaat*, die Unabhängigkeitserklärung Israels, das Rückkehrgesetz – all diese Gründungsdokumente Israels gingen davon aus, dass Juden in den jüdischen Staat gehen würden – und nicht in die umgekehrte Richtung.[8]

Nach dem Holocaust schmerzte es viele Israelis, dass es einen Teil der eben erst Eingewanderten ausgerechnet nach Deutschland zog. Die DP-Lager in der amerikanischen Zone wurden Anfang der fünfziger Jahre zu einer Anlaufstelle für einige Tausend Emigranten aus Israel, die von der israelischen Öffentlichkeit doppelt gebrandmarkt wurden: als Abtrünnige des zionistischen Projekts und als Verräter, die in das Land der Mörder zurückkehrten. Die amerikanisch-jüdischen Hilfsorganisationen standen vor einem Dilemma: Sollten sie den oftmals notleidenden Rückkehrern osteuropäischer Herkunft aus Israel unter die Arme greifen, oder sollten sie ihnen, wie die israelischen Behörden es forderten, keinerlei Hilfe zukommen lassen, um nicht noch mehr Israelis zur Auswanderung zu animieren? Hauptziel der israelischen Auswanderer nach Deutschland war das letzte, bis 1957 bestehende jüdische Displaced Persons Camp in Föhrenwald bei München. Schätzungen zufolge waren 1400 der im Juli 1953 hier lebenden 2000 Lagerinsassen in den letzten beiden Jahren aus Israel nach Deutschland gekommen. Insgesamt sollen 3500 ehemalige Israelis durch das Lager Föhrenwald geschleust worden sein.[9]

Unter den Zuwanderern waren aber auch deutsche Juden, die wieder in das Land ihrer Geburt zurückkehrten, darunter bekannte Personen wie der Schriftsteller Arnold Zweig, der sich nach persönlichen und politischen Enttäuschungen in Palästina noch vor der Staatsgründung Israels in der DDR niederließ und dort eine Karriere als öffentlicher Intellektueller begann. Während religiös Orthodoxe beklagten, es sei der säkulare Charakter des Staates, der viele Israelis wieder auswandern lasse, war für säkulare Juden gerade der religiöse Zwang in manchen gesellschaftlichen Bereichen Grund zur Ausreise.[10]

Nordamerika war das begehrteste Ziel der Auswanderer. Nur wenige Jahre nach der Staatsgründung hatte die Emigration aus Israel solche Dimensionen angenommen, dass Beamte jüdischer Hilfsorganisationen von einem «Massenexodus aus Israel» und einer «Tragödie» sprachen.[11] Führende Politiker forderten ein Verbot der Auswanderung und sogar die zwangsweise Rückholung der Emigranten. Golda Myerson (später Meir) wollte von den Emigranten die Erstattung der Kosten verlangen, die der Staat für sie in den Aufnahmelagern aufgewendet habe. Man müsse dem jüdischen Volk schließlich die Wanderlust abgewöhnen: «Wo steht geschrieben, dass eine Person hierhin und dorthin ziehen muss … und dass das jüdische Volk die Kosten dafür zahlen muss?»[12]

In den sechziger Jahren verfolgte die israelische Presse die Auswanderung mit fortgesetztem Interesse – und Erstaunen. «Sie fliehen wie die Ratten aus dem sinkenden Schiff», hieß es in *Yediot Acharonot*, und *Ha'aretz* brachte 1966 eine Serie von Artikeln über die Auswanderer, die trotz ihres wirtschaftlichen Erfolgs in Amerika oder Europa als seelenlos und unglücklich dargestellt wurden. Die zwei Jahre vor Ausbruch des Krieges von 1967 brachten einen neuen Höhepunkt der Auswanderung, die während dieser Zeit die Zahl der Einwanderung übertraf. Wiederum verdammte man vor allem jene, die nach Deutschland gingen, um «in der Nähe von Fritz und Adolf zu leben, die sie vor nur zwanzig Jahren in die Krematorien geschickt hätten».[13]

Bis in die siebziger Jahre waren die meisten Emigranten aus Israel frühere Einwanderer, die in ihrer neuen Heimat Israel nicht zurechtkamen oder sich nicht akklimatisieren konnten und zumeist in ihre Herkunftsländer zurückkehrten. Nach dem Jom-Kippur-Krieg änderte sich dies, auch als Reaktion auf die Wirtschaftskrisen in Israel. Jetzt, und insbesondere nach dem Libanonkrieg zu Beginn der achtziger Jahre, waren es junge, in Israel geborene Staatsbürger, die – zumeist nach Nordamerika – auswanderten. In New York und Los Angeles, aber auch Miami, Chicago und Washington entstanden israelische Netzwerke, teilweise mit eigenen Schulen.[14]

Die russisch-jüdische Masseneinwanderung der neunziger Jahre ließ die Diskussion um das «Auswandererproblem» in Israel zunächst verstummen. Die über eine Million Einwanderer aus der ehemaligen Sowjetunion (in einem Staat von damals insgesamt nur etwa sechs Millionen Menschen) veränderten den Staat Israel nicht nur quantitativ. Sie stellten auch die bisherige Idee Israels als Schmelztiegel unterschiedlicher jüdischer Einwanderergruppen grundsätzlich in Frage. Im Unterschied zu früheren Einwanderergruppen hielten sie selbstbewusst an ihrer Sprache und Kultur fest. Es entstanden russische Theatergruppen und Fernsehsender, in Metzgereien war nun Schweinefleisch gefragt, und im Dezember bekam man in den Kaufhäusern «Winterbäume» zu sehen, die im sakularen sowjetischen Selbstverständnis nichts mit Christbäumen zu tun hatten.

Der Zustrom von neuen Israelis übertraf die Abwanderung am Ende des zwanzigsten Jahrhunderts bei weitem und sollte noch lange nachwirken. Als aber nach Beginn der zweiten Intifada im Jahr 2000 der Einwandererstrom nachließ und die Zahl der Emigranten die der Immigranten wieder überholte, begann die Diskussion von dem «brain drain», der darauf Bezug nahm, dass nun ein relativ großer Teil der akademischen Elite, teilweise aus den Reihen der eben erst Eingewanderten, das Land verließ.[15] Die Zahl der jährlichen Auswanderer stieg von 19 000 zu Beginn des ersten Jahrzehnts des einundzwanzigsten Jahrhunderts auf 25 000 im Jahr 2006 an, während im gleichen Zeitraum die Zahl der Einwanderer jährlich auf unter 20 000 fiel.[16] Ein vorübergehendes Tief erreichte die Einwanderung 2013, als sie unter 14 000 sank. Mit der Zunahme antijüdischer Zwischenfälle in Europa stieg die Einwanderung nach Israel 2014 wieder an und erreichte einen Stand von 26 500. Erstmals war dabei Frankreich das Land, aus dem die meisten Neuzuwanderer nach Israel kamen.[17]

Nach den Angaben des Zentralen Statistischen Büros in Israel vergrößerte sich die Zahl der im Ausland lebenden Israelis insgesamt von 300 000 im Jahr 1989 auf 480 000 im Jahr 1999 und auf 540 000 im Jahr 2006. Damit war die Zahl der Emigranten und ihrer Kinder auf über 7 Prozent der Zahl der Staatsbürger angestiegen. Zwar führt das Phänomen der Emigration als einer Abweichung vom zionistischen

Ideal immer wieder zu heftigen Debatten in Israel, doch im internationalen Maßstab ist der Anteil der Auswanderer im Verhältnis zur Gesamtbevölkerung in den OECD-Staaten ganz normal und etwa auf dem gleichen Niveau wie in Deutschland, Österreich, Italien, Kanada und den Niederlanden.[18]

Neben New York und Los Angeles, London und Paris ist zu Beginn des neuen Jahrtausends auch Berlin zu einem Zentrum jüdischer Rückkehr bzw. Rückkehrphantasien geworden. In Berlin ist zwei Jahrzehnte nach dem Fall der Mauer eine wahre israelische Subkultur, ein Klein-Tel Aviv, entstanden: nicht nur mit Humusläden und Tel Aviv Beach Partys, sondern auch mit Bibliotheken hebräischer Literatur, Galerien israelischer Künstler und eigenen Webseiten. Die Kombination einer dynamischen Großstadt im Herzen Europas mit bezahlbaren Mietpreisen und der Möglichkeit vieler Israelis, einen EU-Pass und damit eine Arbeitserlaubnis zu erhalten, führten zu einer neuen Diaspora israelischer Juden in der deutschen Hauptstadt – und zu einer heftigen Diskussion in Israel darüber, ob es für die Nachkommen der Holocaust-Opfer legitim sei, sich ausgerechnet unter den Nachkommen der Täter anzusiedeln.[19]

Als die Facebook-Seite eines jungen Israelis in Berlin den provokativen Slogan «Olim le-Berlin» propagierte, brachte dies viele Israelis vollends in Rage.[20] Die Bezeichnung *olim* bedeutet, wie oben erwähnt, nicht nur einwandern, sondern «aufsteigen» und ist im Hebräischen der für die Einwanderung von Juden nach Israel vorbehaltene Begriff. In den Worten der Historikerin Fania Oz-Salzberger, die bereits 2001 ein Buch über *Israelis in Berlin* verfasste, sind «die heutigen Berliner Israelis weder ‹Absteiger› (gemäß dem alten abschätzigen hebräischen Begriff *Jordim* für Auswanderer) noch ‹Migranten› im traditionellen Sinne. Sie sind Transnationale und vertreten damit ein neues, nicht eindeutig fassbares Konzept von Staatsbürgerschaft. Sie leben, offline und online, an zwei Orten gleichzeitig. Nur einige von ihnen sind wirklich von Israel geschieden. Die meisten würden es wohl vorziehen zu sagen, sie und Israel haben sich wegen gegenseitiger Meinungsverschiedenheiten zeitweise getrennt.»[21] Eine Reihe hebräischer Magazine und Webseiten in Berlin zeugen von dieser neuen transnationalen

Existenz.[22] Viele der jüngeren Auswanderer leben in der Tat zwischen zwei Welten. Sie führen eine Existenz in Berlin am Jarkon oder in Tel Aviv an der Spree. Die unauflösbare Alternative zwischen Exilsdasein und Rückkehr in die jüdische Heimat ist für sie einem transnationalen Dasein gewichen.

Die lange Geschichte der jüdischen Diaspora und die Tatsache, dass diese niemals aufhörte zu bestehen, erleichtert die Emigration für viele Israelis. Sie können sich den bestehenden jüdischen Gemeinden anschließen und weiterhin ein jüdisches Leben führen. Von den Gemeinden werden sie in der Regel nach anfänglicher Skepsis mit offenen Armen empfangen, erhalten finanzielle Unterstützung und tragen kulturell zum Gemeindeleben bei. Auch wenn es nicht staatsbürgerlich legitimiert ist, existiert somit in gewissem Sinn ein Recht auf Rückkehr auch in die umgekehrte Richtung: vom jüdischen Staat in die jüdische Diaspora. Die Sonderstellung des jüdischen Staates erhält durch die gut organisierte Struktur jüdischer Gemeinden weltweit und die Möglichkeit israelischer Staatsbürger, sich in diese zu integrieren, eine weitere Nuance.

Die große Mehrzahl der israelischen Emigranten verlässt das Land aus pragmatischen Gründen. Es ist ihnen zu teuer, zu heiß oder zu gefährlich. Sie wollen mit ihrem Schritt kein ideologisches Statement abgeben, und die meisten behaupten, sie vermissen den israelischen Lebensstil und würden zurückkehren, wenn das Leben in Israel weniger anstrengend wäre. Unter jüdischen Intellektuellen dagegen wird heftig über die prinzipielle Frage diskutiert, ob die im Ausland lebenden Israelis das Normalisierungsprogramm der Zionisten gefährden oder gar der lebende Beweis dafür sind, dass der «normale» Verlauf der jüdischen Geschichte im eigenen Land und ohne Diaspora nicht vorstellbar ist.

Die Beantwortung dieser Frage spaltet die Intellektuellen zutiefst. Während die einen in der Rückkehr aller Juden nach Israel und in der Auflösung der Diaspora die Normalisierung der jüdischen Geschichte erfüllt sehen, erblicken andere gerade in der Verstreuung die «normale» Situation der Juden. Der israelische Historiker Jacob Talmon brachte das Paradox, das Israel im Laufe der jüdischen Geschichte

Das hebräische Webmagazin «Spitz» in Berlin

darstellt, auf einen knappen Nenner: «Israel wurde als Erfüllung und als ultimatives Ziel der jüdischen Geschichte gesehen, aber es wurde auch als größte Abweichung vom Kurs dieser Geschichte gesehen.»[23]

Auf der einen Seite stehen Zionisten, die sich vehement für die Sammlung aller Juden im jüdischen Staat einsetzen und die Auswanderer als Verräter brandmarken. Auf der anderen Seite finden sich die Verteidiger der Diaspora, die argumentieren, dass es selbst in biblischen Zeiten, als ein jüdischer Staat existierte, jüdische Diasporagemeinden in Ägypten, Babylonien und im Römischen Reich gegeben habe. Die Diaspora sei kein Betriebsunfall der Geschichte gewesen, sie mache vielmehr das eigentliche Wesen des Judentums aus.

Der vehementeste Verfechter einer Sammlung aller Juden im jüdischen Staat ist seit Jahrzehnten der Schriftsteller A. B. Yehoshua. Ihm zufolge gilt: «Die Golah [das Exil] ist die Quelle aller Schwierigkeiten, mit denen das jüdische Volk seit Generationen kämpft, insbesondere seit den letzten hundert Jahren.»[24] Und unter Anspielung auf die Auswanderung aus Israel und die Weiterexistenz der Diaspora sah Yehoshua über drei Jahrzehnte nach Erlangung der Staatlichkeit «bestürzende Zeichen einer Erneuerung der Golah … Das beweglichste Volk der Welt hat die Gesetze der neuartigen Wirklichkeit bereits gelernt und beginnt, sich im Exil an sich anzupassen. Das Vorhandensein eines Zentrums erlaubt es ihm, tiefere Wurzeln in der Golah zu schlagen, hat man damit doch eine Versicherung.»[25]

«Der Holocaust ist der letzte entscheidende Beweis für das Scheitern unserer Existenz in der Diaspora», folgerte Yehoshua.[26] Ihm zufolge war die Katastrophe, die im zwanzigsten Jahrhundert das jüdische Schicksal prägte, keineswegs der einzige Beweis für das Versagen jüdischen Diasporadaseins, sondern der letzte Nagel im Sarg der Diaspora. Yehoshua hat diese Anschauung seit den sechziger Jahren vertreten und ist ihr immer treu geblieben. «Der Holocaust hat uns die Gefahr unserer anomalen Existenzform inmitten anderer Völker vorgeführt – die Gefahr der Nicht-Rechtmäßigkeit unserer Anwesenheit unter anderen Nationen … Wir standen außerhalb der Geschichte und waren nicht wie ‹all die andern Nationen›. Wegen unserer Lebensweise waren wir ‹anders›, verschieden von all den andern, und es war ein leichtes, uns als nicht menschenwürdig zu betrachten – und so durfte auch unser Blut bedenkenlos vergossen werden … Der Holocaust machte die tiefsitzenden Gefahren, in denen die Juden leben, deutlich. Die Lösung liegt deshalb nicht in einer Veränderung der Welt, das heißt in deren Versöhnung mit den Besonderheiten unseres Daseins, sondern vielmehr in einer Veränderung der Natur der jüdischen Existenzweise, die mit der Welt versöhnt werden muß. Die Lösung liegt in einer Normalisierung der jüdischen Existenz.»[27]

Yehoshua beklagt den tiefsitzenden Anspruch vieler Juden und selbst Israelis, «anders» sein zu wollen: «Es geht doch nicht an, auf der einen Seite ständig auf die rechtlich-politische Gleichberechtigung des jüdischen Volkes zu pochen und auf der anderen Seite die geistige Gleichstellung mit der gesamten Menschheit nicht anzuerkennen.» Israel müsse den Anspruch aufgeben, anders zu sein als die anderen. Wie Weizmann benutzt auch Yehoshua Albanien als Metapher: «Die Einzigartigkeit des Staates Israel besteht darin, daß er ein jüdischer Staat mit einem spezifisch nationalen Inhalt ist, aber genauso ist auch Albanien einzigartig.»[28]

Während sich Politiker wie David Ben Gurion und Golda Meir sowie Intellektuelle wie A. B. Yehoshua für die Auflösung der Diaspora einsetzten, reichen die Argumentationslinien für die Bejahung der Diasporaexistenz bis ins neunzehnte Jahrhundert zurück. Insbesondere Vertreter der religiösen Reformbewegung wendeten die in der jüdischen Tradition negativ konnotierte Zerstörung des Zweiten Tempels und der jüdischen Souveränität in ihr Gegenteil. Erst durch die Zerstreuung sei die universale Mission des Judentums möglich geworden. Das jüdische Volkstum und die Staatlichkeit der Juden hätten nur der Vorbereitung der weit wichtigeren Rolle des Judentums gedient: seiner universalen Bedeutung und der Ausbreitung des Monotheismus.[29] Der Schriftsteller Stefan Zweig war einer von vielen kosmopolitisch gesinnten jüdischen Intellektuellen, die diese Auffassung inmitten der «Zeit des nationalen Irrwahns» des Ersten Weltkriegs auf einen Nenner brachten, als er in einem Brief an Martin Buber betonte, dass er «nie wollte, dass das Judentum wieder Nation wird», und dass er die Diaspora liebe als den Sinn des Judentums und «als seine weltbürgerliche allmenschliche Berufung».[30]

Die Grundauffassung jüdischer Geschichte als Geschichte einer in aller Welt verbreiteten Religionsgemeinschaft teilten auch jene osteuropäischen jüdischen Intellektuellen, die den Diasporanationalismus vertraten, wie ihn der russisch-jüdische Historiker Simon Dubnow geprägt hatte. Für Dubnow hatte das jüdische Volk in seiner langen Geschichte mehrere Zentren durchlaufen. Palästina war dabei nur der Ausgangspunkt. Babylonien, Spanien, Osteuropa und im zwanzigsten Jahrhundert Nordamerika waren seine nachfolgenden Zentren. Der normale Verlauf der jüdischen Geschichte bedeutete für ihn nicht die Rückkehr der Juden in ihr erstes historisches Zentrum, sondern die Bildung ständig neuer Zentren.[31]

Der Holocaust und seine Auswirkungen haben die diasporazentrierten Ideen jahrzehntelang diskreditiert. Nur in einem jüdischen Staat schien das Weiterleben der Juden gesichert. Für einige Jahrzehnte galt innerhalb der jüdischen Gemeinschaft ein weitgehender Konsens über die Notwendigkeit des jüdischen Staats. Doch der anhaltende Konflikt um den Staat Israel wie auch seine inneren Veränderungen haben an der Wende zum einundzwanzigsten Jahrhundert unter einigen jüdischen Intellektuellen wieder eine Gegenideologie zum Zionismus entstehen lassen, die nicht als Antizionismus, sondern als Diasporismus auftritt. Ihren prominentesten Ausdruck erhielt sie zunächst in fiktionaler Form. Zum indirekten Gegenpart von A. B. Yehoshua entwickelte sich dabei sein amerikanisch-jüdischer Schriftstellerkollege Philip Roth, genauer gesagt Philip Roths Protagonist namens Philip Roth. Der Doppelgänger des Schriftstellers, «der andere Philip Roth», tritt in dem Roman *Operation Shylock* (1993) als Propagandist eines neuen Diasporismus auf, der die aus Europa stammenden Juden und ihre Nachkommen wieder in den Kontinent zurückführen möchte, aus dem sie vertrieben wurden. Ausgangspunkt von Roth ist das Scheitern der vom Zionismus anvisierten Normalisierung: «Die sogenannte Normalisierung der Juden ist von Anfang an eine tragische Illusion gewesen. Doch wenn man gar erwartet, daß diese Normalisierung mitten im Herzen des Islam zur Blüte kommen soll, dann ist das schlimmer als tragisch – es ist selbstmörderisch... Es ist die Zeit gekommen, nach jenem Europa zurückzukehren, das jahrhundertelang und bis auf den heutigen Tag das authentischste jüdische Heimatland war, das es je gegeben hat, die Geburtsstätte des rabbinischen

Judentums, des chassidischen Judentums, des jüdischen Säkularismus, des Sozialismus – und so weiter. Gewiß, auch die Geburtsstätte des Zionismus. Doch der Zionismus hat seine historische Funktion überlebt. Die Zeit ist gekommen, in der europäischen Diaspora unsere herausragende geistige und kulturelle Rolle zu erneuern.»[32]

Der Zionismus habe zwar durchaus seine Berechtigung gehabt, sich jedoch letztlich als ein erfolgloses Experiment erwiesen: «In der unmittelbaren Nachkriegszeit, als Europa aus begreiflichen Gründen für Juden nicht bewohnbar war, war der Zionismus der wichtigste Einzelfaktor, der zur Wiederherstellung von jüdischer Hoffnung und Lebensmoral beigetragen hat. Doch indem es dem Zionismus gelang, den Juden ihre Gesundheit wiederzugeben, hat er tragischerweise seine eigene Gesundheit ruiniert und muß jetzt mit dem lebenskräftigen Diasporismus konform gehen.»[33]

Der «wirkliche» Philip Roth stellt sich dem «falschen» Philip Roth in diesem Roman entgegen und prangert dessen Diasporismus als naiv und gefährlich an, doch am Ende wird der Leser immer unsicherer über die Identität des «richtigen» Philip Roth und die eigentliche Absicht des Autors des Romans. Die Lösung des falschen Philip Roth war die Massenrückkehr der Juden nach Europa: «Der Diasporismus zielt darauf, die Verstreuung der Juden im Westen zu fördern, dabei insbesondere die Wiederansiedlung israelischer Juden europäischer Herkunft in den europäischen Ländern, wo es vor dem Zweiten Weltkrieg eine beträchtliche jüdische Bevölkerung gegeben hatte. Der Diasporismus hat den Plan, *alles* wiederaufzubauen, nicht in einem fremden und bedrohlichen Nahen Osten, sondern in ebenden Ländern, wo einst alles blühte.»[34]

Der falsche Philip Roth malt sich aus, wie die ersten Juden wieder in Europa empfangen werden: «Wissen Sie, was in Warschau geschehen wird, am Bahnhof, wenn die erste Eisenbahnladung von Juden zurückkehrt? Die Menschen werden jubeln. Die Menschen werden Tränen vergießen. Sie werden rufen: ‹Unsere Juden sind wieder da! Unsere Juden sind wieder da!› Das denkwürdige Ereignis wird durch das Fernsehen in alle Welt übertragen.»[35]

Der Diasporismus von Roths Protagonisten propagiert mehr als nur die Bejahung der Diasporaexistenz, er definiert die Diasporaexistenz als einzig mögliche jüdische Lebensform. Ein Diasporist ist für ihn «ein Jude, für den *Authentizität* als ein Jude darin besteht, in der Diaspora zu leben, für den die Diaspora der Normalzustand ist und der Zionismus das Abnorme – ein Diasporist ist ein Jude, der glaubt, daß die einzigen Juden, die zählen, die Juden der Diaspora sind, daß die einzigen Juden, die überleben werden, die Juden der Diaspora sind, daß die einzigen Juden, die überhaupt Juden *sind*, die Juden der Diaspora sind.»[36]

Die Grenzen zwischen Literatur und politischem Manifest verschwimmen in *Operation Shylock*, und es ist dem Leser vorbehalten, den Diasporismus im Roman für bare Münze zu nehmen oder als literarische Fiktion abzutun. Die Literaturhistorikerin Sidra DeKoven Ezrahi schrieb hierzu kurz nach Erscheinen des Buches, dass in einer Welt, in der zunehmend mehr Juden «ambivalent und ratlos über den Gebrauch und Missbrauch von Gewalt durch Israel sind ... ‹Diasporismus› in seinen weniger extremen Formen politisch ebenso korrekt wird, wie es der Zionismus vor fünfundzwanzig Jahren war».[37]

In der Tat gibt es eine ganze Reihe jüdischer Intellektueller, die zu einem neuen Diasporismus aufrufen und diesen als politisches Programm verstehen. Dabei steht weniger die vehemente Ablehnung israelischer Politik im Vordergrund, die bei politisch motivierten jüdischen Kritikern wie Noam Chomsky, Norman Finkelstein und Judith Butler zu beobachten ist.[38] Diese Intellektuellen reden vielmehr einer Idealisierung der Diaspora das Wort. Beispielhaft für sie mag der Literaturwissenschaftler und Kulturkritiker George Steiner genannt werden, der Heinrich Heines Auffassung vertritt, dass der Juden Heimat ein portatives Vaterland sei.[39] Die einzigartige Existenz der Juden, deren Heimat das Buch und nicht der Boden sei, habe eine ungewöhnliche Kreativität zur Folge gehabt und die Juden zu einer für die gesamte Menschheit beispielhaften Existenz geführt: «Man braucht weder ein religiöser Fundamentalist noch ein Mystiker zu sein, um daran zu glauben, daß die Einzigartigkeit jüdischen Überlebens irgendeine beispielhafte Bedeutung haben muß, daß sich in dem beständigen Ineinandergreifen jüdischen Leidens und jüdischen Erhaltenwerdens ein höherer Sinn verbergen muß, der es in mehr als rein demographischer Hinsicht interessant macht… Ich kann mich nicht von der Überzeugung befreien, daß die Qualen, die der Judaismus durchgemacht hat, und seine geheimnisvolle Unverwüstlichkeit eine Wahrheit aufdecken, konkret sichtbar machen – daß nämlich die Menschen es lernen müssen, einander als Gäste auf diesem kleinen Planeten zu behandeln… Der Staat Israel ist ein – ganz und gar verständlicher, in vieler Hinsicht bewundernswerter, vielleicht historisch unumgänglicher – Versuch, die Seinsbedingungen des Judaismus, seine Bedeutung zu normalisieren. Er soll dem Juden das Gefühl vermitteln, ‹irgendwo hinzugehören›, und ihn damit auf eine Ebene mit den Angehörigen aller anderen modernen Völker stellen. Gleichzeitig ist dieser Staat jedoch der Versuch, die tiefere Wahrheit eines ‹Unbehaustseins› auszurotten, eines ‹In-der-Welt-beheimatet-Seins›, welche das Vermächtnis der Propheten und der Bewahrer des Textes sind.»[40]

Für Steiner bedeutet die Rückkehr der Juden in einen kleinen Staat im Nahen Osten die Provinzialisierung einer Gemeinschaft, die in der Diaspora Freud, Einstein und Kafka hervorgebracht hat und trotz eines Bevölkerungsanteils von weit unter einem Prozent über zwanzig Prozent der Nobelpreisträger stellte. Es ist für Steiner gerade die Diasporaexistenz, die diese einmalige Kreativität ermöglichte. Um an Isaiah Berlins eingangs zitierte Anekdote anzuknüpfen, möchte Steiner unter keinen Bedingungen auf die Perle, die die Auster hervorbringt, verzichten. Die Heimatlosigkeit war und bleibt für ihn die Heimat der Juden.[41]

Trotz seiner Kritik an der israelischen Politik erkennt Steiner Israel als den einzigen Zufluchtsort für Juden an, «wenn es wieder losgeht, und es wird wieder losgehen».[42] Im Gegensatz zu radikal antizionistischen Kritikern erkennt Steiner, wenngleich schmerzhaft, die Alternativlosigkeit des Weges in die jüdische Staatlichkeit an: «Was für eine mandarinenhafte Phantasterei, was für ein in einem Elfenbeinturm ausgebrüteter Unsinn wäre der Gedanke, daß der Jude nach all jenen unaussprechlichen Schrecken der Vernichtung, mit denen man ihn so reichlich bedacht hat, als einziger unter den Menschen kein eigenes Land, keine Herberge in der Nacht haben sollte?»[43]

Diasporaorientierte Ideologien haben insbesondere unter den postmodernen Forschern auf dem Gebiet der Jüdischen Studien Resonanz gefunden. So vertreten die Brüder Daniel und Jonathan Boyarin, beide als Professoren auf dem Gebiet der Jüdischen Studien in den USA tätig, mit Vehemenz die Theorie, dass nur das Diasporajudentum wirklich die jüdischen Grundwerte repräsentiert. «Wir schlagen Diaspora als ein theoretisches und historisches Modell vor, um nationale Selbstbestimmung zu ersetzen ... Die Lösung des Zionismus – das bedeutet die Hegemonie des jüdischen Staates, außer in dem Moment, als sie eine temporäre Notlösung und Rettungsaktion bedeutete – erscheint uns als eine Subversion jüdischer Kultur und nicht als ihre Kulmination. Sie steht für die Ersetzung des traditionellen jüdischen kulturell-politischen Wertesystems, das im besten Falle auf dem Teilen der politischen Macht mit Anderen beruhte und das ganz andere Bedeutung annimmt, wenn es mit politischer Hegemonie verbunden wird, durch ein europäisches-westliches System.»[44] Direkt an A. B. Yehoshua gerichtet, argumentieren die Brüder Boyarin: «Lassen Sie uns A. B. Yehoshuas bekannte Formulierung, dass nur unter den Bedingungen politischer Hegemonie moralische Verantwortung mobilisiert werden kann, in ihr Gegenteil verkehren und behaupten, dass der einzig moralisch gangbare Weg der einer Zurückweisung politischer Hegemonie qua politische Hegemonie ist.»[45]

Daniel und Jonathan Boyarin erinnern an eine Geschichte der Juden, die nicht im Land Israel begann und die nicht um das Land Israel kreiste: «Eine alternative Geschichte Israels, die sich unserer Meinung nach näher an dem gelebten Judentum der letzten zweitausend Jahre orientiert, beginnt mit einem Volk, das nie an ein bestimmtes Land gebunden ist, ein Volk, das die Idee in Frage stellt, dass ein Volk ein Land benötigt, um ein Volk zu sein: ‹Das Land Israel war nicht der Geburtsort des jüdischen Volkes, das dort nicht entstanden ist (im Gegensatz zu den meisten Völkern, die auf ihrer eigenen Erde entstanden). Im Gegenteil, es musste von außen in sein eigenes Land kommen; Israel wurde im Exil geboren. Abraham musste sein eigenes Land verlassen, um ins Gelobte Land zu gelangen: der Vater des Judentums war deterritorialisiert.›»[46] Die Brüder Boyarin gehen so weit zu behaupten, dass «Diaspora und nicht Monotheismus der wichtigste Beitrag [ist], den das Judentum der Welt zu machen hat».[47] Diese und ähnliche Meinungen knüpfen an die zionismuskritischen Stimmen aus der Zeit vor der Staatsgründung Israels an. Sie verkennen dabei die Tatsache, dass mittlerweile die größte jüdische Gemeinschaft der Welt in Israel zu Hause ist und dass die überwiegende Mehrzahl von ihnen Israel nicht als vorübergehendes Heim ansieht. Sie würden wohl auch nicht mit dem amerikanischen Literaturkritiker Christopher Hitchens übereinstimmen, demzufolge «israelische Juden ein Teil der Diaspora sind, nicht eine Gruppe, die ihr entflohen ist».[48]

Mit der Kritik an der territorialen Lösung der jüdischen Frage stellten jüdische Intellektuelle auch zunehmend die Rolle in Frage, die Israel im Bewusstsein der jüdischen Welt von Anfang an eingenommen hatte: ein Rettungshafen für verfolgte Juden weltweit zu sein. Für den Historiker Tony Judt etwa stellt im Gegenteil Israel gerade die größte Gefahr für das jüdische Volk dar. Die Politik Israels nehme die Juden der Welt in Geiselhaft, da sie mit dieser identifiziert würden, ob sie es wollten oder nicht. Für Judt bedeutet Israel «nicht nur einen Anachronismus, sondern einen dysfunktionalen dazu». Im Gegensatz zu den Nationalstaaten, die nach dem Ersten Weltkrieg entstanden, betrat Israel die internationale Staatenlandschaft einen Weltkrieg später, als Judt zufolge das Zeitalter der Nationalstaaten bereits brüchig war. Für Judt ist Israel in vielerlei Hinsicht eine Anomalität. Statt die Lebenswirklichkeit der Juden zu normalisieren, habe der Staat Israel durch seine Politik das Gegenteil bewirkt: «Heute fühlen sich nicht-israelische Juden wieder einmal der Kritik ausgesetzt und sind verletzbar gegenüber Angriffen für Dinge, mit denen sie nichts zu tun haben. Aber dieses Mal ist es ein jüdischer Staat, kein christlicher, der sie für seine eigenen Handlungen haftbar macht. Diasporajuden können die Politik Israels nicht beeinflussen, aber sie werden mit ihnen direkt identifiziert, nicht zuletzt durch Israels eigenen permanenten Anspruch auf ihre Treuepflicht... Die deprimierende Wahrheit ist, dass Israel heute schlecht für die Juden ist.»[49] Seine Zukunftsprognose ist die einer weiteren Entfernung der Diasporajuden von den Juden Israels.[50]

In Israel selbst wurden seit Ende der achtziger Jahre Stimmen laut, die ein Umdenken in Bezug auf das Selbstverständnis des jüdischen Staates forderten. Sie bilden zwar im Lande selbst eine kleine Minderheit, werden aber in Europa und den USA besonders stark wahrgenommen. Einen Anfang machten provokative Schriften von Akademikern, die sich als «Neue» Historiker und Soziologen bezeichneten und seit Ende der achtziger Jahre an den Tabus der etablierten Wissenschaftler rüttelten. Historiker wie Tom Segev und Benny Morris, die die Existenz des Staates Israel keineswegs in Frage stellten, hinterfragten kritisch die Rolle der Zionisten bei der möglichen Rettung von Juden während des Holocausts und wiesen auf Israels Mitschuld an der Vertreibung – nicht mehr ausschließlich Flucht! – der arabischen Bevölkerung Palästinas in der Zeit des israelischen Unabhängigkeitskrieges hin.[51]

Die Tageszeitung *Ha'aretz* wurde zum Forum für jene Stimmen, die sich für die liberalen und demokratischen Werte in Israel einsetzten und kritisch gegenüber nationalistischen Tendenzen äußerten. Zu den regelmäßigen Kolumnisten gehört die Soziologin Eva Illouz, die es als unmoralisch verurteilt, die Legitimität des Zionismus zu bestreiten: «Ein paar Tausend Jahre Exil und unbarmherzige Verfolgungen erlegen der Welt, das heißt der nicht-jüdischen Welt, die moralische Verpflichtung auf, dafür zu sorgen, dass das Recht der Juden auf ein Territorium und nationale Souveränität niemals in Frage gestellt wird.» Auf der anderen Seite ist sie besorgt, dass das moderne Israel sich immer weiter von den Werten entfernt, für die der ursprüngliche Zionismus und der frühe Staat Israel einmal standen. Im Grunde genommen kritisiert sie, «dass sich Israel als Fortschreibung der ethnischen Einheit der Juden begreift, die sich weit mehr von den Nichtjuden als von anderen Nationen abhebt. Für eine Diaspora ist das völlig legitim, für einen liberalen Staat aber weitaus weniger zuträglich.» Mit anderen Worten: Israel vergesse, dass es sich als Staat, der die Kontrolle über nichtjüdische Minderheiten ausübe, nicht dem gleichen Handlungsschema unterwerfen kann, das die Juden als Minderheit in der Geschichte gewohnt waren: «Die Instrumente und Strategien, die für das Überleben und die Bewährung und Identität der am meisten verfolgten Minderheit in der Geschichte geeignet, zweckmäßig und höchst nützlich waren, sind für eine Mehrheit unangemessen, ja sogar gefährlich.»[52]

Im Laufe der Zeit erhoben sich auch in der Politik und anderen Bereichen der Gesellschaft kritische Stimmen. Ausgerechnet der ehemalige Präsident des israelischen Parlaments und der zionistischen Jewish Agency, Avraham Burg, dessen Vater einst die nationalreligiöse Partei angeführt hatte, rief dazu auf, den Zionismus neu zu überdenken.[53] In einem Zeitungsinterview forderte er die Abschaffung des Rückkehrgesetzes und ermutigte Israelis, eine zweite Staatsbürgerschaft zu erlangen, wenn sie die Voraussetzungen dafür erfüllten.[54] An anderer Stelle verteidigte er Achad Ha'ams Vision einer kulturellen Heimstätte der Juden gegenüber Herzls Judenstaat und lehnte ein nur auf Israel zentriertes Judentum kategorisch ab: «Wir wurden mit dem Zionismus Ben Gurions erzogen, demzufolge es nur einen Ort für Juden gibt, und das ist Israel. Ich sage nein, es gab immer mehrere Zentren jüdischen Lebens.»[55]

Während sich Illouz und Burg einen anderen jüdischen Staat wünschen, erklärt der «postzionistische» Tel Aviver Geschichtsprofessor Shlomo Sand kurzerhand die Idee eines jüdischen Volkes zur Fiktion und sieht damit den Staat Israel auf tönernen Füßen errichtet. Wenn tatsächlich das jüdische Volk erst von Historikern und Politikern des neunzehnten Jahrhunderts erfunden wurde, wie Sand es behauptet, dann gab es kaum eine Legitimation für einen Staat der Juden. Sollten sie «nur» eine Religion sein, so hätten sie keinen Anspruch auf einen eigenen Staat. Er selbst schlug folgenden Weg für den Staat Israel vor: «Die Jüdische Metaidentität muss einer grundlegenden Transformation unterzogen werden und sich der lebendigen und vielfältigen kulturellen Realität anpassen, über die sie herrscht. Diese Identität muss israelisiert werden und sich öffnen, damit sie allen Staatsbürgern zur Verfügung stehen kann. Um Israel zu einem einheitlichen Nationalstaat zu machen, ist es zu spät … Inwieweit ist die jüdisch-israelische Gesellschaft bereit, sich von der alten Vorstellung zu verabschieden, die sie zum ‹auserwählten Volk› macht, und aufzuhören, sich selbst abzugrenzen und andere aus ihrer Mitte auszustoßen, gleichgültig, ob das aus fragwürdigen historischen Gründen oder mittels einer dubiosen Biologie geschieht?»[56]

Er untermauerte seine Position mit dem Buch *Die Erfindung des Landes Israel*, in dem er beabsichtigte, «den Grundsatz des ‹historischen Anrechts› ebenso zu entzaubern wie die mit ihm verbundenen nationalen Narrative, die allein dem Zweck dienen, die Inbesitznahme des Territoriums moralisch zu legitimieren».[57] Diesem Buch folgte ein weiteres mit dem bezeichnenden Titel: *Warum ich aufhöre, Jude zu sein*. Während Fachkollegen Sands Bücher aufgrund seiner nicht haltbaren historischen Thesen fast durchgängig als politische Polemik und als unwissenschaftlich ablehnten, erfreute er sich nicht nur in zahlreichen Übersetzungen weltweit großer Popularität, sondern stand auch auf israelischen Bestsellerlisten. Ermutigt von dieser Infragestellung scheinbar unantastbarer historischer und politischer Konzepte, haben in den letzten Jahren auch israelische Schriftsteller und Künstler die Frage nach jüdischer Staatlichkeit, Diasporaexistenz und israelischer «Normalität» neu gestellt. Im Gegensatz zu den oftmals dogmatischen Ansätzen der oben erwähnten Politiker und Wissenschaftler gehen sie spielerischer mit der Frage nach israelischer Existenz um.

### Das Neuland

«Menschen, Brüder, Willkommen in *Neuland* – einer therapeutischen Community nach den Grundsätzen von Benjamin Zeev Herzl», so beginnt ein Informationsblatt für die Gäste der 2006 von dem ehemaligen Offizier der israelischen Streitkräfte Meni Peleg begründeten Farm in Argentinien. In unmittelbarer Nähe der am Ende des neunzehnten Jahrhunderts von Baron Maurice de Hirsch initiierten landwirtschaftlichen Siedlung Moisés Ville gelegen, dient Neuland als Asyl für Israelis, die vom Krieg und Konflikt in ihrer Heimat traumatisiert sind. «*Neuland* versteht sich nicht als Alternative zu ‹Altneuland›, also zum Staat Israel. Unser Ziel zum gegenwärtigen Zeitpunkt ist es, diesen Staat herauszufordern, ihm einen Spiegel vorzuhalten und die Herzen zu bereiten, wenn ihr wollt, ein ‹Schattenstaat›, eine Art Schattenkabinett im Kleinformat, das den Staat Israel daran erinnert, was er einmal sein wollte. Und was er sein kann.» In Neuland herrscht Gewaltlosigkeit sowie Gleichheit auch mit den nichtisraelischen Bewohnern. Telefone sind verboten, Besucher werden nur nach gründlicher Kontrolle eingelassen.[58]

*Neuland* ist eine fiktive Siedlung im gleichnamigen Roman des 1971 geborenen israelischen Schriftstellers Eshkol Nevo. Nevo, dessen Großvater Levi Eshkol, der dritte israelische Ministerpräsident, war, gehört zu der Enkelgeneration der Staatsgründer, deren Angehörige oftmals zu den Ausgangsidealen des Zionismus zurückkehren und kritisch fragen, inwieweit der Staat Israel diese erfüllt hat. Sie beschäftigen sich intensiv mit dem Verhältnis zwischen jüdischem Staat und jüdischer Diaspora.

In *Neuland* – wie auch in der Realität – sind es vor allem junge Israelis, die nach ihrem Militärdienst ein Jahr lang durch die Welt reisen. Südamerika ist eines ihrer beliebtesten Ziele. Während sie in der Realität allerdings zumeist wieder nach Israel zurückkehren, spielt Nevo mit dem Gedanken, dass sie sich in einer Siedlung in Argentinien ansiedeln könnten. Er kombiniert in seinem Roman Herzls utopische Vision *Altneuland* mit den realen Siedlungen jenes Baron Maurice de Hirsch, der Herzl einst schroff abgewiesen hatte. Ironischerweise beleben nun junge Israelis das gescheiterte Experiment Hirschs, um ein besseres Israel in Argentinien aufzubauen. Nevo ist sich dabei sicherlich bewusst, dass Herzl in seinen ursprünglichen Plänen Argentinien neben Palästina als mögliches neues Heimatland der Juden ins Auge gefasst hat. Er spielt auch auf die Frustration vieler junger Israelis darüber an, dass ihre Großeltern den Judenstaat, den sie lieber in friedlicheren Gefilden verorten würden, in einem Konfliktgebiet errichteten. So unterhalten sich die beiden Protagonisten im Roman: «Stell dir vor, Dori, der Judenstaat wäre in Südamerika gegründet worden. Dann würden die Leute ihre große Reise nach dem Militärdienst nach Erez Israel machen! Vielleicht gäbe es da gar kein Militär.»[59]

Es gibt in Neuland eine Art parlamentarische Vollversammlung der Juden, benannt nach dem zur Zeit des Tempels bestehenden Gerichtshof in Jerusalem, dem Sanhedrin. In der Person des Siedlungsgründers Meni Peleg («Señor Neuland») steht ein charismatischer Visionär im Mittelpunkt, der Herzl selbst bzw. dem Helden in *Altneuland*, David Littwak, nachempfunden ist. Nach Littwak ist ebenso wie nach seinem Mitstreiter Kingscourt eine Straße in Neuland benannt. Der Gründer Meni Peleg vergleicht sein Experiment mit Herzls Schiff *Futuro*, auf dem im Roman *Altneuland* die klügsten Intellektuellen und Forscher zusammentreffen, um sich Gedanken über die Zukunft von Altneuland und der gesamten Welt zu machen.

Wie im real gewordenen Altneuland, so stellen sich die Bewohner auch in Neuland die Frage, ob sie in einem «normalen» Kollektiv leben wollen oder eine Modellgesellschaft für die gesamte Menschheit bilden sollten. Herzl und Ben Gurion folgend, wählen sie das Letztere: «Das war es, was mich an Neuland gepackt hat», sagt Sara, eine Bewohnerin des Kollektivs: «endlich aufzuhören, als Getriebene der Schoa zu leben, und stattdessen anzufangen, ‹Licht für die Völker› zu sein. So wie Herzl das vorhergesehen hat.»[60]

Wie in Israel, gibt es auch in Neuland Diskussionen darüber, wer dazugehören darf und wer nicht. Wie kann eine jüdische Gesellschaft existieren, aber dennoch offen sein für nichtjüdische Mitbürger? Auf einer Versammlung wird darüber diskutiert, «wer als Mitglied in Neuland aufgenommen werden konnte und wie sich der Wunsch, allen Nationen gegenüber offen zu sein, mit dem Bedürfnis verbinden ließ, eine bestimmte Atmosphäre zu bewahren, die noch irgendwie mit dem ‹Ursprungsland›, also mit Altneuland zusammenhing».[61] Die Frage, wie sich ein Staat der Juden mit den universellen Vorstellungen Herzls und seiner Nachfolger vereinbaren ließ, ist eine der zentralen Probleme in Neuland, wie auch im «Ursprungsland» Israel. Es gehört zu den zahlreichen ironischen Anspielungen in *Neuland*, dass Israel – in der zionistischen Tradition immer das Zielland – nun zu *dem* Ursprungsland der Migranten schlechthin wird.

Als der Sohn des Siedlungsgründers, Dori Peleg (Dori war der ungarische Kosename Theodor Herzls als Kind), auf der Suche nach seinem Vater Neuland entdeckt, erklärt dieser ihm, warum es einer solchen Neugründung bedarf: «Ein Staat, der nur existiert, um das

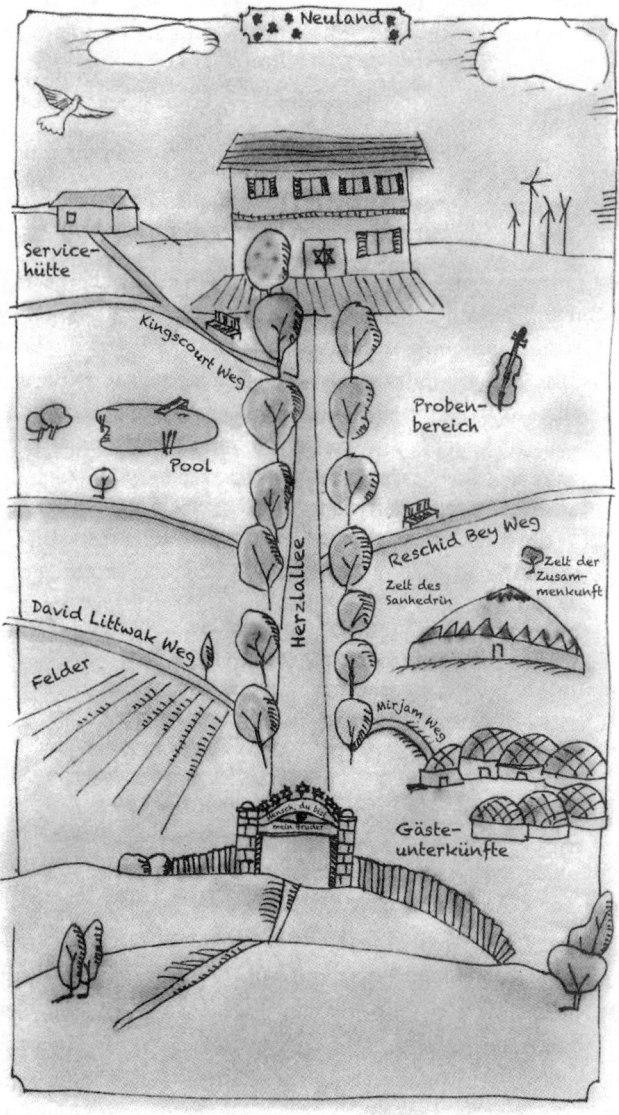

Die Phantasiekarte der israelischen Siedlung Neuland in Argentinien
aus Eshkol Nevos Roman «Neuland»

Überleben zu sichern, funktioniert nicht, Dorinju. Die Idee zur Errichtung des Staates Israel war, die Juden aus dem Exil an einem Ort zu versammeln, von dem man sie nicht vertreiben würde. Aber das war, ich betone, in der Vergangenheit. Ein Staat braucht eine Vision. Ein Staat ohne Vision ist wie eine Familie, in der es keine Liebe gibt. Und wenn es keine Liebe gibt, warum dann die Familie zusammenhalten? ... Neuland wird die Mahnung sein. Neuland wird daran erinnern, dass der Staat der Juden ein Athen werden sollte, bevor er ein Sparta wurde.»[62]

In Nevos Roman sehnen sich die Protagonisten nach der Erfüllung von Herzls Traum, nach einem wahren Altneuland. Das Experiment über die Rückkehr zu Herzls Idealen wird außerhalb Israels durchgeführt, die Protagonisten sind in Israel Traumatisierte, die in ihrer Mehrzahl gerne in das «Ursprungsland» zurückkehren möchten, aber nur, wenn dieses sich verändert. Doch herrscht darüber keine Einigkeit. Es gibt auch diejenigen, die sich selbst das Sitzfleisch absprechen, um in einem eigenen Staat überleben zu können. So sagt der Charakter des Wandernden Juden im Roman: «Zu Hause, das ist nicht der Ort, wo du lebst, sondern der Ort, an den du zurückkehren kannst, wenn du willst. Mehr als einen solchen Ort braucht man nicht.»[63]

Eshkol Nevo ist nicht der einzige israelische Schriftsteller, der ein alternatives Zion außerhalb Israels thematisiert. In ihrem Roman *I-srael* (wörtlich: Insel Israel) knüpft Nava Semel an den Plan von Mordecai Noah an, der 1825 einen jüdischen Staat auf Grand Island bei Buffalo plante. Sie beschreibt das Treffen zwischen israelisch-indianischen Phantasiewelten im Norden Amerikas.[64] Yoav Avnis Roman *Herzl Amar* (Herzl sprach) nimmt den Uganda-Plan auf und beschreibt einen fiktiven jüdischen Staat in Ostafrika. Avnis Protagonisten, zwei Freunde nach der Entlassung aus dem Militärdienst im jüdischen Uganda, treten eine Reise in den Nahen Osten an und besuchen dabei die historische Heimat des jüdischen Volkes in Palästina, das vor allem von Arabern bevölkert ist, in dem es aber auch kleine Gemeinden deutsch sprechender Angehöriger der protestantischen Tempelgesellschaft und jiddisch sprechender Juden gibt.[65]

Deutschland und vor allem Berlin faszinieren israelische Autoren

schon seit längerem, doch ging es ihnen, wie etwa Yoram Kaniuk in
*Der letzte Berliner* (2002) und Chaim Beer in seinem Roman *Bebel-
platz* (2010), vor allem um historische Bezüge. Unter jüngeren Autoren
spielt die neue israelische Kolonie in Berlin dagegen eine sichtbare
Rolle. Ilan Goren war Korrespondent eines israelischen Fernsehsenders in Berlin, als er sein 2013 erschienenes Buch *Wo bist Du, Motek?*
veröffentlichte. Er verwebt darin zwei Erzählungen: zum einen die
Geschichte seines vor 1933 in Berlin lebenden Großvaters und dessen
(ursprünglich) nichtjüdischer Frau, die später nach Deutschland zurückkehrte, zum anderen seine eigenen Erfahrungen in Berlin. Dabei
stellt er fest, dass die Anziehungskraft Berlins für junge Israelis zum
Massenphänomen geworden ist. Bald nach seiner Ankunft in Berlin
«wurde eine Luftbrücke zwischen Tel Aviv und Berlin gebaut. Ganze
Flugzeugladungen voller Regisseure und Drehbuchautoren wurden ein-
geflogen, die Haare sorgfältig verwirrt, die israelischen Pässe begleitet
von kürzlich ausgestellten Dokumenten von Mitgliedsstaaten der EU …
Neben den zerzausten Künstlern kamen Goldsucher im Immobilien-
geschäft und Stipendienjäger aller Couleur, darunter Musiker, Maler,
Videokünstler und Journalisten, von denen ich einer war … Die Kreati-
ven gingen in den Osten, die mit dem Geld in den Westen. Es war, als
hätten Videokünstler Order erhalten, Friedrichshain zu besetzen und
die Immobilienmakler einen Marschbefehl nach Charlottenburg.»[66]
   Während Berlin das beliebteste Ziel für junge Israelis in Europa ist,
üben auch andere europäische Metropolen eine starke Anziehungskraft aus. Der Schriftsteller und Filmemacher Etgar Keret, der 1967 in
Ramat Gan geboren wurde, ist zumindest zeitweise in Warschau zu
Hause. Die von dem polnischen Architekten Jakub Szczęsny als Keret-
Haus eingerichtete Kunstinstallation ist keine permanente Rückkehr,
doch auch in diesem Projekt spielt der Gedanke des Blicks zurück in
die Ursprungsländer der nach Israel Eingewanderten eine Rolle. Etgar
Kerets Haus ist mit einer maximalen Breite von 122 Zentimetern angeblich das schmalste Haus der Welt. Es ist in eine winzige Lücke zwischen zwei Hochhäusern gebaut und bietet seinem einzigen Bewohner
auf mehreren Stockwerken Platz zum Wohnen, aber auch einen Stu-
dierraum, in den er Gäste einladen kann.[67]

Den Gedanken einer Rückkehr nach Polen hat die Künstlerin Yael Bartana, die 1970 in Afula als Tochter von Holocaustüberlebenden geboren wurde und damit der gleichen Generation wie Nevo und Keret angehört, in ihrem Videoprojekt «Europe Will be Stunned» aufgegriffen. Dieses Projekt gehört zu den provokativsten Auseinandersetzungen israelischer Künstler mit der Problematik einer scheinbar gescheiterten Utopie. Im ersten, 2007 gedrehten Teil einer «polnischen Trilogie» ruft ein polnischer Sprecher in einem leeren, verfallenden Stadion dazu auf, die über drei Millionen polnischer Juden wieder nach Polen zurückzuholen. Im zwei Jahre später gedrehten zweiten Teil («Wall and Tower») baut eine Gruppe junger Pioniere als erstes Zeichen der Verwirklichung dieses Plans eine Holzsiedlung mit Wachturm und Baracke, eine Art Mischung aus Kibbuz und Konzentrationslager, im Gebiet des ehemaligen jüdischen Ghettos in Warschau. Im 2011 im polnischen Pavillon der Biennale von Venedig gezeigten letzten Teil («Assassination») schließlich wird der junge Pole, der zur Rückkehr der Juden aufruft, ermordet und öffentlich aufgebahrt.

Zu dem Projekt Bartanas gehören auch Poster des Manifests der *Jewish Renaissance Movement in Poland* (JRMiP), die auf Polnisch, Englisch und Jiddisch verbreitet wurden. Darin wird das Recht der Juden auf Rückkehr, nicht nach Argentinien und nicht nach Palästina, sondern nach Polen gefordert, «um unser gegenseitiges Trauma ein für alle Mal zu heilen». Das Poster beruft sich – wie Señor Neuland in Eshkol Nevos Roman – auf die Verwirklichung des eigentlichen zionistischen Plans: «Wir beleben die zionistische Phantasmagorie von neuem. Wir gehen zurück in die Vergangenheit – zu einer Welt der Migration, des politischen und geographischen *displacement*, zu einer Auflösung der Realität, wie wir sie kannten – um eine neue Zukunft zu bilden.»[68]

Auf dem Ersten Internationalen Kongress der *Jewish Renaissance Movement* in Berlin im Mai 2012 standen drei Themen im Mittelpunkt: 1. Wie soll die EU sich verändern, um die «Anderen» willkommen zu heißen? 2. Wie soll Polen sich in einer neu imaginierten EU verändern? 3. Wie soll Israel sich verändern, um Teil des Nahen

# THE JEWISH RENAISSANCE MOVEMENT IN POLAND:

# A MANIFESTO

——— We want to return!
Not to Uganda, not to Argentina or to Madagascar, not even to Palestine.
It is Poland that we long for, the land of our fathers and forefathers.
In real-life and in our dreams we continue to have Poland on our minds.

——— We want to see the squares in Warsaw, Łódź and Kraków filled with new
settlements. Next to the cemeteries we will build schools and clinics. We will
plant trees and build new roads and bridges.

——— We wish to heal our mutual trauma once and for all. We believe that we
are fated to live here, to raise families here, die and bury the remains of our
dead here.

——— We are revivifying the early Zionist phantasmagoria. We reach back to
the past — to the imagined world of migration, political and geographical
displacement, to the disintegration of reality as we knew it — in order to
shape a new future.

——— This is the response we propose for these times of crisis, when faith
has been exhausted and old utopias have failed. Optimism is dying out.
The promised paradise has been privatized. The Kibbutz apples and
watermelons are no longer as ripe.

——— We welcome new settlers whose presence shall be the embodiment of
our desire for another history. We shall face many potential futures as we
leave behind our safe, familiar, and one-dimensional world.

——— We direct our appeal not only to Jews. We accept into our ranks all those
for whom there is no place in their homelands — the expelled and the
persecuted. There will be no discrimination in our movement. We shall not
ask about your life stories, check your residence cards or question your
refugee status. We shall be strong in our weakness.

——— Our Polish brothers and sisters! We plan no invasion. Rather we shall
arrive like a procession of the ghosts of your old neighbours, the ones
haunting you in your dreams, the neighbours you have never had a chance
to meet. And we shall speak out about all the evil things that have happened
between us.

——— We long to write new pages into a history that never quite took
the course we wanted. We count on being able to govern our cities, work
the land, and bring up our children in peace and together with you.
Welcome us with open arms, as we will welcome you!

——— With one religion, we cannot listen.
With one color, we cannot see.
With one culture, we cannot feel.
Without you we can't even remember.

——— Join us, and Europe will be stunned!

**Jewish Renaissance Movement in Poland**

Fiktiver Aufruf zur Rückkehr von Juden nach Polen
als Teil des Kunstprojekts von Yael Bartana

Ostens zu werden? In Bezug auf den letzten Punkt stimmte die große Mehrzahl der «Delegierten» einer Resolution zu, der zufolge Israel darauf verzichten sollte, sich als jüdischen Staat zu betrachten.

Um die Juden wieder nach Polen zurückzuführen, soll allen Immigranten die polnische Staatsbürgerschaft verliehen und eine «Re-Integrationssteuer» in Polen eingeführt werden, die die Umzugskosten für 3,3 Millionen Juden nach Polen trägt, sowie Hebräisch zur offiziellen Zweitsprache in Polen werden.[69]

Selbstverständlich sind diese Forderungen nur im Rahmen eines Kunstprojekts aufgestellt worden. Der Berliner Kongress von 2012 zeigte aber, wie durchlässig die Trennlinien zwischen Kunstprojekt und Realität sind. Hier diskutierten, ausgehend von einem scheinbar völlig unrealistischen Film, israelische, palästinensische, deutsche, polnische und amerikanische Professoren, Museumskuratoren und Schriftsteller ernsthaft über die Zukunft Israels und des Nahen Ostens, Polens und Europas.

Die Realität von 2012 hätte man nur wenige Jahrzehnte zuvor für Fiktion gehalten. Wer hätte geglaubt, dass wenige Kilometer vom Ort der Wannsee-Konferenz entfernt nun eine Konferenz zur Renaissance jüdischen Lebens in Europa stattfindet? Wer hätte sich im Jahr 1990 vorstellen können, dass zwanzig Jahre später Zehntausende junger Israelis in Berlin leben? Wer hätte sich bei der Staatsgründung Israels dem Gedanken hingegeben, eine neue jüdische Heimat in Warschau zu suchen? Und wer hätte schließlich geglaubt, dass die neuen Israelis vielleicht einmal nicht aus Berlin und Warschau, sondern aus Burma und Nigeria einwandern würden?

### Die neuen Israelis

Die Auswanderung von Israelis war nicht Teil des ursprünglichen «Normalisierungsgedankens» der Zionisten. Ebenso wenig jedoch konnten sie sich vorstellen, dass der Judenstaat viele Menschen anziehen würde, die zumindest bis vor wenigen Jahren nicht als jüdisch galten. Das Einwandererpotential von Juden aus den klassischen Auswandererländern wie der Sowjetunion und den islamischen Ländern ist mittlerweile so gut wie erschöpft, und die Juden Nordamerikas werden wohl kaum in Massen in den Judenstaat kommen.

Die neuen Israelis stammen aus dem Urwald Südamerikas und den Steppen Südafrikas, aus Nordostindien und Westafrika. In diesen Gebieten warten Hunderttausende, ja vielleicht Millionen von Menschen darauf, als Juden anerkannt zu werden. Nach einer Konversion gemäß dem orthodox-jüdischen Ritus hätten sie dann automatisch auch das Recht, in den Staat Israel einzuwandern. Sie berufen sich darauf, zu den «verlorenen zehn Stämmen Israels» zu gehören, die nach der assyrischen Eroberung des Königreichs Israel 722 v. u. Z. umgesiedelt wurden und um dessen Abkömmlinge sich seitdem zahlreiche Legenden ranken. Der britische Historiker Tudor Parfitt, der als bester Kenner dieses Phänomens gilt, schätzt, dass es weltweit bereits mehr dieser «neuen Juden» gibt als allgemein anerkannte Juden. Seine israelische Kollegin Shalva Weil geht davon aus, dass auch ökonomische Gründe bei dieser Neuentdeckung der jüdischen Identität unter den «wannabe Jews» eine Rolle spielen: Sind sie erst einmal als Juden anerkannt, können sie in die wirtschaftlich besser gestellte Gesellschaft Israels einwandern.[70] Israels Aufstieg von einem Entwicklungsland zu einem Staat der Ersten Welt trägt sicherlich zu der Konjunktur der Suche nach jüdischen Wurzeln bei, ebenso wie die Flucht vor der wirtschaftlich und politisch hoffnungslosen Lage ihrer Heimatländer. Auch die Suche nach einer neuen Identität, die sie von ihrer Umgebung unterscheidet und in manchen Fällen eigenes historisches Leiden erklären soll, stärkt die neugefundene jüdische Identität. Edith Bruder schreibt in ihrer Untersuchung über die schwarzen Juden Afrikas: «Die untersuchten Gruppen scheinen in der angenommenen Identität der Verlorenen Stämme eine wichtige Quelle für ihre moralische und politische Stärke gefunden zu haben.»[71]

Mit der äthiopischen Einwanderung seit den achtziger Jahren kam erstmals eine Bevölkerungsgruppe nach Israel, deren Judentum von Seiten des orthodoxen Oberrabbinats einer strengen Prüfung unterzogen wurde. Der Ursprung der äthiopischen Juden ist umstritten, ebenso ihre religiöse Praxis, die von den rabbinischen Traditionen der aschkenasischen und sefardischen Juden abweicht.[72] Viele äthiopische

Juden, aber auch große Teile der israelischen Öffentlichkeit, empfanden es als unwürdig, dass sie eine symbolische Konversionszeremonie durchlaufen mussten, um als Juden anerkannt zu werden. Durch staatlichen Druck wurde das Rabbinat letztlich gezwungen, diese Einwanderungsgruppe zu akzeptieren. Ob die äthiopischen Juden tatsächlich auf die Zeit von König Salomo und der Königin von Saba zurückgehen oder eine spätantike Abspaltung von der christlichen Mehrheitsbevölkerung sind, ist bis heute umstritten.

Mittlerweile beanspruchen zahlreiche andere Bevölkerungsgruppen in Teilen Afrikas und Asiens jüdische Wurzeln für sich. Viele von ihnen geben an, Nachkommen der «verlorenen Stämme» Israels zu sein. Die Ursprünge der Vorstellung von Afrikanern als Nachkommen der «verlorenen Stämme» reichen bis ins europäische Mittelalter zurück. Diese Ideen wurden in der Moderne zunehmend von den europäischen Kolonialmächten wiederbelebt.[73]

In Nigeria praktizieren etwa 30 000 Igbo eine Form jüdischer Religion, viele von ihnen bereiten sich auf eine mögliche Auswanderung nach Israel vor. Das Potential an «neuen» Juden – und damit auch Israelis – ist allerdings weit größer, wenn man berücksichtigt, dass bis zu zwei Millionen Igbo zumindest glauben, von den biblischen Israeliten abzustammen.[74] In Simbabwe und Südafrika leben etwa 50 000 Lemba, die ihre Herkunft auf das biblische Israel zurückführen. Ein Teil der «verlorenen Stämme» sei über den Jemen bis in den Süden Afrikas gekommen. Sie seien auch in den Besitz der biblischen Bundeslade gekommen und hätten diese mit nach Afrika geführt. Die meisten von ihnen sehen keinen Widerspruch darin, Judentum und Christentum gleichzeitig zu praktizieren.[75]

In Sefwi Wiawso im Südwesten Ghanas besteht eine etwa 200 Personen umfassende Gruppe, die sich zum Judentum bekennt und eine eigene Gemeinde bildet. In Uganda unterhält die Gruppe der Abayudaya, die sich seit etwa einem Jahrhundert als jüdisch identifiziert, mehrere jüdische Einrichtungen verschiedener religiöser Richtungen. Die Abuyadaya wurden unter dem Diktator Idi Amin verboten, erleben aber in den letzten Jahrzehnten eine Renaissance. Seit 1980 sind sie von 800 auf über 2000 Mitglieder angewachsen, unterhalten fünf Synagogen und mehrere Schulen und sind in einen heftigen Zwist zwischen orthodoxen und eher liberalen Ausrichtungen verwickelt.[76] Der langjährige Diktator Liberias, Charles Taylor, ist während seiner Untersuchungshaft in Den Haag angeblich zum Judentum konvertiert. Er hätte dies schon seit langem vorgehabt, berichtete seine Frau. Trotz seiner angeblichen Konversion gab er an, weiterhin an Jesus zu glauben.[77]

Die schwarzen Juden Afrikas stehen im Zeitalter der Digitalisierung zunehmend untereinander in Verbindung, wie auch mit den Black Hebrews in Nordamerika, die ebenfalls ihre Ursprünge auf die «verlorenen Stämme» zurückführen, ihr Schicksal der Unterdrückung und der Diaspora mit dem der «weißen Juden» vergleichen und Zentren in den größeren Metropolen Nordamerikas unterhalten. Seit Mitte der neunziger Jahre versuchen Genforscher auch mit Hilfe von DNA-Analysen nachzuweisen, dass Stämme wie die Lemba genetisch mit den Juden anderer Länder verwandt sind.[78]

Die selbsterklärten Nachkommen der «verlorenen Stämme» finden sich keinesfalls nur in Afrika. Im Nordosten Indiens, an der Grenze zu Myanmar, warten einige Tausend Angehörige der Mizo, Kuki und Chin-Völker darauf, als Israeliten anerkannt zu werden, nach intensivem Studium des Judentums und der hebräischen Sprache formal zu konvertieren und nach Israel auszuwandern. Die meisten ihrer Vorfahren waren im neunzehnten Jahrhundert zum Christentum konvertiert. Durch walisische Missionare und ihre millenaristischen Vorstellungen vom Christentum lernten sie die Legende von den «verlorenen Stämmen» kennen, verbanden sie mit eigenen religiösen Traditionen und sahen sich, bestärkt durch die Missionare, bald selbst als einen der «verlorenen Stämme».[79]

Weitere Gruppen, die den Anspruch erheben, ihr (wieder)gefundenes Judentum zu leben, sind angebliche Nachkommen marokkanischer Einwanderer ins Amazonasgebiet und die «Inka-Juden» in Peru, die ohne Anspruch auf biologische Abstammung zum Judentum konvertiert sind, ähnlich wie die Bewohner eines kleinen italienischen Dorfs San Nicandro, die zu einem großen Teil bereits in den 1940er Jahren zum Judentum übertraten und anschließend nach Israel auswanderten.

Tudor Parfitt hält es für wahrscheinlich, dass sich in Zukunft immer mehr Menschen als «neue Juden» verstehen werden: «In Afrika – in Ghana und der Elfenbeinküste, in Nigeria, in Sierra Leone und Kamerun, in Äthiopien und Somalia, in Sambia, um die Großen Seen und im Kongo – sind verschiedene Gruppierungen entstanden ..., die aus den unterschiedlichsten Gründen jetzt weiter verzweigte und zunehmend miteinander verbundene Kulturen bilden. In den Vereinigten Staaten, Israel, Afrika und anderswo, selbst in Papua-Neuguinea gibt es heute Millionen von Menschen, die sich einem schwarzen Israelitentum angehörig fühlen. Diese ständig wachsenden Gruppen sehen sich selbst als völlig legitime, transnationale, schwarze Hebräische Gemeinde oder Gemeinde Israels, können von außen entsprechend betrachtet werden und verfügen über immer mehr Verbindungen zur etablierten jüdischen Welt.»[80]

Von traditioneller jüdischer Seite wurden die Ansprüche von selbsternannten Nachkommen der «verlorenen zehn Stämme» in der Regel skeptisch gesehen. Zunächst schien die historische Legitimation wenig glaubhaft. Hinzu kam die Frage der Definition des Judentums. Geht das moderne Judentum lediglich auf die biblischen Traditionen zurück, oder ist es eigentlich erst mit der Inkorporation der mündlichen Traditionen, die später im Talmud und in der rabbinischen Literatur kodifiziert wurden, zu der religiösen Gemeinschaft geworden, aus der es sich die letzten beiden Jahrtausende weiterentwickelt hat?[81] Hinzu kommt die Integration synkretistischer Praktiken bei vielen «neuen Juden». Traditionen aus Christentum, Islam und Naturreligionen sind in den religiösen Praktiken vieler dieser Stämme eng mit ihrem neu entdeckten Judentum vermischt.

Erst seit Ende des zwanzigsten Jahrhunderts gibt es zunehmend Bemühungen, all diese Stämme aufgrund ihrer Abstammung und ihrer mit dem Judentum zumindest vage in Verbindung stehenden Praktiken in die jüdische Gemeinschaft zu integrieren. Dabei zeigt sich eine Tendenz, ihre offizielle Anerkennung als Juden mit ihrer potentiellen Einwanderung ins Gelobte Land zu verbinden.

Unterstützt werden diese Bemühungen von der israelischen Gruppe *Amishav* (Mein Volk kehrt zurück), die von Rabbiner Elyahu Avi-

Ein Mitglied der indischen B'nei Menasche, die sich als «verlorener Stamm» Israels
verstehen, in israelischer Uniform mit seiner Großmutter

chail in den achtziger Jahren des zwanzigsten Jahrhunderts mit dem
Ziel gegründet wurde, möglichst viele der Nachkommen der «verlorenen Stämme» nach Israel zurückzuführen. Außerdem unterstützt sie
die jüngere Organisation *Schavei Israel* (Rückkehrer nach Israel), die
von Michael Freund, einem ehemaligen Mitarbeiter der *Jerusalem
Post*, ins Leben gerufen wurde. Mit der Unterstützung evangelikaler
Protestanten in den USA gelang es *Amishav* und *Schavei Israel* Tausende «verlorener» und «verborgener» Juden, vor allem der Mizo aus
Südostasien, nach Israel zu bringen.[82]

Zwar haben DNA-Analysen keine eindeutige Übereinstimmung
zwischen Völkern wie den Mizo und den Menschen im Nahen Osten
erkennen lassen, doch 2005 erklärte der damalige sefardische Oberrabbiner Shlomo Amar die Mizo-Juden als *B'nei Menasche* (Kinder
des Menasse) zu Juden, die nur noch einen formalen Akt der Konversion vollziehen müssten. Damit war es ihnen möglich, im Rahmen des
Rückkehrgesetzes legal nach Israel einzuwandern. So lebten 2010
bereits etwa zweitausend der *B'nei Menasche* in Israel, viele von ihnen
in den besetzten Gebieten und insbesondere in Kiryat Arba bei He-

bron, einer Hochburg der religiösen Extremisten unter den Siedlern. Dies wiederum führte zu heftigen Debatten in Israel über eine mögliche politische Vereinnahmung dieser Menschen, die vielen Israelis zufolge vor allem aus wirtschaftlichen Gründen einwandern wollen und durch ihre Ansiedlung in den besetzten Gebieten den Konflikt mit den Palästinensern zusätzlich schüren. In ihrer Herkunftsregion, die ohnehin von Konflikten zwischen mehreren separatistischen Gruppen erschüttert wird, sorgten die Aktivitäten der Gruppe und ihrer israelischen Förderer ebenfalls für Unruhe.

Neben diesen «neuen Juden» leben im jüdischen Staat auch Hunderttausende von Nichtjuden, die in den letzten Jahren ins Land gekommen sind. Zunächst waren es nichtjüdische Gastarbeiter, die seit dem Ende des zwanzigsten Jahrhunderts aus den Philippinen, aus Thailand, Indien, Sri Lanka, China, Russland, Rumänien und aus zahlreichen anderen Staaten nach Israel gelangten und den Platz jener arabischen Arbeiter einnahmen, die wegen der Intifada nicht mehr aus der West Bank oder dem Gazastreifen über die «grüne Linie» kommen konnten. 2012 waren über 200 000 Personen aus dem Ausland in Israel legal beschäftigt.[83] Die Gesamtzahl der ausländischen Gastarbeiter dürfte noch beträchtlich höher sein. Viele Israelis stellen ausländische Arbeiter an, da diese durchschnittlich viel weniger Lohn erhalten als ihre israelischen Kollegen: 40 Prozent weniger als israelische Arbeiter und 20 Prozent weniger als palästinensische Arbeiter aus den besetzten Gebieten.[84] Die meisten von ihnen arbeiten im Bereich der Altenpflege, in der Landwirtschaft und im Baugewerbe. In einer Studie darüber kommt Israel Drori zu dem Schluss: «Diese Arbeiter sind hier, um zu bleiben, und trotz mancher Rückschläge haben sie sich langsam in ihre Gastgesellschaft integriert, insbesondere in den großen urbanen Zentren.»[85] Die Beschäftigung von Gastarbeitern in Israel trägt dazu bei, den jüdischen Staat zu einer «normalen» westlichen Gesellschaft zu machen, widerspricht aber dem zionistischen Slogan der *avoda ivrit* (Hebräische Arbeit), die einst den Aufbau einer jüdischen Gesellschaft prägen sollte.

Auch unter den Einwanderern aus der ehemaligen Sowjetunion befinden sich zahlreiche Nichtjuden. Zu denjenigen, die das Recht haben, aufgrund des Rückkehrgesetzes nach Israel einzuwandern und sofort die Staatsbürgerschaft zu erhalten, gehören Tausende Personen, die nur väterlicherseits von Juden abstammen oder enge Familienangehörige eingewanderter Juden sind. Während in den ersten Jahren nach 1989 über 90 Prozent der «jüdischen» Auswanderer aus der Sowjetunion nach Kriterien der *Halacha*, des jüdischen Religionsgesetzes, Juden waren, sank ihr Anteil nach 2000 auf unter 50 Prozent.

Schließlich gleicht Israel auch in anderer Hinsicht immer mehr anderen westlichen Gesellschaften: Es ist zu einem begehrten Rettungshafen von Flüchtlingen aller Religionen und Nationen geworden. Bereits Menachem Begin hat einigen vietnamesischen Bootsflüchtlingen in Israel Asyl gewährt (siehe Kapitel 5). Die meisten von ihnen und ihren Nachkommen sind heute israelische Staatsbürger. In jüngerer Zeit kamen weitere Zuwanderer, die von niemandem erwartet und von den wenigsten Israelis erwünscht wurden: afrikanische Flüchtlinge, die keine jüdische Herkunft für sich beanspruchen, aber entdeckt haben, dass Israel das einzige industrialisierte Land ist, das sie auf dem Landweg erreichen können. Zwischen 2005 und 2015 betraten über 60 000 Personen, zumeist aus dem Sudan und Eritrea, über Ägypten und die Sinai-Halbinsel israelischen Boden. Viele von ihnen fanden in den ärmeren Vierteln in Süd-Tel-Aviv ein neues Zuhause und oftmals auch Arbeit. Doch genau wie die Flüchtlinge, die aus Lateinamerika die mexikanische Grenze nach Texas oder Kalifornien überschreiten, oder diejenigen, die, aus Nordafrika kommend, nach lebensgefährlicher Fahrt in Spanien, Italien oder Griechenland anlegen, werden sie auch in Israel oft als unwillkommene Fremde angesehen, die Arbeitsplätze bedrohen, die sozialen Spannungen weiter verstärken und kulturell nicht integriert werden können. Es gibt in Israel kein klar geregeltes Verfahren, um Asyl gewährt zu bekommen. Hinzu kommt häufig das Misstrauen gegenüber Flüchtlingen, die auch potentielle Infiltranten sein könnten, die aus politischen Gründen eingeschleust werden und mit den Feinden des Staates zusammenarbeiten. Wie in Europa gibt es auch in Israel Straßendemonstrationen, die die Politiker dazu bewegen sollen, die Flüchtlinge fernzuhalten. Die Regierung Netanjahu reagierte mit dem Bau eines neuen Grenzzaunes, diesmal im Süden, um den Strom der Flüchtlinge zu stoppen. Während die Gründergeneration des Staates sich nicht vorstellen konnte, dass Israel einmal zu einem Zufluchtsort für Nichtjuden werden würde, müssen die heutigen Israelis feststellen, dass Israel auch in dieser Hinsicht ein «normaler» westlicher Staat geworden ist.[86]

Mittlerweile leben etwa eine halbe Million Menschen in Israel, die sich weder der jüdischen noch der arabischen Bevölkerungsgruppe zuordnen lassen. Die Einwanderer aus den Reihen der «verlorenen Stämme», die nichtjüdischen russischen Einwanderer sowie die Gastarbeiter und Flüchtlinge, die in Israel leben, verändern zwar die israelische Gesellschaft, doch von noch größerer Brisanz ist ein anderer Faktor: die Zunahme des arabischen sowie des orthodox-jüdischen Bevölkerungsanteils. 2013 wurden erstmals weniger als 50 Prozent aller Erstklässler in das staatliche säkulare Schulsystem eingeschult, da die meisten Sechsjährigen mittlerweile jüdisch-orthodoxe und arabische Schulen besuchen. Die einstmals von säkularen aschkenasischen Juden dominierte Gesellschaft ist heute so fragmentiert und polarisiert wie nie zuvor. Dies betrifft nicht nur die «exotischen» Einwanderer, die Gastarbeiter und Flüchtlinge, sondern auch die israelische Kerngesellschaft selbst.

Diese ist auch in religiöser Hinsicht wesentlich komplexer, als man dies in Deutschland und den meisten europäischen Ländern gewohnt ist. Im Jahre 2019 waren über drei Viertel der israelischen Bevölkerung Juden. Gut die Hälfte von ihnen bezeichnet sich als säkular, ein knappes Viertel als traditionell, und ein weiteres Viertel als orthodox. Die Orthodoxen wiederum sind in zahlreiche Gruppen und Splittergruppen, von modern-orthodox bis ultra-orthodox, von superzionistisch bis antizionistisch, von orientalisch bis europäisch geprägt unterteilt. Die arabische Bevölkerung macht etwa ein Fünftel der Gesamtbevölkerung des Staates Israel aus. Etwa 84 Prozent von diesen sind Muslime, darunter auch verschiedene Beduinengruppen, jeweils 8 Prozent der nichtjüdischen Bevölkerung sind Drusen und Christen. Letztere gehören u. a. den griechisch-orthodoxen, syrisch-orthodoxen, römisch-katholischen, protestantischen, melkitischen, armenischen, koptischen und abessinischen Kirchen an. Insgesamt sind in Israel vierzehn Religionsgemeinschaften offiziell anerkannt. Die über eine Million Einwanderer aus der ehemaligen Sowjetunion sind in einem atheistischen Staat aufgewachsen und halten sich zumeist von Formen organisierter Religiosität fern.

Ständig neu verhandelt wird in der israelischen Gesellschaft die Rolle der arabischen Minderheit, die zumindest theoretisch die gleichen Rechte und Pflichten wie die jüdischen Israelis hat. In der Praxis sah dies seit der Staatsgründung freilich anders aus. Bis 1966 unterstanden sie dem Kriegsrecht mit einer Reihe von Einschränkungen im Alltagsleben und waren Zeuge der Verstaatlichung von Landbesitz der aus Israel geflüchteten oder vertriebenen arabischen Bevölkerung. Auch danach blieben sie de facto von manchen Positionen ausgeschlossen. Ein arabischer Ministerpräsident, oder selbst stellvertretender Ministerpräsident, wie Jabotinsky dies noch vorschwebte, war von Anfang an eine wenig realistische Option. Eine Regierung, die sich auf die Stimmen der arabischen Parteien stützt, würde als kaum handlungsfähig gelten. Vor allem sind die arabischen Israelis (mit Ausnahme der drusischen Bevölkerung) nicht zu dem die israelische Gesellschaft stark prägenden Militärdienst (drei Jahre für Männer, zwei Jahre für Frauen) verpflichtet, der im Falle eines Krieges gegen die arabischen Nachbarstaaten oder eines Einsatzes gegen die Palästinenser im Westjordanland zu einem Gewissenskonflikt führen würde. Dass es immer wieder Ausnahmen gibt, wie einen arabischen Richter am Obersten Gerichtshof oder arabische Botschafter Israels im Ausland, ändert nichts an dem Umstand, dass viele arabische Israelis sich in einem als jüdisch definierten Staat mit offiziellen jüdischen Symbolen als Bürger zweiter Klasse fühlen und dies auch im Alltagsleben oft so empfinden. Aus Solidarität mit den Bewohnern des Westjordanlands, von denen sie seit Beginn des neuen Jahrtausends durch eine neue Mauer bzw. den «Sicherheitszaun» abgeschnitten sind, bezeichnen sie sich zunehmend ebenfalls als Palästinenser und nicht als israelische Araber. Sie müssen einen nicht immer einfachen Spagat bewältigen zwischen der Solidarität mit ihren arabischen Volksangehörigen und der Loyalität als israelische Staatsbürger, die sich durchaus bewusst sind, dass sie die wirtschaftlichen und gesellschaftlichen Errungenschaften Israels – auch im Vergleich zu den von Krisen und Gewalt erschütterten arabischen Nachbarstaaten – genießen und mit eigenen Parteien im israelischen Parlament vertreten sind.

Wie sehr die Diskussion um den Charakter des Staates Israel die Nation spaltet, zeigte sich im Jahre 2014, als die Initiative von Ministerpräsident Netanjahu, ein neues Grundgesetz zu verabschieden, das den Staat Israel als «Nationalstaat des jüdischen Volkes» definieren sollte, nicht nur die Nation, sondern sein eigenes Kabinett spaltete und schließlich zum Zerfall der Regierung führte. 2018 wurde das Gesetz dann gegen heftigen Widerstand nicht nur der arabischen Israelis mit knapper Mehrheit verabschiedet. Dabei änderte es praktisch wenig an dem Wesen eines Staates, der von Anfang an als jüdischer Staat konzipiert wurde, dessen Feiertage dem jüdischen Kalender entsprechen und dessen Nationalhymne von den Sehnsüchten der «jüdischen Seele» spricht. Es ging einzig und allein um die Symbolwirkung eines solchen Gesetzes. Seine Befürworter wollten damit den unabänderlichen Anspruch der Juden auf einen eigenen Staat unterstreichen, während seine Kritiker der Initiative vorwarfen, symbolisch allen nicht-jüdischen Bürgern des Staates vor Augen zu halten, dass sie eigentlich nicht dazugehörten.

Sie befürchteten zudem, dass die beiden im Jahre 1992 erlassenen Erklärungen über Israel als demokratischer und jüdischer Staat nun zugunsten des letzteren Elements verschoben werden würden. Dabei scheinen beide Seiten darin übereinzustimmen, dass mit dem «jüdischen Charakter» des Staates nicht das religiöse, sondern allein das nationale Element gemeint ist. Diese Position erläuterte bereits 1993 der langjährige Präsident des Obersten Gerichtshofs, Aharon Barak. Der Staat sei jüdisch «in dem Sinne, dass Juden das Recht auf Einwanderung haben und dass ihre nationale Existenz in der Existenz des Staates verkörpert wird (dies u. a. findet Ausdruck in der Sprache und den nationalen Feiertagen). Die grundlegenden Werte des Judentums sind die grundlegenden Werte des Staates – nämlich die Achtung der Mitmenschen, die Heiligkeit des menschlichen Lebens, soziale Gerechtigkeit, das Handeln nach Prinzipien, was gut und recht ist, die Bewahrung menschlicher Würde, das Prinzip des Rechtsstaates etc. –

alles Werte, die das Judentum der gesamten Menschheit geschenkt hat. Diese Werte müssen auf einer universellen Ebene der Abstraktion verstanden werden, so wie es sich für den demokratischen Charakter des Staates ziemt. Daher können die Werte des Staates Israel als eines jüdischen Staates nicht mit dem jüdischen [Religions]Gesetz gleichgesetzt werden. Man darf auch nicht vergessen, dass in Israel eine beträchtliche nichtjüdische Bevölkerung lebt.»[87] Diese «beträchtliche nichtjüdische Bevölkerung» ist wesentlich größer, wenn man die etwa zwei Millionen Palästinenser im Westjordanland, die de facto seit einem halben Jahrhundert unter israelischer Militärverwaltung leben, dazurechnet. Israel als jüdischer und demokratischer Staat kann nur dann überleben, wenn auch den Bedürfnissen dieser Bevölkerung Rechnung getragen wird.

# Die zwei Gesichter Israels

Am 27. November 2013 versammelten sich Tausende von Trauernden auf dem Trumpeldor-Friedhof in Tel Aviv, um einer Ikone des säkularen Israel Tribut zu zollen. Hier, in unmittelbarer Nähe der Gräber der einstigen Rivalen innerhalb der Zionistischen Bewegung, Achad Ha'am und Max Nordau, zwischen den sterblichen Überresten der Nationaldichter Chajim Nachman Bialik und Shaul Tschernichowsky, fand Arik Einstein, Israels bedeutendster Popsänger, seine letzte Ruhe. «Einstein war die Verkörperung des neuen, liberalen, säkularen Israel, von dem wir alle dachten, es einmal zu werden», schrieb Chemi Shalev in einem Nachruf in der Zeitung *Ha'aretz*.[1] Sein Kollege Ari Shavit klagte: «Das Israel, an das er glaubte, ist zusammengebrochen, es fiel und brach das Herz in viele Teile.»[2] Und der Direktor des Krankenhauses, in dem Einstein verstarb, bemerkte: «Es wird niemanden mehr geben, der für uns singen wird.»[3] Die Trauernden, die noch von den fernen Dächern der Umgebung die Beerdigung verfolgten, hatten das Gefühl, dem Ende einer Ära beizuwohnen. Sie hörten den Sänger Shalom Chanoch, den Schauspieler Chaim Topol und auch Premierminister Benjamin Netanjahu sprechen. Und sie verfolgten die Grabrede von Einsteins einstigem Weggefährten, dem Filmregisseur und Schauspieler Uri Zohar, der Ende der siebziger Jahre eine religiöse Bekehrung durchlaufen hatte und nun als orthodoxer Rabbiner mit langem weißen Bart die Ikone des säkularen Tel Avivs zu Grabe trug. Uri Zohar war nicht nur der frühere Weggefährte Einsteins – zwei seiner Söhne sind auch mit den ältesten Töchtern Einsteins verheiratet, die beide orthodox wurden.

Nur wenige Wochen vorher betrauerte Rabbi Zohar gemeinsam mit Hunderttausenden Israelis den Tod einer anderen Ikone. Im Alter von 95 Jahren verstarb in Jerusalem am 7. Oktober 2013 der ehemalige sefardische Oberrabbiner Ovadia Yosef und wurde noch am gleichen Abend beigesetzt. Nach Presseberichten nahmen über 800 000 Menschen, jeder zehnte Einwohner des Landes also, an der Trauerprozession teil. Es war dies die größte Versammlung von Menschen, die je im Staat Israel zusammenkam, und vielleicht die größte Menge von Juden, die sich seit dem Untergang des Tempels an einer Stelle versammelte. Die Polizei fürchtete, dass Häuserdächer unter der Last der Neugierigen zusammenbrechen würden. Der Verkehr in Jerusalem war lahmgelegt.[4] Rabbi Yosef hatte nach dem Ausscheiden aus dem Oberrabbinat 1984 für eine vorwiegend aus arabischen Ländern stammende Wählerschaft die religiöse Shas-Partei begründet, die das israelische Parteienwesen gründlich umkrempelte und für die auch der einstige Schauspieler Uri Zohar in Werbespots aufgetreten war. Yosefs elf Kinder blieben der religiösen Tradition des Vaters treu, einer seiner Söhne amtiert seit 2013 als sefardischer Oberrabbiner Israels. In den Kommentaren war keine Rede davon, dass Rabbi Yosefs Israel untergegangen sein könnte und niemand mehr seine Gebete sprechen würde. Vielmehr ist Rabbi Yosefs Israel auch nach seinem Tod stark und selbstbewusst. Zwischen der Beerdigung von Arik Einstein und Ovadia Yosef lagen kaum mehr als sechs Wochen. Zwischen ihnen lag die immer größer werdende Entfernung zwischen Jerusalem und Tel Aviv.

Wenn man heute Israel definieren will, muss man zunächst fragen, welches Israel man meint: das religiöse Jerusalem, das sich seiner Sonderrolle in der Weltgeschichte der Religionen bewusst ist, oder das säkulare Tel Aviv, das am liebsten ein Manhattan am Mittelmeer sein will? Wer von Jerusalem nach Tel Aviv reist, dem wird in der weniger als eine Stunde dauernden Fahrt zwischen den beiden größten Bevölkerungszentren Israels schnell bewusst, wie komplex und vielfältig die Gesellschaft in diesem Land ist. In Jerusalem dominiert die Religion das öffentliche Leben. Hier, im Schatten von Klagemauer, Felsendom und Grabeskirche, trifft man auf orthodoxe Juden in langen schwarzen Kaftanen, auf Muslime mit *Kafiya* und *Hidschab* sowie auf Mönche und Priester, die stolz die Kutten sämtlicher Orden präsentieren. Die meisten Restaurants in Jerusalem sind koscher und haben daher auch am Samstag geschlossen, der Busverkehr im jüdischen Teil der Stadt ruht.

Nur siebzig Kilometer weiter westlich, in Israels größter Stadt, ist

Jerusalem – Zentrum des religiösen Israel

von religiösem Leben kaum etwas zu spüren. Nicht Synagogen, Moscheen und Kirchen prägen das Stadtbild, sondern der kilometerlange Strand, statt Kafiyas und Kaftanen sieht man Baseball Caps und Bikinis. Die Restaurants servieren Schinken und Shrimps, zahlreiche Läden haben am Samstag geöffnet, die Bars sind bis zum frühen Morgen gut besucht. Tel Aviv gilt als Party-Hauptstadt des Mittelmeers, als Metropole der Homosexuellenszene und als Mekka für Gourmets.

Die kurze imaginäre Reise von Jerusalem nach Tel Aviv sollte jeden Beobachter vor einem zu simplen Blick auf die israelische Gesellschaft im einundzwanzigsten Jahrhundert bewahren. Die beiden größten Städte Israels waren immer schon von unterschiedlichem Charakter: Jerusalem, einstmals Heimstätte des Tempels, ist seit Jahrtausenden das Zentrum der religiösen Sehnsucht der Juden. Herzl hegte keine sentimentalen Gefühle gegenüber Jerusalem, das er in einem Tagebucheintrag von 1898 als verwahrlost und schmutzig wahrnahm: «Wenn ich künftig deiner gedenke, Jerusalem, wird es nicht mit Vergnügen sein. Die dumpfen Niederschläge zweier Jahrtausende voll Unmenschlichkeit, Unduldsamkeit, Unreinlichkeit sitzen in den übelriechenden Gassen.»[5] Begraben sein wollte er am liebsten im modernen Haifa.

Tel Aviv – Zentrum des säkularen Israel

Herzls ebenso säkulare Nachfolger an der Spitze der zionistischen Bewegung bevorzugten entweder das neu gegründete Tel Aviv oder die kollektivistischen landwirtschaftlichen Siedlungen. Jerusalem überließ man den Religiösen, den Intellektuellen und den Wissenschaftlern, die hier 1925 mit der Hebräischen Universität ihren eigenen Tempel errichteten.

«Tel Aviv», Frühlingshügel, ist der hebräische Titel von Theodor Herzls Roman *Altneuland* in der Übersetzung von Nachum Sokolow. Der Name der 1909 gegründeten ersten modernen jüdischen Stadt ist hiervon inspiriert. In der Tat versuchte die Stadt seit ihrer Gründung, dem Anspruch des Romans gerecht zu werden und das Beste aus Europa zusammenzutragen. Von Anfang an prägten statt Talmudschulen und Universitäten eher Theater und Kaffeehäuser, Nachtclubs und Strandbäder das Bild der Stadt. Für die orthodoxen Juden aus Jerusalem (oder dem Tel Aviver Vorort Bnei Brak) gilt diese seit jeher als Sündenpfuhl.[6]

In den vergangenen Jahrzehnten ist diese Entwicklung weiter vorangeschritten und führt die politische und religiöse Polarisierung Israels vor Augen. Dem politisch linken Lager, das auf Ausgleich mit der arabischen Bevölkerung und einen territorialen Kompromiss drängt, steht ein rechtes Lager gegenüber, das ein bis zum Jordan reichendes Israel definieren möchte. Auch hier stehen sich Tel Aviv und Jerusalem wie zwei verschiedene Welten gegenüber. Während die Arbeitspartei und die links stehende *Meretz*-Partei mit einer gemeinsamen Liste bei den Kommunalwahlen von 2013 in Jerusalem gerade einmal gut 5 Prozent der Stimmen im Stadtrat erhielten und die religiösen Parteien dort über 40 Prozent auf sich vereinigen konnten, haben in Tel Aviv religiöse und politisch rechts stehende Kandidaten keine Chance, zum Bürgermeister gewählt zu werden. Im Gegensatz zu Jerusalem, wo auch schon einmal ein ultra-orthodoxer Kandidat Bürgermeister wurde, kämpften in Tel Aviv 2013 die beiden links stehenden Kandidaten erbittert darum, wer die freundlichere Politik gegenüber gleichgeschlechtlichen Partnerschaften vertrete. Die nationalen Wahlergebnisse bestätigen die großen Differenzen zwischen Tel Aviv und Jerusalem. Bei den Wahlen von 2013 wurde die säkulare Partei *Jesch Atid* (Es gibt eine Zukunft) stärkste Kraft in Tel Aviv, die Arbeitspartei und die linke *Meretz* erhielten zusammen weitere 30 Prozent der Stimmen.[7] Zwei Jahre später wäre Isaak Herzog als Kandidat der Linken in Tel Aviv zum Premierminister gewählt worden. In Jerusalem dagegen erhielt das linke Lager gerade einmal rund 10 Prozent der Stimmen, während die beiden ultra-orthodoxen Parteien ein Drittel der Stimmen auf sich vereinigten.[8] Bei den beiden Wahlen im Jahre 2019 ergab sich ein ähnliches Bild.

Für viele Tel Aviver ist die Fahrt nach Jerusalem wie die Reise in ein fremdes Land. Man muss sich gut auskennen, um in der Hauptstadt Garnelen bestellen zu können oder am Freitagabend auszugehen, wie dies in Tel Aviv die Regel ist. Viele Stadtviertel, die vor zwanzig Jahren noch von säkularen oder moderat Orthodoxen bewohnt waren, sind mittlerweile ultra-orthodox geworden. Die Demographie der Stadt hat sich sichtbar verschoben. Doch sollte man dabei eines nicht vergessen: Während Tel Aviv eine relativ homogene jüdische Stadt ist, hat Jerusalem einen wesentlich stärkeren multireligiösen und multikulturellen Charakter.

Jerusalem hat in der demographischen Entwicklung zu Beginn des einundzwanzigsten Jahrhunderts die Nase vorn. Dahinter stehen größere demographische Verschiebungen. Die durchschnittliche Kinderzahl der orthodoxen Israelis ist doppelt so hoch wie die der säkularen Israelis, und bisher brechen nur wenige dieser Kinder aus dem orthodoxen Lager aus. Dagegen sind die meisten Auswanderer junge säkulare Israelis. Auch die arabische Bevölkerung wächst überdurchschnittlich an. In einer weiteren Generation könnte Israel eine völlig andere Gesellschaft sein, als sie es heute ist: Von der westlich-säkularen Insel Tel Aviv abgesehen, könnte sie dann wesentlich stärker als heute von Orthodoxen, Arabern und zu einem kleineren Teil auch von «neuen» Juden aus Afrika und Südostasien geprägt sein.

Innerhalb der jüdischen Bevölkerungsgruppe lässt sich der rapide Wandel in Zahlen festhalten. Während die *Charedim* (die Ultra-Orthodoxen) zu Beginn der neunziger Jahre nur 3 Prozent der jüdischen Bevölkerung Israels ausmachten, waren es 2008 bereits 9 Prozent. Ihr Anteil könnte demographischen Prognosen zufolge bis 2050 auf 30 Prozent der jüdischen Bevölkerung Israels anwachsen.[9] Die hohe Geburtenrate der ultra-orthodoxen Bevölkerung hat nur deswegen die israelische Gesellschaft nicht bereits in den neunziger Jahren noch radikaler verändert, da sie durch die säkulare Einwanderung aus der ehemaligen Sowjetunion neutralisiert wurde. Der langfristige Anstieg des ultra-orthodoxen Bevölkerungsanteils, der Teil einer globalen Renaissance der Hinwendung zur Religion ist, bedeutet auf Dauer eine enorme Herausforderung für die Gesellschaft Israels. Ein Großteil der ultra-orthodoxen Juden wird weder zum Militärdienst eingezogen, noch trägt er zur Wirtschaftskraft des Landes bei, sondern geht, durch staatliche Unterstützung begünstigt, dem Tora- und Talmudstudium nach.

Die säkulare Bevölkerung fühlt sich zunehmend in die Minderheitenrolle gedrängt und wehrt sich dagegen, für die steigenden Kosten der Ultra-Orthodoxen aufzukommen. So konnte in den Wahlen von 2013 die erstmals angetretene Partei *Jesch Atid* von Jair Lapid mit ihrer Forderung, die Ultra-Orthodoxen stärker in ihre Verantwortung zu nehmen, auf Anhieb zweitstärkste Kraft werden. In der folgenden Legislaturperiode, in der erstmals seit vielen Jahren keine ultra-orthodoxe Partei der Regierungskoalition angehörte, wurde tatsächlich ein Gesetz verabschiedet, das vorsieht, einen Großteil auch dieser Gruppe zum Militär einzuziehen. Nach den Wahlen von 2015 kehrten die Ultra-Orthodoxen jedoch in die Regierungskoalition zurück, während die säkulare Zentrumspartei der Opposition angehört.

Selbst wenn die Ultra-Orthodoxen zukünftig als Soldaten dienen und durch Reduzierung staatlicher Zuschüsse stärker in die Berufswelt gedrängt werden sollten, bleibt ein ideologisches Problem für den Staat Israel bestehen. Viele Ultra-Orthodoxe stehen dem Zionismus kritisch gegenüber. Dies hat seinen Ursprung in der Grundauffassung, dass ein jüdischer Staat nur auf göttlichem Wege und nicht durch menschliches Handeln wiederhergestellt werden kann. So gehörten orthodoxe Juden von Anfang an zu den entschiedenen Gegnern der säkular geprägten zionistischen Bewegung. Es gibt allerdings mittlerweile eine große Spannweite von ultra-orthodoxen Einstellungen gegenüber dem Staat Israel. Während sich kleine radikale Splittergruppen wie die *Neturei Karta* (Hüter der Stadt) zu einer radikalen Ablehnung des Staates Israel bekennen und am israelischen Unabhängigkeitstag regelmäßig israelische Flaggen verbrennen, gibt es am anderen Ende des ultra-orthodoxen Spektrums Gruppierungen, die sich mit der Existenz Israels abgefunden haben und darin sogar ein Zeichen für das nahende messianische Zeitalter erblicken. Die Eroberung der historischen biblischen Landstriche nach dem Krieg von 1967 hat ihre proisraelische Haltung gefördert. Sie hat vor allem die Stärkung eines orthodox-zionistischen Bevölkerungselements gefördert, das im Alltagsleben durchaus modern erscheint, jedoch politisch an der Idee der biblischen Verheißung des gesamten Landes Israel an die Juden festhält und territoriale Kompromisse kategorisch ablehnt. All diese Gruppierungen teilen wenig von den Idealen, die einst die zionistische Bewegung geprägt haben. Ihr Traum vom jüdischen Staat ist ein anderer als der der Staatsgründer.

David Ben Gurion war noch der Überzeugung gewesen, dass die Bedeutung der Orthodoxen und ihre zahlenmäßige Stärke im Staat Israel langsam zurückgehen werde, dass viele ihrer Nachkommen säkular werden und sie eine winzige unbedeutende Minderheit im jüdischen Staat sein würden, mit der man sich leicht arrangieren könne. Diese Erwartung hat sich nicht erfüllt, im Gegenteil konnten die Orthodoxen trotz aller Widerstände aus großen Teilen der Gesellschaft wichtige Erfolge verbuchen: Immer mehr Straßen in Jerusalem werden am Schabbat für den Verkehr abgeriegelt. Die staatliche Busfirma Egged stellte auf den von Ultra-Orthodoxen häufig befahrenen Routen Busse zur Verfügung, in denen Männer und Frauen getrennt sitzen, und in manchen ultra-orthodoxen Kommunen wird streng auf die Geschlechtertrennung im öffentlichen Raum geachtet.

Die zunehmende Fragmentierung des jüdischen Staates in religiös-orthodoxe und radikal-säkulare Territorien ist kaum zu übersehen. Der Graben wird tiefer, der gemeinsame Boden zwischen den beiden Blöcken geht zusehends verloren, ein für alle gültiger gesellschaftlicher Kompromiss scheint nicht länger in Reichweite. Die Juden, die bestimmte religiöse Vorschriften aus Pietät oder aus Gewohnheit einhielten – die am Schabbat zwar nicht in die Synagoge gingen, aber auch nicht zum Strand, die zwar Milchkaffee nach dem Rinderbraten tranken, aber kein Schweinefleisch anrührten, die am Jom Kippur fasteten und zu Pessach kein Brot aßen –, diese «traditionellen» Juden in der Mitte verlieren immer mehr an Boden. Stattdessen richtet jede Seite ihre Lebenswelt für ihre eigenen Bedürfnisse ein. Die säkularen Juden kümmern sich nicht weiter darum, ob in den von ihnen frequentierten Restaurants Schweinefleisch serviert (und inzwischen auch so genannt) wird, ob die Einkaufszentren am Schabbat geöffnet haben, ob ihre Ehen im Ausland bzw. von offiziell nicht anerkannten «säkularen Rabbinern» geschlossen werden und ob ihre Begräbniszeremonien mit den orthodoxen Riten in Einklang stehen.[10] Die orthodoxen Juden haben sich vorerst damit abgefunden, den Sündenpfuhl Tel Aviv den «Anderen» zu überlassen, versuchen aber dafür, die Kontrolle über Jerusalem und orthodox dominierte Gemeinden zu erhalten. Man kann die verschiedenen Segmente der Gesellschaft immer mehr an Äußerlichkeiten erkennen: die einen, die ohne Kopfbedeckung auf die Straße gehen, die anderen, die immer den Kopf bedeckt halten. Und unter Letzteren werden die äußeren Signale für die Zugehörigkeit zu einem bestimmten politischen und religiösen Lager – die

Größe des Käppchens, ob es gestrickt oder aus Samt ist, die Form des Hutes – immer deutlicher.

Der israelische Religionsphilosoph Aviezer Ravitzky, selbst ein führender Vermittler zwischen Religiösen und Säkularen, hat die zunehmende Polarisierung schon vor Jahren an einem Beispiel plastisch beschrieben: «Vor einigen Jahren veröffentlichte die Zeitung *Yediot Acharonot* aus Anlaß des nahenden Pessachfestes ein interessantes Interview mit einem Matzenbäcker aus Tel Aviv. In diesem Interview behauptete der Mann, Jahr für Jahr sei ein zweiprozentiger Rückgang der Menge von Matzen zu verzeichnen, die er und seine Kollegen zum Fest landesweit verkauften. Für dieses Phänomen nun hatte er eine eigene, originelle Erklärung parat. Ein Prozent des Verkaufsrückgangs, so der Bäcker, werde durch junge nichtreligiöse Paare verursacht, die Zuhause bei den Eltern noch Matzen zu Pessach gegessen hätten – wenn auch nicht als religiöse Geste, so doch um der nationalen Kultur und Identität willen –, jetzt als junges Paar in ihrer eigenen neuen Behausung aber nicht länger auf derartiges Brauchtum angewiesen seien. Und was habe den zweiten Prozentpunkt bedingt? Die noch verbliebene Umsatzeinbuße, erklärte der Bäcker, sei ausgerechnet auf junge religiöse Paare zurückzuführen, die sich im Elternhaus bislang mit herkömmlichen, maschinell gebackenen Matzen begnügt hätten. Doch in ihren eigenen vier Wänden äßen diese Söhne und Töchter religiöser Familien für die gesamte Dauer des Festes nun ausschließlich traditionelle, eigens von Hand gebackene Matzen. Und so, beklagte sich der Bäcker, gehe seine Zunft beide Male leer aus. Auch wenn wir Zweifel an der Genauigkeit dieser ‹statistischen› Werte hegen, so haben wir es hier doch zweifellos mit einer scharfsinnigen Wahrnehmung kultureller Dynamik zu tun, wie sie in Israel zu verzeichnen ist.»[11]

Trotz – oder vielleicht gerade wegen – der zunehmenden Polarisierung der Gesellschaft lassen sich auch Bemühungen um Annäherung und Ausgleich beobachten. So gibt es in bestimmten Kreisen säkularer Juden ein wachsendes Bedürfnis, sich Wissen über die religiösen Grundlagen des Judentums anzueignen. Verschiedene Institutionen bringen den Talmud und andere rabbinische Grundlagen einer Bevölkerung näher, die sich daran im täglichen Leben nicht gebunden fühlt. Es gibt mittlerweile «säkulare Jeschiwot», die sich den Begriff für traditionelle rabbinische Bildungsanstalten zu eigen gemacht haben und «säkulare Rabbiner» ausbilden. Es gilt auch in einigen säkularen Kreisen in Tel Aviv als chic, wieder einen «jüdischen Bücherschrank» im Wohnzimmer zu haben oder die traditionelle Lernnacht am Schawuot (Wochenfest) gemeinsam zu begehen, wobei durchaus säkulare Themen im Mittelpunkt stehen können. Auf der Suche nach Spiritualität wenden sich manche jüngere Israelis den östlichen Religionen zu, andere suchen nach einer tieferen Bedeutung im Leben in den aus den USA importierten Kabbala-Zentren, die durch die Popsängerin Madonna populär geworden sind.[12]

Die israelische Gesellschaft ist in Bezug auf die Religion eine Gesellschaft der Paradoxe. Als erster westlicher Staat hatte Israel eine weibliche Regierungschefin, doch kämpfen Frauen aufgrund der fehlenden zivilrechtlichen Ehe- und Scheidungsgesetze um Rechte, die ihnen in anderen westlichen Ländern zustehen. Bestimmte Gegenden darf man als Frau in Hosen oder mit kurzen Ärmeln nicht betreten, doch eine transsexuelle Sängerin siegte für Israel 1998 beim Eurovision-Schlagerwettbewerb. Es gibt heute mehr orthodoxe Talmudschulen in Israel, als es je in einer jüdischen Gesellschaft Europas gegeben hat, gleichzeitig nimmt Israel heute eine führende Stelle in der Gentechnologie und der High-Tech-Industrie ein.

In gewissem Sinn teilen sich Tel Aviv und Jerusalem die Rollen im jüdischen Staat: Tel Aviv ist eine Umsetzung der Idee, ein Staat wie jeder (westliche) andere sein zu wollen, Jerusalem dagegen steht in einer Tradition, die das Einzigartige am jüdischen Staat betont. Doch wäre es vereinfachend, Israel nur auf diese beiden Städte zu reduzieren. Noch immer gibt es Überreste des sozialistisch geprägten Kibbuz und auf der anderen Seite des politischen Spektrums die nationalistischen Siedlungen im Westjordanland. Es gibt den Norden des Landes mit einer gemischt jüdisch-arabisch-drusischen Bevölkerung und der Hafenstadt Haifa und den Süden des Landes mit der neuen Metropole Beer Sheva und den Beduinensiedlungen in der Negev-Wüste. Und es gibt natürlich die vielfältige arabische Bevölkerung des Landes, deren Identität in einem jüdischen Staat zahlreichen Herausforderungen ausgesetzt ist.

Israel ist nicht das utopische Siebenstundenland, von dem Theodor Herzl träumte, und auch nicht der neue Nahe Osten, den Shimon Peres erstrebte, es ist weder zum Kanaan geworden, das mit der jüdischen Tradition bricht, noch zum Zion, das sich als religiöser Staat definiert. Das Israel von heute ist ein bisschen von alledem geworden.

Vor einem Jahrhundert war der jüdische Staat lediglich ein Traum in den Köpfen einiger weniger Visionäre, heute ist er für über acht Millionen Menschen zum Lebensalltag geworden. Es ist ein Staat, der über enorme wirtschaftliche und technologische Leistungsfähigkeit sowie über eine trotz aller Herausforderungen funktionierende Demokratie verfügt. Gleichzeitig ist es ein Staat, dessen arabische Bürger sieben Jahrzehnte nach seiner Gründung nicht voll integriert sind und der ein halbes Jahrhundert nach dem Sechstagekrieg den Status der eroberten Gebiete nicht geregelt hat. Es ist ein Staat, der Juden aus der ganzen Welt aufgenommen, aber auch säkulare und religiöse, jüdische und arabische Parallelgesellschaften hervorgebracht hat. Es ist ein Staat, dessen Existenz von zahlreichen anderen Staaten in einer immer fragiler werdenden Region nicht nur in Frage gestellt, sondern weiterhin aktiv bedroht wird. Es ist ein Staat, der auf der Hut sein muss, dass er nicht von außen zerschlagen wird und dass er im Inneren nicht zerbricht. Es ist ein Staat, der trotz seiner äußerst realen Existenz weiterhin Menschen in der gesamten Welt als Projektionsfläche ihrer Ängste, Hoffnungen und Wünsche dient.

# Dank

Dieses Buch wäre nicht entstanden ohne die kontinuierliche Unterstützung durch die beiden Institutionen, mit denen ich während der letzten Jahre verbunden war. Ich bedanke mich daher zuerst bei meinen Kolleginnen und Kollegen der Ludwig-Maximilians-Universität München und der American University in Washington für ihre Geduld wie auch für zahlreiche Anregungen. Ann Brener hat mir an der Library of Congress in Washington bei der Suche selbst nach den obskursten Texten geholfen und immer wieder neue Pamphlete und Privatdrucke aus den Magazinen dieser wunderbaren Bibliothek hervorgezaubert. Mein Dank gilt meinen Mitarbeitern in München: Philipp Lenhard und Daniel Mahla für die kritische Lektüre des Textes; Julia Müller-Kittnau, Julia Schneidawind und Annabelle Fuchs für die Hilfe bei den Bibliotheksrecherchen; und ganz besonders Dominik Peters für die hervorragende Unterstützung bei der Endredaktion, der ich manche Anregung verdanke. Aus den Gesprächen mit Julie Grimmeisen, Katharina Hey, Oliver Glatz und Hannes Pichler habe ich vieles lernen können. Dimitry Shumsky von der Hebräischen Universität Jerusalem danke ich für seine Anmerkungen zu Brit Schalom, Noam Zadoff für zahlreiche Inspirationen zum Sechstagekrieg und zu seinen Auswirkungen auf die israelische Gesellschaft. Wie immer bin ich meinem Lektor Ulrich Nolte sowie Angelika von der Lahr zu herzlichem Dank für die äußerst gewissenhafte Lektüre meines Manuskripts verpflichtet.

# Anmerkungen

## Die Sehnsucht nach Normalität

1 Else Lasker-Schüler, *Das Hebräerland*, 116.

2 Martin Sieff, «Isaiah Berlin and Elie Kedourie», 3.

3 Isaiah Berlin, «A Nation among Nations», 28. Die israelische Philosophieprofessorin und ehemalige Erziehungsministerin Yuli Tamir berichtet ebenfalls davon, wie Isaiah Berlin ihr während ihrer Studienzeit in Oxford öfter mitteilte, Israel solle doch nur ein ganz normaler Staat werden. Mündliche Mitteilung von Yuli Tamir während einer Tagung in New York, 26.10.2014.

4 Es mag mehr als ein Zufall sein, dass der nationalistische Revisionist Abba Ahimeir seine 1924 an der Universität Wien eingereichte Dissertation mit einer Bemerkung zu Albanien beendet. Albanien, so Ahimeir, sei das jüngste jener kleinen Völker, die sich ihren eigenen Staat geschaffen haben und denen «das letzte Wort in Europa» gehören wird. Aba Gaissinowitsch (= Ahimeir), «Bemerkungen zu Spenglers Auffassung Russlands» (Dissertation an der philosophischen Fakultät der Wiener Universität, Juni 1924), 86–87. Ich bedanke mich bei Peter Bergamin, Oxford, für den Hinweis.

5 Gershom Scholem, *Von Berlin nach Jerusalem*, 73.

6 «Rede von Bundeskanzlerin Dr. Angela Merkel vor der Knesset am 18. März 2008 in Jerusalem». Siehe auch: Lily Gardner Feldman, *Germany's Foreign Policy of Reconciliation*, 132–200. Ähnlich betonte Franz-Josef Strauß anlässlich seines Israel-Besuchs in Israel 1963, die Bundesregierung fühle sich «verantwortlich für das Leben und die Existenz Israels». Botschafter Weber, Kairo, an das Auswärtige Amt, 5. Juni 1963, in: *Akten Auswärtige Politik der Bundesrepublik Deutschland*, 1963, Bd. 1, Dok. Nr. 189. Ich bedanke mich bei Hannes Pichler für diese Information.

7 N. N., «BBC Poll: Germany Most Popular Country in the World». Wenige Jahre zuvor lag Israel sogar noch hinter dem Iran an letzter Stelle in der Beliebtheitsskala: N. N., «Israel and Iran Share Most Negative Ratings in Global Poll».

8 Shulamit Aloni, «Israel als ein jüdischer Staat», 64.

9 Benjamin Netanjahu, «Address by PM Netanyahu at the Herzliya Conference».

10 Tacitus, *Historien*, 605. Wie stark diese Vorstellung noch nach dem Holocaust wirkte, kann man aus der Rede des syrischen Delegierten anlässlich des UN-Teilungsbeschlusses für Palästina 1947 ersehen. Die Juden, so führte er aus, hätten in jedem einzelnen Jahrhundert ein Problem für die gesamte Menschheit dargestellt. «Der einzige Grund dafür ist die eigenartige Lebensweise, die die Juden für sich gewählt haben und der sie weiter anhängen, trotz aller Entwicklungen und Veränderungen, die alle Völker in der ganzen Welt

durchgemacht haben.» Zitiert in: Alexander Yakobson/Amnon Rubinstein, *Israel and the Family of Nations*, 26.

11  John Gager, *The Origins of Anti-Semitism*.

12  Siehe etwa die Sätze in dem mehrfach täglich rezitierten «Alenu»-Gebet, hier in der Übersetzung von Rabbiner Samson Raphael Hirsch: «Uns liegt ob, den Herrn Aller zu preisen, Ihm, der noch fortbildet das Werk des Anfangs, Größe zu zollen, der uns nicht geschaffen wie die Völker der Länder und uns nicht eine Stellung gegeben gleich den Familien der Erde, indem er unser Anteil nicht dem ihrigen gleich sein ließ und unser Los nicht dem ihrer ganzen Menge.»

13  Martin Luther, *Von den Juden und ihren Lügen*, 93–95.

14  David Nirenberg, *Anti-Judaismus*, 13.

15  Arnold Toynbee, *A Study of History*, Bd. 5, London 1951 (5. Aufl.), 7–8. Später definierte er die Juden als Fossil: «a senile body social continues to lead a lingering life – in – death.» Ebd., Bd. 9, 363. In die Diskussion über seine Thesen zur jüdischen Geschichte sowie seine negative Einstellung zum Zionismus und Staat Israel griffen vor allem in den fünfziger Jahren eine Reihe jüdischer Wissenschaftler ein. Siehe hierzu: Peter Kaupp, *Toynbee und die Juden*, 12–18, sowie Oskar K. Rabinowicz, *Arnold Toynbee on Judaism and Zionism*.

16  Johann Gottlieb Fichte, *Beitrag zur Berichtigung der Urtheile des Publikums über die französische Revolution*, 191.

17  Christian Wilhelm Dohm, Über die bürgerliche Verbesserung, Bd. 1, 3–5.

18  N. N., *Sammlung der Schriften an die Nationalversammlung, die Juden und ihre bürgerliche Verbesserung betreffend*, 65.

19  Achille-Edmond Halphen, *Recueil des lois, décrets, ordonnances, avis du Conseil d'État*, 184–189.

20  «Es hat der Kultur nicht gelingen wollen, die sonderliche Hartnäckigkeit des jüdischen Naturells in Bezug auf Eigentümlichkeiten der semitischen Aussprechweise durch zweitausendjährigen Verkehr mit europäischen Nationen zu brechen. Als durchaus fremdartig und unangenehm fällt unsrem Ohre zunächst ein zischender, schrillender, summsender und murksender Lautausdruck der jüdischen Sprechweise auf: eine unsrer nationalen Sprache gänzlich uneigentümliche Verwendung und willkürliche Verdrehung der Worte und der Phrasenkonstruktionen gibt diesem Lautausdruck vollends noch den Charakter eines unerträglich verwirrten Geplappers...» zitiert nach: Jens Malte Fischer, *Richard Wagners ‹Das Judentum in der Musik›*, 150–151.

21  Zur innerjüdischen Diskussion über die Vorstellung, die Juden seien eine Rasse, siehe John M. Efron, *Defenders of the Race*.

22  Vgl. http://gutenberg.spiegel.de/buch/-6433/30 [zuletzt abgerufen am: 1.7.2015].

23  In Polen waren nach dem Ersten Weltkrieg etwa 30 Prozent aller Juden im Handelsbereich tätig, gegenüber weniger als 2 Prozent der allgemeinen Bevölkerung, in Rumänien betrug das Verhältnis 38 zu 2 Prozent, in Ungarn 44 zu 4 Prozent, in Deutschland 55 zu 8 Prozent. In manchen Gebieten, wie dem subkarpatischen Rus der Tschechoslowakei, gehörten 90 Prozent aller lokalen Geschäfte jüdischen Eigentümern. Zudem unterschied sich die Verteilung in die einzelnen Handelsbereiche teilweise sehr deutlich. In Polen besaßen Juden über 80 Prozent aller Ledergeschäfte, über 70 Prozent der Juweliergeschäfte

und zwei Drittel aller Textil- und Schuhläden, dagegen nur wenige Nahrungsmittelgeschäfte. In den mitteleuropäischen Großstädten war der Anteil der Juden an Ärzten und Rechtsanwälten besonders hoch. Zu Beginn der dreißiger Jahre bildeten sie die Mehrzahl der Ärzte und Rechtsanwälte in Budapest und Wien, was sich auch am hohen Prozentsatz der jüdischen Studierenden an den Universitäten dieser Städte niederschlug. Da noch immer faktische Diskriminierungen gegenüber der Aufnahme von Juden in den Staatsdienst bestanden, war die Zahl von jüdischen Professoren, Richtern und Lehrern wesentlich geringer. In Ungarn etwa, wo jeder zweite Rechtsanwalt jüdischen Glaubens war, waren weniger als 4 Prozent aller Richter Juden. Siehe hierzu: Yuri Slezkine, *Das jüdische Jahrhundert,* 69 und Calvin Goldscheider und Alan S. Zuckerman, *The Transformation of the Jews,* 85–87.

24  C. Vann Woodward, «The Comparability of American History».

25  Siehe etwa die klassische Studie von Martin Seymour Lipset, *American Exceptionalism.*

26  Der britische Historiker A. J. P. Taylor betrachtete den Nationalsozialismus als Resultat des besonderen Weges der deutschen Geschichte, Helmuth Plessner sprach von der «verspäteten Nation»; Fritz Stern, George Mosse und Hans Kohn betonten die illiberalen Traditionen und den Antimodernismus in der deutschen Geschichte; Michael Stürmer betrachtete die geographische Lage Deutschlands als einzigartig, und Hans-Ulrich Wehler betonte die Kluft zwischen rapider Industrialisierung und verhaltenen politischen und sozialen Reformen. Gegen die Sonderwegsthese argumentierten David Blackbourn/ Geoff Eley, *The Peculiarities of German History.*

27  Daniel Elazar, *Israel,* 1.

28  Uri Bialer, *Between East and West,* 1.

29  Michael N. Barnett, «The Politics of Uniqueness», 7–8. Siehe auch den Aufsatz von Alexander Yakobson, «Jewish Peoplehood and the Jewish State», 27.

30  Jerold S. Auerbach, *Jewish State – Pariah Nation,* 5.

31  Edward Said, «An Ideology of Difference», 38–58.

32  M. Shahid Alam, *Israeli Exceptionalism,* 20.

33  Eine klassische Ereignisgeschichte präsentiert Howard M. Sachar, *A History of Israel.* Das jüngste Überblickswerk von Anita Shapira, *Israel: A History,* berührt die in diesem Buch gestellten Fragen nur am Rande. Einen weniger wissenschaftlichen Anstrich hat das persönliche Buch *Mein gelobtes Land: Triumph und Tragödie Israels* von Ari Shavit, das in oftmals sehr subjektiv gefärbten Vignetten bestimmte Aspekte der israelischen Geschichte aus der Perspektive eines der führenden Journalisten des Landes beleuchtet. Mit ähnlich kritischem Blick, jedoch auf größeren Archivfunden beruhend, hat der Journalist Tom Segev zahlreiche Aspekte der Landesgeschichte analysiert. Seine Bücher wie *Die siebte Million; Elvis in Jerusalem; Es war einmal ein Palästina; 1967* und *Die ersten Israelis. Die Anfänge des jüdischen Staates* sind Mosaiksteine, die zusammengenommen einen guten Einblick in die israelische Gesellschaft geben. Das klassische Werk zu den Anfängen der israelischen Gesellschaft ist weiterhin Shmuel Eisenstadts *Die Transformation der israelischen Gesellschaft.* Das beste Nachschlagewerk in deutscher Sprache: Michael Wolffsohn und Tobias Grill, *Israel.*

34 Ansätze dazu finden sich in den mittlerweile schon älteren Werken von Walter Laqueur, *Der Weg zum Staat Israel*, Ben Halpern, *The Idea of the Jewish State*, und Gideon Shimoni, *The Zionist Ideology*.
35 Hans Mayer, *Außenseiter*, 450–451. Ich bedanke mich bei Philipp Lenhard für diesen Hinweis.
36 Thomas Mann, «Tonio Kröger», 335.

## 1. Am Scheideweg: 1897

1 Walther Rathenau, «Höre Israel!», 1. Zu den früheren Manuskript-Versionen siehe: Shulamit Volkov, *Walther Rathenau*, 56.
2 Walther Rathenau, «Höre Israel!», 4, 10.
3 Shulamit Volkov, *Walther Rathenau*, 30.
4 Ebd., 56–57.
5 Walther Rathenau, «Staat und Judentum», 188–189.
6 Zitiert in Shulamit Volkov, *Walther Rathenau*, 156.
7 Otto Weininger, *Geschlecht und Charakter*, 418.
8 Theodor Lessing, *Der Jüdische Selbsthaß*, 80–100.
9 Carl E. Schorske, *Wien*, 204.
10 Karl Kraus, *Die demolirte Literatur*, 46.
11 Jens Malte Fischer, «Gustav Mahler und das ‹Judentum in der Musik›», 141.
12 Ebd., 132.
13 Jens Malte Fischer, «Goldene Zeiten: Gustav Mahlers Wien», 84.
14 So auch Johann Freiner, *Herrgott von Wien*, siehe: Albert Lichtblau (Hg.), *Als hätten wir dazugehört*, 97.
15 Theodor Herzl, *Briefe und Tagebücher*, Bd. 2, 252.
16 Adolf Hitler, *Mein Kampf*, 59.
17 Stefan Zweig, *Die Welt von Gestern*, 124.
18 Interview mit dem amerikanischen Journalisten George Sylvester Viereck aus dem Jahre 1926, zitiert in: Jens Malte Fischer, «Gustav Mahler und das ‹Judentum in der Musik›», 146.
19 Stefan Zweig, *Die Welt von Gestern*, 129.
20 Theodor Herzl, *Der Judenstaat*, 11–12.
21 Arthur Schnitzler, *Jugend in Wien*, 322.
22 Theodor Herzl, *Briefe und Tagebücher*, Bd. 2, 210.
23 Theodor Herzl an Maximilian Harden, 16.3.1897, in: Theodor Herzl, *Briefe und Tagebücher*, Bd. 4, 205.
24 Theodor Herzl, *Briefe und Tagebücher*, Bd. 2, 131.
25 Theodor Herzl, *Der Judenstaat*, 11.
26 Stefan Zweig, *Die Welt von Gestern*, 126.
27 Karl Kraus, «Eine Krone für Zion», 308.
28 Theodor Herzl, *Briefe und Tagebücher*, Bd. 2, 288.
29 Ebd., 306.
30 Ebd., 269.
31 Ebd., 322.
32 N. N., *Münchner Neueste Nachrichten* Nr. 258, 5. Juni 1897 (Morgenblatt), 3.

33  Theodor Herzl, *Briefe und Tagebücher*, Bd. 4, 297.

34  Ebd., Bd. 2, 491.

35  Ebd., 266.

36  Ebd., 149.

37  Christoph Schulte, *Psychopathologie des Fin de siècle*, 23.

38  Theodor Herzl, *Briefe und Tagebücher*, Bd. 2, 539.

39  Ben Halpern, *The Idea of the Jewish State*, 30–31.

40  Jeremy Dauber, *The Worlds of Sholem Aleichem*, 111.

41  Michael Heymann (Hg.), *The Uganda Controversy*, Bd. 1, 16.

42  Zur Gründung siehe: Henry Tobias, *The Jewish Bund in Russia*, 65–69, darauf bezogen auch: Nora Levin, *While Messiah Tarried*, 258–260, sowie die wichtigen Werke von Ezra Mendelsohn, *Class-Struggle in the Pale* und Jonathan Frankel, *Prophecy and Politics*.

43  Wichtig für diese Entwicklung ist auch das komplexe Verhältnis zwischen dem Bund und den polnischen Zionisten. Siehe: Joshua D. Zimmerman, *Poles, Jews, and the Politics of Nationality.*

44  Zvi Gitelman, «A Century of Jewish Politics in Eastern Europe», 8.

45  Henry Tobias, *The Jewish Bund in Russia*, 65.

46  Sal Englert, «The Rise and Fall of the Jewish Labour Bund»; Henri Minszeles, «1897 – die Entstehung des jüdischen Sozialismus», 46–56.

47  Jonathan Frankel, *Prophecy and Politics*, 207–209.

48  Ezra Mendelsohn, *Class Struggle in the Pale*, 70–71.

49  Yoav Peled, *Class and Ethnicity in the Pale*, 69.

50  Henry Zvi Margoshes, zitiert in: Ehud Manor, *Forward*, 9.

51  Ebd., 18.

52  Steven J. Zipperstein, *Elusive Prophet*, 68.

53  Ebd., 71.

54  Simon Dubnow, *Buch des Lebens*, 341.

55  Ebd., 242.

56  Ebd., 442.

57  Ebd., 335.

58  Ebd., 343.

59  Simon Dubnow, *Grundlagen des Nationaljudentums*, 40.

60  «Auf diese Weise bilden die Juden überall keinen Staat im Staate, sondern eine Nation unter Nationen, eine geistig-historische Nation inmitten der politischen Nationen.» Simon Dubnow, *Grundlagen des Nationaljudentums*, 57–58.

61  Simon Dubnow, *Weltgeschichte des jüdischen Volkes*, XVI.

62  Arthur Schnitzler, «Der Weg ins Freie», 217.

## 2. Der Traum vom Siebenstundenland (1897–1917)

1  Zionistischer Hilfsfonds in London von der zur Erforschung der Pogrome eingesetzten Kommission, *Die Judenpogrome in Rußland*, Bd. I, 11–12, zitiert nach Wolfgang Benz, *Ausgrenzung, Vertreibung, Völkermord*, 19–20.

2  Shlomo Lambroza, «The Pogroms of 1903–1905», 195–147.

3  Simon Dubnow, *Geschichte eines jüdischen Soldaten*, 62–63.

4 Chaim Nachman Bialik, *In der Stadt des Schlachtens*, o. S.

5 Edward Judge, *Easter in Kishinev*, 28.

6 Zentralbüro der Zionistischen Organisation, *Protokoll des VI. Zionisten-Kongresses*, 3–4.

7 Theodor Herzl, *Der Judenstaat*, 38.

8 Ebd., 76–77.

9 Theodor Herzl, *Briefe und Tagebücher*, Bd. 2, 132.

10 Theodor Herzl, *Der Judenstaat*, 58.

11 Ebd., 26.

12 Ebd., 68.

13 Ebd., 74.

14 Ebd., 75.

15 Ebd., 33.

16 Ebd., 64.

17 Theodor Herzl, *Briefe und Tagebücher*, Bd. 2, 224.

18 Theodor Herzl, *Altneuland*, 68.

19 Theodor Herzl, *Der Judenstaat*, 10.

20 Theodor Herzl, *Altneuland*, 104.

21 Ebd., 91.

22 Ebd., 328–329.

23 Ebd., 252–253.

24 Ebd., 264.

25 Ebd., 318. Für Herzl war dieser Grundsatz so wichtig, dass er in sein Tagebuch am 26. Juli 1899 notierte: «Mein Testament für das Jüdische Volk: Machet Euren Staat so, dass sich der Fremde bei Euch wohl fühle.» Theodor Herzl, *Briefe und Tagebücher*, Bd. 3, 43.

26 Theodor Herzl, *Altneuland*, 74.

27 Ebd., 159.

28 Ebd., 141.

29 Ebd., 157.

30 So schrieb Yoram Hazony, der Gründer des politisch konservativen Shalem Centers: «Es ist eine Utopie, und wie alle Utopien, so lädt auch diese den Leser dazu ein, seine Augen zu schließen und daran zu glauben … Wir wissen aus Herzls Tagebüchern und anderen Quellen, dass er – fern von dem Versuch, die utopischen Ideen aus Altneuland tatsächlich zu implementieren – niemals von seinem ursprünglichen Plan, einem unabhängigen und souveränen jüdischen Staat – komplett mit einem Heer und einer Marine, mit Grenzen und Machtpolitik –, abwich.» Yoram Hazony, *The Jewish State*, 144–145.

31 So bei Shlomo Avineri, *Theodor Herzl*, 168. Zu Shimon Peres' Neubelebung von *Altneuland* siehe unten, Kapitel 5.

32 Theodor Herzl, *Der Judenstaat*, 3.

33 Siehe hierzu ausführlich: Rachel Elboim-Dror, *Ha-machar schel ha-etmol*. Der Verweis auf die genannten Autoren bezieht sich auf Menachem (Edmund) Eisler, *Ein Zukunftsbild*, Jacques Bachar, *L'Antigoyisme à Sion*, Elchanan Leeb Lewinsky, *Masa le'erez-jisrael bi-schnat T"'T*, und Scholem Aleichem, *Meschugaim*.

34 Rachel Elboim-Dror, *Ha-machar*, 104–107.

35 Ebd., 104.
36 Theodor Herzl, *Briefe und Tagebücher*, Bd. 3, 461.
37 Ebd. 462.
38 Theodor Herzl, *Altneuland*, 287.
39 Simon Dubnow, *Buch des Lebens*, 342.
40 Achad Ha'am, «Der erste Zionistenkongreß», 2.
41 Achad Ha'am, «Jewish State and Jewish Problem», 19–21.
42 Achad Ha'am, «Altneuland», 67.
43 Max Nordau, «Achad-Haam über ‹Altneuland›», 1–5.
44 Theodor Herzl, *Der Judenstaat*, 29.
45 Achad Ha'am, «The National Morality», 399–400.
46 Zvi Hirsch Jaffe (Hg.), *Ma'amar ha-jahadut ve-hazionut*, o. S.
47 Michael Heymann (Hg.), *The Uganda Controversy*, Bd. 1, 63/66–67.
48 Jakob Klatzkin, *Krisis und Entscheidung im Judentum*, 190.
49 Anita Shapira, *Yosef Haim Brenner*, 194–195.
50 Achad Ha'am, «Die Zeit ist gekommen», 179 180.
51 Ebd., 111.
52 So Adolf Bartels, in Julius Moses, *Die Lösung der Judenfrage*, 298–301.
   Ähnlich auch die Äußerungen von Karl Felix von Schlichtegroll und Carl
   Peters, ebd., 73–80 und 142–144. Ich bedanke mich bei Fabian Weber für
   den Hinweis auf diese Aussagen.
53 Zentralbüro der Zionistischen Organisation, *Stenographisches Protokoll der
   Verhandlungen des V. Zionisten-Kongresses in Basel*, 102/108, 109.
54 Aaron David Gordon, *Erlösung durch Arbeit*, 61.
55 Siehe: Henry Near, *The Kibbutz Movement*.
56 Zitiert nach:Yael Zerubavel, *Recovered Roots*, 41.
57 Siehe hierzu: Boaz Neumann, *Land and Desire*, 116–149.
58 Gideon Reuveni, «Sport und die Militarisierung der jüdischen Gesellschaft»,
   55–56.
59 Hierzu unter anderem: Margalit Shilo, «The Double or Multiple Image of the
   New Hebrew Woman», 73–94. Deborah Bernstein, *The Struggle for Equality*; dies., *Naschim be-schulajim*.
60 Zur veränderten Rolle der Frau in der israelischen Gesellschaft und ihren
   Wurzeln im Zionismus siehe Julie Grimmeisen, «Pionierinnen und Schönheitsköniginnen».

## 3. Die nationale Heimstätte (1917–1947)

1 James Renton, «Flawed Foundations», 16. Renton zufolge handelt es sich bei
   der Balfour-Deklaration vor allem um Kriegspropaganda mit dem Ziel, die
   jüdischen Kreise in den Vereinigten Staaten zu beeinflussen, und nicht um
   eine aufrichtige Unterstützung der zionistischen Sache.
2 Die einschlägige Biographie Weizmanns ist Jehuda Reinharz, *Chaim Weizmann: The Making of a Zionist Leader*; und ders., *Chaim Weizmann: The
   Making of a Statesman*.
3 Einen guten Überblick zur Entstehung der Balfour-Deklaration gibt Jonathan
   Schneer, *The Balfour Declaration*.

4 Chaim Weizmann, *Memoiren*, 170.

5 Palestine Royal Comission Report, 24.

6 Palestine Royal Comission Report, 34.

7 Artikel 2 des Mandats vom 24. Juli 1922, in: Rolf Tophoven, *Der israelisch-arabische Konflikt*, 24.

8 Jörg Ulrich (Hg.), *Friedrich Loofs in Halle*, 221–225. Uwe Feigel, *Das evangelische Deutschland und Armenien*, 260. Ich danke Philipp Lenhard für diesen Hinweis.

9 Nahum Sokolow, *History of Zionism*, I, xxiv–xxv.

10 So etwa Howard Grief, *The Legal Foundation and Borders of Israel*, 81–82.

11 Zentralbüro der Zionistischen Organisation, *Der XII. Zionisten-Kongress Karlsbad 1.–14. September 1921*, 72.

12 Adolf Böhm, *Die zionistische Bewegung*, 343.

13 Arthur Holitscher, *Reise durch das jüdische Palästina*, 14.

14 Ebd., 121.

15 Zentralbüro der Zionistischen Organisation, *Der XII. Zionisten-Kongress Karlsbad*, 79.

16 Zitiert in Dimitry Shumsky, «Zionut u-medinut ha-le'um: Ha'aracha mechadasch», 227.

17 Ben Halpern, *Idea of a Jewish State*, 35.

18 Efraim Karsh und Inari Karsh, *Empires of the Sand*, 255.

19 Itzhak Galnoor, «The Zionist Debates on Partition, 1919–1947», 3–17.

20 Zentralbüro der Zionistischen Organisation, *Der XII. Zionisten-Kongress Karlsbad*, 77.

21 Siehe hierzu: Nadav G. Shelef, «‹Both Banks of the Jordan› to the ‹Whole Land of Israel›», 125–148.

22 Hermann Cohen, *Deutschtum und Judentum*. Das Dokument ist online verfügbar: http://sammlungen.ub.uni-frankfurt.de/freimann/content/titleinfo/181866.

23 Bernard Wasserstein, *Herbert Samuel*.

24 Siehe etwa Yossi Katz, *Medina ba-derech*, und Baruch Kimmerling, *The Invention and Decline of Israeliness*, 65–67.

25 Hans Kohn, «Nationalismus», 679.

26 Robert Weltsch, «Zur liberalen Weltkonferenz». Die Zitate finden sich in der bisher umfassendsten Abhandlung zu diesem Thema, in Anja Siegemunds unveröffentlichter Dissertation, «Utopia in Palästina?», 182.

27 Ernst Simon, «Das palästinensische Ghetto».

28 Hans Kohn bestand darauf, dass die Vertretung zwischen Juden und Arabern, abgesehen von den Bevölkerungsverhältnissen, paritätisch bleiben sollte, während andere Mitglieder von Brit Schalom die parlamentarischen Verhältnisse dem jeweiligen Bevölkerungsstand anpassen wollten.

29 So Robert Weltsch, zitiert nach Anja Siegemund, «Utopia in Palästina?», 184.

30 Shmuel Hugo Bergmann, «Lama anu dorschim et ha mo'atza ha-mechokeket», zitiert in: Shalom Ratzabi, *Between Zionism and Judaism*, 265.

31 Arthur Ruppin, *Briefe, Tagebücher, Erinnerungen*, 350.

32 Siehe hierzu Shalom Ratzabi, *Between Zionism and Judaism*, 284–286. Siehe auch: Noam Pianko, *Zionism and the Roads not Taken*, David Myers, *Be-*

tween Arab and Jew, Joshua Shanes, Diaspora Nationalism and Jewish Identity in Habsburg Galicia, James Loeffler, «Between Zionism and Liberalism» und Dimitry Shumsky, «Zionut be-merkavot kefulot», 369–384.

33 Michael Stanislawski, Zionism and the Fin-de-Siecle, 218–219.

34 Zitiert in Hillel Halkin, Jabotinsky, 82.

35 Joseph B. Shechtman, Rebel and Statesman, 60.

36 Vladimir Jabotinsky, «Harza'a al ha-historia ha-jisra'elit», 159–168.

37 Hillel Halkin, Jabotinsky, 207.

38 Vladimir Jabotinsky, Der Judenstaat, 68.

39 Vladimir Jabotinsky, «Ba-derech le-medina», zitiert in: Reuven Shoshani, «Ha-basis ha-metodologi», 191.

40 Jabotinsky, Der Judenstaat, 64–65.

41 Ebd., 63.

42 Zitiert in: Anita Shapira, Land and Power, 162.

43 http://en.jabotinsky.org/media/9747/the-iron-wall.pdf.

44 Während eines Besuchs in Südafrika, wo er unter der jüdischen Bevölkerung besonders viele Anhänger hatte, sagte er 1931, es gäbe eine Wahrheit für die Weißen und eine andere Wahrheit für die Schwarzen im Lande. Siehe Reuven Shoshani, Ha-basis ha-metodologi, 199.

45 Dimitry Shumsky, «Zionut u-medinat ha-le'um», 224.

46 Vladimir Jabotinsky, «Mimschal azmi schel mi'ut le'umi», 198–243.

47 Es ist bemerkenswert, dass dieses letzte Buch Jabotinskys von seinen Biographen, so auch von Hillel Halkin in seiner jüngsten Biographie, nicht erwähnt wird.

48 Vladimir Jabotinsky, The Jewish War Front, 27.

49 Ebd., 215–217.

50 Ebd., 214.

51 Dimitry Shumsky, «Zionut u-medinat ha-le'um», 229.

52 Vladimir Jabotinsky, The Jewish War Front, 216.

53 Hillel Halkin, Jabotinsky, 80.

54 Reuven Shoshani, Ha-basis ha-metodologi, 195–196. Siehe auch Vladimir Jabotinsky, «Ra'ajon ha-jovel», 173–180. Auch hier stand eine utopische Schrift Pate: Lord Birkenheads The World in 2030.

55 Zitiert in Hillel Halkin, Jabotinsky, 137.

56 Zitiert in Michael Stanislawski, Zionism, 214–215.

57 Palestine Royal Commission Report, 142.

58 Palestine Royal Commission Report, 377.

59 Itzhak Galnoor, The Partition of Palestine, 96.

60 Ebd., 132.

61 Es gab auch eine polnische (Panstwo Zydowskie, Warsaw: Renaissance, 1937), eine russische (Harbin, Hadegel 1937) und eine hebräische (Medina ivrit: Pitarot Sche'elat ha-jehudim, Tel Aviv: 1940) Ausgabe. Ich bedanke mich bei Dimitry Shumsky für den Hinweis auf die Übersetzungen.

62 Zitiert in Itzhak Galnoor, The Partition of Palestine, 199.

63 Hierzu ausführlich: Yossi Katz, Medina ba-derech. Eine frühere, kürzere Version des Buches ist auf Englisch erschienen: Partner to Partition.

64 Bernard Wasserstein, Herbert Samuel, 9.

65 Vladimir Jabotinsky, *The Jewish War Front*, 152.

66 Theodor Herzl, *Briefe und Tagebücher*, Bd. 2, 157.

67 Zu den Territorialisten insgesamt siehe: Adam Rovner, *In the Shadow of Zion*. Hierin zu Noah und seinen Plänen: 15–43.

68 Ernst Pawel, *The Labyrinth of Exile*, 493.

69 Michael Heymann, *The Uganda Controversy*, Bd. 1, 155.

70 Über den Uganda-Plan: Yitzhak Conforti, «Searching for a Homeland», 36–54.

71 Michael Heymann, *The Uganda Controversy*, Bd. 1, 102. Siehe auch: ders., «Herzl ve-Zionei Russia», 56–99.

72 Michael Heymann, *The Uganda Controversy*, Bd. 2, 180.

73 Jossi Lang, «Zion o Uganda?», in: http://cms.education.gov.il/NR/rdonlyres/ 2537B23B-4773-4951-BBC9-AC157DE4E542/118410/tzion_uganda.doc [zuletzt abgerufen am: 19.08.2015]. Siehe hierzu auch Yitzhak Conforti, «Searching for a Homeland», 41, und Arieh B. Saposnik, *Becoming Hebrew*, 44–51.

74 *Die Welt*, 1–3.

75 Israel Zangwill, «The Return to Palestine», 627, zitiert in: Joseph H. Udelson, *Dreamer of the Ghetto*, 165.

76 Ebd., 186.

77 Chaim Weizmann an Ussishkin und andere, 20. Oktober 1903, in: *The Letters and Papers of Chaim Weizmann*, Bd. 3, Ser. A, 62–63. Zitiert in: Joseph H. Udelson, *Dreamer of the Ghetto*, 175.

78 Meri-Jane Rochelson, *A Jew in the Public Arena*, 164. Ausführlich zu Angola siehe Guy Alroey, «Angolan Zion», 179–198.

79 Israel Zangwill, *The East African Question*, 18. Zitiert in: Adam Rovner, *In the Shadow of Zion*, 66.

80 Israel Zangwill, «A Land of Refuge», 243. Zitiert in: Adam Rovner, *In the Shadow of Zion*, 89.

81 Allan Laine Kagedan, *Soviet Zion*, 30–32.

82 Zu Rosen und dem Agro-Joint siehe Jonathan L. Dekel-Chen, *Farming the Red Land*.

83 Antje Kuchenbecker, *Zionismus ohne Zion*, 7. Siehe auch: Robert Weinberg, *Birobidschan*.

84 Kuchenbecker schreibt, dass von den ersten Umsiedlern etwa 60 Prozent wieder abwanderten: Von den knapp 20 000 Ankömmlingen zwischen 1928 und 1933 seien etwa 11 500 wieder weggegangen. Von dem Planziel von 60 000 jüdischen Umsiedlern war man weit entfernt. 1934 lebten etwa 12 000 Juden in der Provinz. Auch von den in den dreißiger Jahren eingewanderten etwa 20 000 Juden kehrten die meisten der Provinz bald wieder den Rücken. Antje Kuchenbecker, *Zionismus ohne Zion*, 129/141.

85 Laine Kagedan, *Soviet Zion*, 100.

86 Siehe zu den verschiedenen Madagaskar-Plänen: Magnus Brechtken, *Madagaskar für die Juden*.

87 Alfred Döblin, «Flucht und Sammlung des Judenvolkes», in: ders., *Schriften zu jüdischen Fragen*, 196.

88 Alfred Döblin, «Jüdische Erneuerung», in: ders., *Schriften zu jüdischen Fragen*, 41.

89 Ebd., 59.

90 Alfred Döblin, *Autobiographische Schriften*, 211.

91 Alfred Döblin, Brief an Thomas Mann, in: ders., *Briefe*, 207–208.

92 Adam Rovner, *In the Shadow of Zion*, 126–127.

93 Alfred Döblin, «Der allgemeine Territorialismus», in: ders., *Schriften zu jüdischen Fragen*, 348.

94 Chaim Ya'akov (Eugenio) Villa, *Erez Jehuda*.

95 Adam Rovner, *In the Shadow of Zion*, 154. Siehe auch Tobias Grill, «Isaak Nachman Steinberg: ‹Als ich Volkskommissar war›».

96 Isaac Nahum Steinberg, *Australia*, 37.

97 Ebd., 116.

98 Ebd., 8.

99 Zu beiden siehe ausführlich: Adam Rovner, *In the Shadow of Zion*, 149–218.

100 Isaac Nahum Steinberg, *Australia*, 8.

101 Adam Rovner, *In the Shadow of Zion*, 215.

102 Zitiert in Noam Pianko, *Zionism and the Roads not Taken*, 41.

103 Anshel Pfeffer, «Theodor Herzl's Only Grandson Reinterred in J'lem Cemetery».

104 Ilse Sternberger, *Princes Without a Home,* sowie Andrea Livnat, *Der Prophet des Staates.*

## 4. Vom Traum zur Wirklichkeit (1947–1967)

1 Max Dax/Sebastian Hammelehle, «Spielt nie mehr die Herren». Ich danke Katharina Hey für diesen Hinweis.

2 Elon Gilad, «Why is Israel Called Israel?».

3 David Ben-Gurion, *Joman-Milchama*, 416.

4 Auch das Königreich Saudi-Arabien entsandte ein Militärkontingent, bestehend aus einem kleinen Teil regulärer Truppen und aus Freiwilligen. Siehe: Madawi Al-Rasheed, «Saudi Arabia and the 1948 Palestine War», 228–248.

5 David Ben-Gurion, *Nezach Jisrael*, 147.

6 David Ben-Gurion, *Medinat Jisrael ha-mechudeschet*, 17.

7 Nahum Goldmann, *Israel muß umdenken!*, 12.

8 Arthur Koestler, *Promise and Fulfilment*, 3.

9 John D. Rayner, *A Jewish Understanding of the World*, 69.

10 Shimon Peres, *Zurück nach Israel*, 18.

11 Jeffrey K. Salkin (Hg.), *A Dream of Zion*, 120/190.

12 Abraham B. Yehoshua, *Exil der Juden*, 25.

13 Israelische Unabhängigkeitserklärung in dt. Übers., in: http://embassies.gov.il/berlin/AboutIsrael/Dokumente%20Land%20und%20Leute/Die_Unabhaengigkeitserklaerung_des_Staates_Israel.pdf. [zuletzt abgerufen am: 18.8.2015]

14 David Ben-Gurion, «Jichud ve-je'ud», 7–41. Siehe auch Ben Gurions Gedanken in *Medinat Jisrael ha-mechudeschet*. Hierzu auch: Anita Shapira, «Ben Gurion and the Bible», 654.

15 David Ben-Gurion, *Le-mefakdim ze'irim*, 16–17.

16 Das Gespräch zwischen Ben Gurion und den Intellektuellen ist abgedruckt in: David Ohana, *Meschichiut u-mamlachtiut*, 73.

17 Joel Peters, *Israel and Africa*, 15–16.
18 Anita Shapira, «Ben Gurion and the Bible», 656.
19 Der Briefwechsel zwischen Ben Gurion und Rothenstreich ist abgedruckt in: David Ohana, *Meschichiut u-mamlachtiut*, 307–308.
20 Ebd., 325.
21 Ariel L. Feldstein, *Ben Gurion, Zionism and American Jewry*, 110.
22 Itzhak Navon, «Preface», iv.
23 Ebd., 72. Das Bibelzitat stammt aus Jesaja 49:6.
24 Ebd., 299–300.
25 Michael N. Barnett, «The Politics of Uniqueness», 17.
26 Nahum Goldman, «The Road Towards an Unfulfillable Ideal», 141–142.
27 Nahum Goldmann, *Israel muß umdenken!*, 19.
28 Ebd., 65.
29 Simon Rawidowicz, «Jerusalem and Babylon», 229–239. Zu Rawidowicz siehe den von David N. Myers herausgegebenen Band, *Between Jew and Arab*.
30 David Ben-Gurion, *Like Stars and Dust*, 209.
31 Simon Rawidowicz, «Excerpts from a Correspondence», 197.
32 Ehud Ben Ezer, *Unease in Zion*, 80.
33 Ebd., 80.
34 David Ben-Gurion, 160. Sitzung der 1. Knesset, Jerusalem 3.7.1950, zitiert nach: Netanel Lorch (Hg.), *Major Knesset Debates*, 611.
35 Siehe hierzu aus national-religiöser Perspektive die Diskussion bei Zerah Wahrhaftig, *Chuka le'Jisrael*, 38–40.
36 Siehe hierzu: Oscar Kraines, *The Impossible Dilemma*, 3–9.
37 Eliezer Ben-Rafael, *Jewish Identities*, 278–279.
38 Ebd., 152.
39 Ebd., 314.
40 Ebd., 154–156.
41 Ebd., 171–172.
42 Ebd., 350.
43 Ebd., 182.
44 Abgedruckt in: Oscar Kraines, *The Impossible Dilemma*, 97.
45 Israelisches Rückkehrgesetz, 5.7.1950, http://www.mfa.gov.il/mfa/mfa-archive/1950-1959/pages/law%20of%20return%205710-1950.aspx [zuletzt abgerufen am: 18.08.2015].
46 Über die politisch-juristischen Hintergründe des Falles siehe Michael Stanislawski, cA Jewish Monk?», 547–577.
47 Ähnlich argumentierte in einem anderen Fall aus dem Jahre 1972 der damalige Präsident des Gerichtshofes, Shimon Agranat: «Es gibt keine israelische Nation, die sich vom jüdischen Volk unterscheidet.» Oscar Kraines, *Impossible Dilemma*, 67.
48 Israeli Supreme Court, Oswald Rufeisen vs. The Minister of the Interior 62/72. Siehe: Michael Walzer, Menachem Lorberbaum, Noam J. Zohar (Hg.), *The Jewish Political Tradition*, 424–435.
49 Avishai Margalit, «The Brother and the Other», 435–440.
50 Online einsehbar unter: http://law.huji.ac.il/upload/8.pdf [hebräisch, zuletzt abgerufen am 9.7.2015]. Siehe auch: Michael Walzer, Menachem

Lorberbaum, Noam J. Zohar (Hg.), _The Jewish Political Tradition_, 295–309. Seit 2005 ist der Eintrag in der Sparte «Nationalität» in den israelischen Ausweispapieren nicht mehr allgemein sichtbar, aber die Kategorie blieb erhalten und ist zentral gespeichert. 2013 versuchte der Linguist Uzzi Ornan, den Begriff «israelisch» als seine Nationalität anzugeben. Das Oberste Gericht bestätigte jedoch eine Entscheidung aus dem Jahr 2007, als es einer Gruppe linksgerichteter Intellektueller, unter ihnen Uri Avnery, Shulamit Aloni und Yehoshua Sobol, verweigerte, als ihre Nationalität «Israel» anzugeben. Das Gericht argumentierte, es gäbe keine israelische Nationalität, sondern nur eine israelische Staatsbürgerschaft. Unter Nationalität seien nur Begriffe wie jüdisch, arabisch oder drusisch zu verstehen. Siehe Revital Hovel, «Supreme Court Rejects Citizens' Request to Change Ethnicity from ‹Jewish› to ‹Israeli›».

51 Oscar Kraines, _The Impossible Dilemma_, 55; Abramov Zalman, _Perpetual Dilemma_, 316. Die Frage der Konversion und ihrer Anerkennung beschäftigt die politischen und juristischen Debatten in regelmäßigen Abständen immer wieder. In diesem Bereich wird besonders deutlich, wie schwierig die Abgrenzung zwischen religiösen und politischen Entscheidungsprozessen in Israel ist, da hier die Entscheidungen religiöser Institutionen (Rabbinatsgerichte, die über die Konversion bestimmen) Einfluss auf ministerielle Entscheidungen (Anerkennung der israelischen Staatsbürgerschaft) ausüben. Umstritten ist dabei die Frage, ob auch Konversionen, die bei nichtorthodoxen Rabbinern außerhalb Israels durchgeführt werden, im Sinne des Rückkehrgesetzes anerkannt werden sollen.

52 Benny Morris, _Israel's Border Wars_, 396.

53 So in Yizhars Aufsatz «Al pnej ha-no'ar». Siehe hierzu: Nitsa Ben-Ari, «Hero or Anti-Hero?», 98, und Michael Keren, _The Pen and the Sword_, 45.

54 Orit Rozen, _The Rise of the Individual in 1950s Israel_; zum Miss Israel-Wettbewerb: Julie Grimmeisen, «Pionierinnen und Schönheitsköniginnen»; zu den Wadi Salib-Unruhen: Yfaat Weiss, _Verdrängte Nachbarn_.

55 Zudem wurde das Fernsehen die ersten zwanzig Jahre nur in Schwarz-Weiß ausgestrahlt. Ausnahmen bildeten die vorübergehenden Farbausstrahlungen des Besuchs des ägyptischen Präsidenten Sadat in Israel 1977 und des 1979 in Jerusalem ausgetragenen Eurovision-Schlagerwettbewerbs.

56 Siehe Klaus Hofmann, «Canaanism», 273–294. Klassische Studien zum Kanaanismus sind Ya'akov Shavit, _The New Hebrew Nation_, basierend auf dem ausführlicheren hebräischen Original _Me'Ivri 'ad Kena'ani_, und J. S. Diamond, _Homeland or Holy Land?_.

57 Zitiert in Ya'akov Shavit, _The New Hebrew Nation_, 63.

58 Ehud Ben Ezer, _Unease in Zion_, 202.

59 Ebd., 205–206.

60 Siehe hierzu die Diskussion bei Ya'akov Shavit, _The New Hebrew Nation_, 135–153.

61 Baruch Kurzweil, «Mahuta umekoroteha schel tnuat ha-ivri'im ha-ze'irim (Kena'anim)», 107–129.

62 Ehud Ben Ezer, _Unease in Zion_, 278.

63 Ebd., 288–289.

## 5. Von der Wirklichkeit zum Traum (1967–1995)

1 Eine systematische Abhandlung dieser Thematik ist weiterhin ein Forschungsdesiderat. Aus der Sicht politischer israelischer Funktionäre siehe: Avi Beker, *The United Nations and Israel*. Dieses Buch enthält einen Anhang mit der Liste der UN-Resolutionen gegen Israel. Siehe ebenso: Yehuda Z. Blum, «Israel and the United Nations», 69–77. Es ist bezeichnend, dass mehrere frühere israelische UNO-Botschafter in ihren Erinnerungen kritisch über die Weltorganisation berichten. So Yehuda Z. Blum, *For Zion's Sake*, und Dore Gold, *The Tower of Babble*.

2 Im Jahr 2000 wurde Israel zunächst temporär und ab 2004 permanent Mitglied in der Gruppe westeuropäischer und anderer Staaten.

3 Siehe darüber zum Beispiel: Alan M. Dershowitz, «Israel: The Jew among Nations», 129–136.

4 Saul Bellow, *To Jerusalem and Back*, 26.

5 Zum Sechstagekrieg gibt es eine äußerst umfangreiche Literatur. Unter den umfassenden Studien seien hier nur die beiden unterschiedlich gelagerten Bücher von Michael B. Oren, *Six Days of War*, und Tom Segev, *1967*, erwähnt.

6 In diesem Sinne äußert sich etwa Arthur Hertzberg in *Shalom, Amerika!*, 387–392. Siehe auch Emil L. Fackenheim in seinem Essay aus dem Jahr 1970, «The Holocaust and the State of Israel», abgedruckt in Michael Morgan (Hg.), *A Holocaust Reader*, 131–138. Unter den amerikanisch-jüdischen Intellektuellen machte sich die Wandlung auch unter den bedeutendsten Intellektuellen bemerkbar. So war etwa der 1970 erschienene Roman *Mr. Sammler's Planet* des Nobelpreisträgers Saul Bellow, der in früheren Jahren äußerst kritisch gegenüber Zionismus und Staat Israel eingestellt war, Ausdruck seiner sich wandelnden Einstellung gegenüber Israel. Doch auch unter französisch-jüdischen Intellektuellen brachten die Ereignisse eine entschiedene Hinwendung zum Staat Israel, und wie im Falle des Philosophen André Néher gar die Auswanderung in den jüdischen Staat mit sich.

7 Siehe hierzu Peter Novick, *Nach dem Holocaust*, 197–201.

8 Ehud Ben Ezer, *Unease in Zion*, 295.

9 Über die unmittelbaren Auswirkungen auf die Soldaten siehe: N. N., *The Seventh Day: Soldiers' Talk about the Six-Day War*.

10 Moshe Unna, «Oz-we-Shalom», 75.

11 Ehud Ben Ezer, *Unease in Zion*, 115. Bubers Gespräche fanden zwischen 1961 und 1965 statt, die anderen Gespräche 1966.

12 Ebd., 190.

13 Nahum Goldmann, *Israel muß umdenken!*, 74/78.

14 Ehud Ben Ezer, *Unease in Zion*, 321.

15 Yona Hadari, *Meschiach rachuv al tank*, 94–139.

16 Ehud Ben Ezer, *Unease in Zion*, 338.

17 Saul Bellow, *To Jerusalem and Back*, 136.

18 Ehud Ben Ezer, *Unease in Zion*, 263.

19 Ebd., 268.

20 «Manifesto of the Land of Israel Movement, August 1967», übers. in: Rael Jean Isaac, *Israel Divided*.

21 Gershom Gorenberg, *The Accidental Empire*, 38.

22 Lawrence Joffe, «Moshe Shamir – Obituary».

23 Nadav G. Shelef, «‹Both Banks of the Jordan› to the ‹Whole Land of Israel›», 125–148.

24 Yeshayahu Leibowitz, «Forty Years After», 243.

25 Tom Segev, *1967*, 517.

26 Jacob L. Talmon, *The Six Day War – in Historical Perspective*, 62.

27 Ebd., 83–85.

28 So im Gespräch mit Saul Bellow, *To Jerusalem and Back*, 136.

29 Amos Oz, «Sar Habitachon u-merchav ha-michija», 4.

30 Avi Shilon, *Menachem Begin*, 258.

31 Ebd., 269.

32 Daniel Gordis, *Menachem Begin*, 142. Die Äußerung Avners findet sich ebd., 154.

33 Avi Shilon, *Menachem Begin*, 177–178.

34 Pinchas Wallerstein, zitiert nach: Avi Shavit, *Mein gelobtes Land*, 310–311.

35 Zvi Yehuda ha-Cohen Kook, *Erez ha-Zvi*, 2.

36 Gershom Gorenberg, *The Accidental Empire*, 160. Für einen Überblick zur Geschichte der Siedlerbewegung, siehe auch: Gadi Taub, *The Settlers*.

37 Jerold S. Auerbach, *Hebron Jews*, 92–95.

38 Gershon Shafat, *Gush Emunim*, 7.

39 Zu dem ersten Treffen siehe: Ebd., 11; außerdem: Gideon Aran, *Kookism* (hebr.), 13–15.

40 Yehudah Mirsky, *Rav Kook*, 226–228. Ian S. Lustick, *For the Land and the Lord*, 40.

41 Ian S. Lustick, *For the Land and the Lord*, 37.

42 Ebd., 47.

43 Shimon Peres, *Die Versöhnung*, 10.

44 Ebd., 92.

45 Ebd., 198.

46 Ebd., 112.

47 Shimon Peres, *Zurück nach Israel*, 15.

48 Ebd., 7.

49 Shimon Peres, *Die Versöhnung*, 28.

50 Shimon Peres, *Zurück nach Israel*, 123.

51 Ebd., 127.

52 Insbesondere im angelsächsischen Raum war die Verbindung zwischen messianischen Vorstellungen und der Rolle der Juden bzw. der Restauration eines jüdischen Staates weit verbreitet. Sie spielten eine Rolle bei der Wiederzulassung der Juden in England unter Cromwell im siebzehnten Jahrhundert, und sie trugen auch zu der positiven Atmosphäre bei, die letztlich zur Balfour-Deklaration von 1917 führte. Siehe hierzu: David S. Katz, *Philo-Semitism and the Readmission of the Jews to England*, und Jill Hamilton, *God, Guns and Israel*. Das neuzeitliche Verhältnis zwischen evangelikalen Christen, den Juden und Israel beleuchtet: Yaakov Ariel, *An Unusual Relationship*.

53 Theodor Herzl, *Briefe und Tagebücher,* Eintrag vom 11.3.1896, Bd. 2, 310.
54 Hal Lindsey/Carole C. Carlson, *The Late Great Planet Earth*, 42–43.
55 Jerry Falwell, *Listen, America!*, 113.
56 Stephen Spector, *Evangelicals and Israel*, 27.
57 Caitlin Carenen, *The Fervent Embrace*, 199–200.
58 Victoria Clark, *Allies for Armageddon*, 191–194.
59 Pat Robertson, «Why Evangelical Christians Support Israel».
60 Jerry Falwell, *Listen, America!*, 113.
61 Siehe Michael Lind, «Rev. Robertson's Great International Conspiracy Theory», in: *The New York Review of Books*, 2.2.1995, 21–25.
62 Pew Research Center, «America's Changing Religious Landscape». Siehe auch: Timothy P. Weber, «American Evangelicals and Israel: A Complicated Alliance», 142.
63 Victoria Clark, *Allies for Armageddon*, 196.
64 Jonathan Rynhold, *The Arab-Israeli Conflict*, 95–115.

6. Das globale Israel

1 Philip Roth, *Operation Shylock*, 31.
2 Grundlegend für die Einstellung des Zionismus und Israels gegenüber dem Exilsdasein sind Amnon Raz-Krakotzkin, «Galut mitoch ribonut», und Oz Almog, *The Sabra*.
3 Uri Ram, *The Globalization of Israel*.
4 Siehe hierzu: Diana Pinto, *Israel ist umgezogen*.
5 Gur Alroey, «The Jewish Emigration from Palestine in the Early Twentieth Century», 209–232.
6 1927 standen 2713 jüdischen Einwanderern 5071 jüdische Auswanderer aus Palästina entgegen. 1928 hielten sich Einwanderer und Auswanderer die Waage. Magdalena M. Wróbel, «Cross-border Social Networks and the Jewish Migration from Poland to Palestine, 1924–1928», 251.
7 Ori Yehudai, «Forth from Zion», 7. Siehe auch: Nir Cohen, «From Legalism to Symbolism», 19–26.
8 Eine grundsätzliche Diskussion über die ideologische Definition von «Alija» im Gegensatz zur Immigration findet sich bei Guy Alroey, *An Unpromising Land*, 1–31.
9 Michael Brenner (Hg.), *Geschichte der Juden in Deutschland von 1945 bis zur Gegenwart*, 167–168; Angelika Königseder/Juliane Wetzel, *Lebensmut im Wartesaal*, 166–169.
10 So etwa der Journalist Walter Zadek, der sich nach seiner Rückkehr nach Deutschland in einem offenen Brief in der Zeitung *Ha'aretz* über die Vorrechte der jüdischen Orthodoxie im Alltagsleben echauffierte: «Sie ließen uns nicht an unseren Feiertagen reisen, sie ließen uns nicht das Fleisch essen, das wir uns auf unsere Teller wünschten und sie ließen uns nicht diejenigen heiraten, die wir liebten.» *Ha'aretz*, 31.8.1956. Zitiert in Ori Yehudai, «Forth from Zion», 301.
11 Ori Yehudai, «Forth from Zion», 251.
12 Ebd., 259.
13 Alle Zitate in Segev, *1967*, 157–161.

14 Uzi Rebhun/Lev Ari, *American Israelis*, 16–17. Eine systematische Studie zu israelischen Auswanderern bietet Steven J. Gold, *The Israeli Diaspora*. Gold geht auch auf die Problematik der oftmals weit auseinanderdriftenden Zahlen zur jüdischen Diaspora ein. Siehe: Ebd., 22–25.

15 Siehe zur Diskussion um die Auswandererproblematik: Ian S. Lustick, «Leaving the Villa», 21–27, und Sergio DellaPergola, «When Scholarship Disturbs Narrative», 1–20.

16 Uri Ram, *The Globalization of Israel*, 84–85.

17 Omri Efraim, «2014: A Record Breaking Year for Aliyah».

18 Ynon Cohen, «Israeli-born Emigrants», 47–51. Siehe auch: Nir Cohen, «Come Home, Be Professional», 1–28.

19 Toby Axelrod, «Israeli Expats Flocking to Berlin for the Culture and the Passport».

20 https://www.facebook.com/pages/%D7%A2%D7%95%D7%9C%D7%99%D7%9D-%D7%9C%D7%91%D7%A8%D7%9C%D7%99%D7%9F/151591199198759 1 [zuletzt abgerufen am: 18.2.2015]. Der Autor der Facebook-Seite, Naor Narkis, ist Anfang 2015 wieder nach Israel zurückgekehrt. Zu den Reaktionen siehe z. B. Aron Heller/Kirsten Grieshaber, «Berlin Exodus Campaign Sparks Outrage in Israel». Jody Rudoren, «In Exodus from Israel to Germany, a Young Nation's Fissures Show». Siehe auch Gisela Dachs, «Berlin, Diaspora der Israelis».

21 Fania Oz-Salzberger, «The New Generation of Wired Hebrew Nomads».

22 Siehe z. B. das Magazin Spitz: http://spitzmag.de/. Tal Hever-Chybovski gründete eine hebräische Zeitschrift mit der Intention, die «diasporische» hebräische Kultur, die mit Moses Mendelssohns Zeitschrift *kohelet musar* im achtzehnten Jahrhundert und den hebräischen Kongressen während der Weimarer Republik Wurzeln an der Spree hat, wiederbeleben zu lassen: http://mikanve.net/wp/. Die Schriftstellerin Michal Zamir hat in Berlin eine hebräische Bibliothek eingerichtet, die auch zum kulturellen Treffpunkt von Israelis in der Bundeshauptstadt wurde. N. N.: «Eine hebräische Bücherei in Berlin».

23 Jacob L. Talmon, *The Six Day War*, 8.

24 Yehoshua, *Exil der Juden*, 38.

25 Ebd., 74.

26 Ebd., 28.

27 Ebd., 30.

28 Ebd., 75.

29 Der Mitbegründer des Reformjudentums Abraham Geiger machte sich diese Geschichtsauffassung zu eigen. Siehe Geiger, *Das Judentum und seine Geschichte*, 167–168.

30 Der Brief im Original findet sich hier: Stefan Zweig, «Zweig's Letter to Martin Buber». Abgedruckt in: Martin Buber, *Briefwechsel aus sieben Jahrzehnten*, 462–464 sowie 499. Hierzu: Mark Gelber, *Stefan Zweig Reconsidered*, 68–70.

31 Siehe Michael Brenner, *Propheten des Vergangenen*, 141–142.

32 Philip Roth, *Operation Shylock*, 31.

33 Ebd., 45.

34 Ebd., 45.

35 Ebd. 47. Auch dafür gab es historische Vorbilder. Siebzig Jahre vor Roth und über ein Jahrzehnt vor ihrer wirklichen Vertreibung und Ermordung stellte sich der österreichische Autor Hugo Bettauer die Rückkehr der in seinem Roman aus Österreich vertriebenen Juden sehr ähnlich vor: «Um sechs Uhr abends erschien eine dritte Extra-Ausgabe, die in ganz Wien Aufsehen und mit Galgenhumor gemischte Heiterkeit hervorrief. Die Nachricht lautete: Ankunft des ersten Juden in Wien. Wie wir mitteilen können, ist soeben der erste Jude aus dem Exil nach Wien zurückgekehrt ... Das schöne Rathaus war wieder illuminiert ... Fanfarenklänge, Trompetentöne, der Bürgermeister von Wien, Herr Karl Maria Laberl, betrat ‚den Balkon, streckte segnend seine Arme aus und hielt eine zündende Ansprache, die mit den Worten begann: ‹Mein lieber Jude!›» Siehe Bettauer, *Die Stadt ohne Juden*, 154–157. Noch bevor die Nazis an die Macht gelangten, wurde Bettauer von einem Rechtsextremisten 1925 ermordet. Siehe Morray Gordon Hall, *Der Fall Bettauer*, sowie Florian Krobb, «Vienna Goes to Pot Without Jews», 17–20.

36 Philip Roth, *Operation Shylock*, 193.

37 Sidra DeKoven Ezrahi, «The Grapes of Roth», 148.

38 Siehe hierzu: Alvin Rosenfeld, ‹Fortschrittliches› jüdisches Denken und der neue Antisemitismus. Im Original ist diese Publikation unter folgendem Titel erschienen: *Progressive Jewish Thought and Antisemitism*, American Jewish Committee 2006.

39 Heinrich Heine, «Geständnisse», 43.

40 George Steiner, «Unser Heimatland», 277–278.

41 «Steiner zufolge findet sich die wahre Mission der Juden im Exil: Sie bedeutet, ‹Gäste› unter den Völkern zu sein, Fremde, die ruhelos und ohne Besitzungen als Flüchtlinge leben. Nur, wenn sie außerhalb ihres Heimatlands gelebt haben, so argumentiert Steiner, dienten die Juden als kulturelle Vorhut und als moralisches Gewissen der Völker, als Propheten eines erhabenen und zutiefst menschlichen Ideals.» Assaf Sagiv, «George Steiner's Jewish Problem (followed by G. Steiner's response)», 196.

42 Siehe seine Dankesrede für die Verleihung des Börne-Preises 2003. Ulrich Rüdenauer, «Im Dialog mit den Klassikern».

43 George Steiner, «Unser Heimatland», 276.

44 Daniel Boyarin/Jonathan Boyarin, «Diaspora», 711–712.

45 Ebd., 713.

46 Ebd., 718.

47 Ebd., 723. Eine weitere Kritik am Partikularismus Israels, verbunden mit dem Lob des Diaspora-Universalismus findet sich bei dem jüdisch-amerikanischen Soziologen Alan Wolfe, dessen Buch *At Home in Exile: Why Diaspora Is Good for the Jews* in den Vereinigten Staaten Aufsehen erregte.

48 Roane Carey, «A ‹Non-Jewish Jew›, Hitchen Welcomed He Was Jewish – But not Zionism».

49 Tony Judt, «Israel: The Alternative», hier 10.

50 In einem seiner letzten Interviews bat die israelische Journalistin und spätere Knessetabgeordnete Merav Michaeli Judt, Israels Rolle in der jüdischen Ge-

schichte zu definieren. Der Professor der New York Universität antwortete, die langfristige Perspektive «wäre zu sagen, dass Israel sich sehr ähnlich verhält wie der lästige kleine judäische Staat, den die Römer letztlich als Ergebnis ihrer Frustration demontiert haben. Diese klassische Analogie mag relevanter sein als wir denken. Ich denke, dass in einigen Jahrzehnten die Amerikaner (das neue Rom) Israel im Stich lassen werden, da es zu lästig, zu teuer und nur noch eine Last ist. Sie werden Israel seinen eigenen Kräften überlassen oder denjenigen, die sich noch mit ihm verbünden wollen (wie einstmals mit Südafrika geschehen). Dies wiederum wird es zu einem sehr unangenehmen Ort für Liberale und Demokraten machen, die ihre Beziehungen zu Israel lockern werden. Zweifellos wird Israel überleben, aber der Staat wird immer weniger für Juden, die anderswo leben, bedeuten, da die Menschen die ursprünglichen Gründe und Umstände, die zu seiner Gründung führten, vergessen werden. Was die Zukunft der Juden in der Diaspora betrifft, so werden sie (wir) wieder zur vorherrschenden Gemeinde werden (wie in der Antike). Ich denke, Israel wird immer marginaler für die meisten Juden werden, obwohl ich auch nicht weiß, wie jüdisches Leben in der säkularen Welt aussehen wird.» Merav Michaeli, «Tony Judt's Final Word on Israel». Siehe auch: Jacqueline Rose, _The Question of Zion_, Antony Lerman, «The End of Liberal Zionism», sowie Göran Rosenberg, _Das verlorene Land._

51 Die Literatur zu den «Neuen Historikern» in den verschiedensten Sprachen ist kaum noch zu übersehen. Siehe vor allem folgende Sammelwerke und Sonderausgaben allgemeiner Zeitschriften: In hebräischer Sprache etwa: Yechiam Weitz (Hg.), _Bejn chason le-revisia_. Barbara Schäfer gab einen deutschsprachigen Band mit Übersetzungen daraus unter dem Titel _Historikerstreit in Israel_ heraus. In englischer Sprache siehe insbesondere das Sonderheft von _History and Memory_, das 1995 (Bd.7/1) unter dem Titel _Israeli Historiography Revisited_ erschien, in Französisch das Sonderheft von _Annales: Histoire, Sciences socials_ 59/1 (Januar/Februar 2004) mit Beiträgen von Shlomo Sand, Avi Shlaim und Derek J. Penslar.

52 Die Zitate finden sich in dem auf Artikeln in der israelischen Tageszeitung _Ha'aretz_ beruhenden Buch von Eva Illouz, _Israel: Soziologische Essays_, 8, 56, 77.

53 Avraham Burg, _Hitler besiegen._

54 Ari Shavit, «Burg: Defining Israel as a Jewish State is the Key to its End», siehe auch: Dimi Reider, «Interview: Avraham Burg».

55 J.J. Goldberg, «Avraham Burg's New Zionism».

56 Shlomo Sand, _Die Erfindung des jüdischen Volkes_, 455–456.

57 Shlomo Sand, _Die Erfindung des Landes Israel_, 45.

58 Eshkol Nevo, _Neuland_, 532–533.

59 Ebd., 361.

60 Ebd., 566.

61 Ebd., 562.

62 Ebd., 571.

63 Ebd., 577.

64 Nava Semel, _I-srael._

65 Yoav Avni, _Herzl amar._

66 Ilan Goren, *Wo bist Du, Motek?*, 83.
67 Siehe die Webseite: http://kerethouse.com/ [zuletzt abgerufen 14.7.2015].
68 Informationen finden sich auf der Webseite der Künstlerin: http://yaelbartana. com/ [zuletzt abgerufen 14.7.2015].
69 Eine Aufzeichnung des Kongresses ist hier einsehbar: http://www.berlinbien-nale.de/blog/en/events/and-europe-will-be-stunned-a-congress-by-jrmip-and-yael-bartana.
70 Judy Maltz, «Secret Jewish Majority?» [zuletzt abgerufen 14.7.2015].
71 Edith Bruder, *The Black Jews of Africa,* 193.
72 David Kessler, *The Falashas*; Tudor Parfitt, *Operation Moses.*
73 Tudor Parfitt, *Black Jews in Africa and the Americas*, 65.
74 Daniel Lis, «Igbo Jews – Religious Shift», und ders., «Israeli Foreign Policy towards the Igbo», 87–162. Parfitt, *Black Jews*, 112–113.
75 Tudor Parfitt, *Journey to the Vanished City.*
76 Melanie Lidman, «In Uganda. Conservative Prayer Services with an African Lilt».
77 Haviv Rettig Gur, «Charles Taylor is ‹now a Jew,› Wife Says».
78 Nicholas Wade, «DNA Backs a Tribe's Tradition of Early Descent from the Jews».
79 Shalva Weil, «Lost Israelites from North-East India», 219–233. Siehe auch Hillel Halkin, *Across the Sabbath River.*
80 Tudor Parfitt, *Black Jews in Africa and the Americas*, 169–170.
81 Siehe hierzu z. B. Alan F. Segal, *Rebecca's Children.*
82 N. N., «‹Lost› Indian Jews Come to Israel Despite Skepticism over Ties to Faith».
83 Billie Frenkel, «How Many Foreigners Work in Israel». Eine geringere Zahl findet sich bei: http://www.oecd.org/migration/mig/IMO%202012_Country%20note%20Israel.pdf [zuletzt abgerufen am: 14.7.2015].
84 Uri Ram, *Globalization*, 103.
85 Israel Drori, *Foreign Workers in Israel*, xi.
86 Siehe hierzu u. a.: Karin Fathimath Afeef, «A Promised Land for Refugees? Asylum and Migration in Israel»; Haim Yacobi «‹Let Me Go to the City›»; Nelly Elias/Adriana Kemp, «The New Second Generation», 73–94.
87 Aharon Barak, «Ha-mahapecha ha-chukatit: sechujot jesod muganot», 30.

## Die zwei Gesichter Israels

1 Chemi Shalev, «Arik Einstein, 74: The Voice of the Good Old Israel We Still Dream of».
2 Ari Shavit, «Arik Einstein, the Singer of a Lost Israel».
3 Isabel Kershner, «Arik Einstein, 74, Beloved Israeli Singer, Dies».
4 Gavriel Fiske, «Rabbi Ovadia Yosef Buried in Largest Funeral in Israeli History».
5 Theodor Herzl, *Briefe und Tagebücher*, Bd. 2, 680.
6 Joachim Schlör, *Tel Aviv. Vom Traum zur Stadt.*
7 Nir Hasson, «Israel's Election Results: Insights and Oddities».
8 Amy Spiro, «Herzog Elected Prime Minister in Tel Aviv».

9 Sergio DellaPergola/John F. May/Allyson C. Lynch, «Israel's Demography has a Unique History».

10 Siehe hierzu ausführlich die Studie von Guy Ben-Porat, *Between State and Synagogue*.

11 Zitiert in: Aviezer Ravitzky, «Religiöse und Säkulare in Israel: Ein Kulturkampf?», 151.

12 Yair Sheleg, *Me-ivri jaschan le-jehudi chadasch*, 27–38. Siehe die dem Thema «New Age Culture» gewidmete, von Rachel Werczberger und Boaz Huss herausgegebene Ausgabe der *Israel Studies Review*, Bd. 29/2 (Winter 2014).

# Literatur

Achad Ha'am: «Der erste Zionistenkongreß», in: ders., *Am Scheideweg*, Bd. 2, aus dem Hebr. übers. v. Harry Torczyner, Berlin: Jüdischer Verlag, ²1916, 1–7.

–: «Judenstaat und Judennot», in: ders., *Am Scheideweg*, Bd. 2, aus dem Hebr. übers. v. Harry Torczyner, Berlin: Jüdischer Verlag, ²1916, 7–29.

–: «Die Zeit ist gekommen», in: ders., *Am Scheideweg*, Bd. 2, aus dem Hebr. übers. v. Harry Torczyner, Berlin: Jüdischer Verlag, ²1916, 177–198.

–: «Altneuland», in: ders., *Am Scheideweg*, Bd. 2, aus dem Hebr. übers. v. Harry Torczyner, Berlin: Jüdischer Verlag, ²1916, 47–70.

–: «The National Morality», in: Walzer, Michael/Lorberbaum, Menachem u. a. (Hg.), *The Jewish Political Tradition: Membership*, Bd. 2, New Haven: Yale University Press, 2006, 399–400.

–: «Jewish State and Jewish Problem (1897)», in: ders., *Ten Essays on Zionism and Judaism*, aus dem Hebr. ins Engl. übers. v. Leon Simon, George Routledge & Sons: London, 1922 (online einsehbar unter: https://archive.org/stream/ TenEssaysOnZionismAndJudaism/TenEssaysZionismJudaism_Haam_278pgs 51340345#page/n5/mode/2up).

Afeef, Karin Fathimath: «A promised land for refugees? Asylum and migration in Israel», 2009, in: http://www.unhcr.org/4b2213a59.html [zuletzt abgerufen am: 18.8.2015].

Alam, M. Shahid: *Israeli Exceptionalism: The Destabilizing Logic of Zionism*, New York: Palgrave Macmillan, 2009.

Almog, Oz: *The Sabra: The Creation of the New Jew*, Berkeley: University of California Press, 2000.

Aloni, Shulamit: «Israel als ein jüdischer Staat – wer ist Jude», in: Schneider, Karlheinz (Hg.), *Staat und Religion in Israel*, Berlin: Deutsch-Israelischer Arbeitskreis für Frieden im Nahen Osten, 1984, 61–73.

Al-Rasheed, Madawi: «Saudi Arabia and the 1948 Palestine War», in: Rogan, Eugene L./Shlaim, Avi (Hg.), *The War for Palestine. Rewriting the History of 1948*, Cambridge/New York: Cambridge University Press, ²2007, 228–248.

Alroey, Guy: «Angolan Zion: The Jewish Territorial Organization and the Idea of a Jewish State in Western Africa, 1907–1913», in: *Journal of Modern Jewish Studies* 14/2, 2015, 179–198.

–: *An Unpromising Land: Jewish Migration to Palestine in the Early Twentieth Century*, Stanford: Stanford University Press, 2014.

–: The Jewish Emigration from Palestine in the Early Twentieth Century», in: *Journal of Modern Jewish Studies*, 2/2, 2003, 111–131.

Aran, Gideon: *Kookism. Schoraschei Gusch Emunim, tarbut ha-mitnachalim, teologia zionit, meschichiut be-smaneinu* [Kookismus. Die Wurzeln des Gusch Emunim, Kultur jüdischer Siedler, zionistische Theologie, Gegenwartsmessianismus, hebr.], Jerusalem: Carmel, 2013.

Ariel, Yaakov: *An Unusual Relationship: Evangelical Christians and Jews*, New York: New York University Press, 2013.

Auerbach, Jerold S.: *Jewish State – Pariah Nation: Israel and the Dilemmas of Legitimacy*, New Orleans: Quid pro, 2014.

–: *Hebron Jews. Memory and Conflict in the Land of Israel*, Lanham, Md.: Rowman and Littlefield, 2009.

Avineri, Shlomo: *Theodor Herzl and the Making of the Jewish State*, London: Weidenfeld & Nicolson, 2013.

Avni, Yoav: *Herzl amar* [Herzl sagte, hebr.], Or Jehuda: Zmora Bitan, 2011.

Axelrod, Toby: «Israeli expats flocking to Berlin for the culture and the passport», 5.7.2011, in: http://www.jta.org/2011/07/05/news-opinion/world/israeli-expats-flocking-to-berlin-for-the-culture-and-the-passport [zuletzt abgerufen am: 18.8.2015].

Barak, Aharon: «Ha-mahapecha ha-chukatit: sechujot jesod muganot» [Die konstitutionelle Revolution: Geschützte Grundrechte, hebr.], in: *Mischpat u mimschal*, 1, 1993, 9–35.

Barnett, Michael N.: «The Politics of Uniqueness: The Status of the Israeli Case», in: ders. (Hg.), *Israel in Comparative Perspective: Challenging the Conventional Wisdom*, Albany: SUNY Press, 1996, 3–29.

Beker, Avi: *The United Nations and Israel: From Recognition to Reprehension*, Lexington, Mass.: Lexington Books, 1988.

Bellow, Saul: *To Jerusalem and Back: A Personal Account*, New York: Viking, 1976.

Ben-Ari, Nitsa: «Hero or Anti-Hero? S. Yizhar's Ambivalent Zionism and the First Sabra Generation», in: Levine, Mark/Shafir, Gershon (Hg.), *Struggle and Survival in Palestine/Israel*, Berkeley/Los Angeles: University of California Press, 2012, 85–104.

Ben Ezer, Ehud: *Unease in Zion*, New York: Quadrangle, 1974.

Ben-Gurion, David: *Like Stars and Dust: Essays from Israel's Government Year Book*, Sede Boqer: Ben Gurion Research Center, 1997.

–: *Joman-Milchama, 1948–1949* [Kriegstagebuch, hebr.], Bd. 1, hg. v. Gershon Rivlin u. Elhanan Oren, Tel Aviv: Ministry of Defense, 1982.

–: «Nezach Jisrael» [Ewigkeit Israels, hebr.], in: ders., *Kochavim ve-efer. Ma-amarim mi-toch schnaton ha-memschala be-hoza'at merkas ha-hasbara*, Givatajim/Ramat Gan: Massada, 1976, 110–156.

–: *Medinat Jisrael ha-mechudeschet* [Der erneuerte Staat Israel, hebr.], Bd. 1, Tel Aviv: Am Oved 1969.

–: «Jichud ve-je'ud» [Einzigartigkeit und Schicksal, hebr.], in: ders., *Nezach Jisrael*, Tel Aviv: Ayanoth 1964, 7–41.

–: *Le-mefakdim ze'irim* [An die jungen Befehlshaber, hebr.], Hoza'at scherut tarbut schel zava hagana le'Jisrael, 1949 (in: Hebrew Pamphlet Collection, Library of Congress).

Ben-Porat, Guy: *Between State and Synagogue: The Secularization of Contemporary Israel*, New York: Cambridge University Press, 2013.

Ben-Rafael, Eliezer: *Jewish Identities: Fifty Intellectuals Answer Ben-Gurion*, Leiden: Brill, 2002.

Benz, Wolfgang: *Ausgrenzung, Vertreibung, Völkermord*, München: C.H.Beck, 2006.

Berlin, Isaiah: «A Nation among Nations», in: *Jewish Chronicle*, 4.5.1973.

Bernstein, Deborah: *The Struggle for Equality. Urban Women Workers in Prestate Israeli Society*, New York: Praeger, 1987.

–: *Naschim be-schulajim: Migdar ve-le'umiut be-Tel Aviv ha-mandatorit* [Frauen am Rande: Gender und Nationalismus im Tel Aviv der Mandatszeit, hebr.], Jerusalem: Jad Ben Zvi, 2008.

Bettauer, Hugo: *Die Stadt ohne Juden. Ein Roman von übermorgen*, Wien: Metroverlag, 2008.

Bialer, Uri: *Between East and West*, New York: Cambridge University Press, 1990.

Bialik, Chaim Nachman: *In der Stadt des Schlachtens*, Salzburg: Residenz Verlag, 1990.

Blackbourn, David/Eley, Geoff: *The Peculiarities of German History*, New York: Oxford University Press, 1984.

Blum, Yehuda Z.: «Israel and the United Nations: A Retrospective View», in: Kellermann, Alfred E./Siehr, Kurt/Einhorn, Talia (Hg.), *Israel Among the Nations*, Cambridge: Kluwer Law International, 1998, 69–77.

–: *For Zion's Sake*, New York: Herzl Press, 1987.

Böhm, Adolf: *Die zionistische Bewegung*, Bd. 2, Berlin: Welt-Verlag, 1921.

Boyarin, Daniel/Boyarin, Jonathan: «Diaspora: Generation and the Ground of Jewish Identity», in: *Critical Inquiry*, 19/4, 1993, 693–725.

Brechtken, Magnus: *Madagaskar für die Juden: Antisemitische Idee und politische Praxis 1885–1945*, München: Oldenbourg, 1997.

Brenner, Michael (Hg.): *Geschichte der Juden in Deutschland von 1945 bis zur Gegenwart*, München: C.H.Beck, 2012.

–: *Propheten des Vergangenen. Jüdische Geschichtsschreibung im 19. und 20. Jahrhundert*, München: C.H.Beck, 2006.

Bruder, Edith: *The Black Jews of Africa: History, Religion, Identity*, New York: Oxford University Press, 2008.

Buber, Martin: *Briefwechsel aus sieben Jahrzehnten*, hg. v. Grete Schäder, Heidelberg: Lambert Schneider, 1972.

Burg, Avraham: *Hitler besiegen. Warum Israel sich endlich vom Holocaust lösen muss*, Frankfurt am Main: Campus, 2009.

Carenen, Caitlin: *The Fervent Embrace: Liberal Protestants, Evangelicals and Israel*, New York: New York University Press, 2012.

Carey, Roane: «A ‹Non-Jewish Jew›, hitchen welcomed he was jewish – but not Zionism», 21.12.2011, in: http://forward.com/articles/148355/a-non-jewish-jew-hitchens-welcomed-finding-h/ [zuletzt abgerufen am: 14.7.2015].

Clark, Victoria: *Allies for Armageddon: The Rise of Christian Zionism*, New Haven: Yale University Press, 2007.

Cohen, Hermann: *Deutschtum und Judentum*, Gießen: Alfred Töpelmann, 1915.

Cohen, Nir: «From Legalism to Symbolism: Anti-mobility and National Identity in Israel, 1948–1958», in: *Journal of Historical Geography*, 36, 2010, 19–26.

–: «Come Home, Be Professional: Ethno-nationalism and Economic Rationalism in Israel's Return Migration Strategy», in: *Immigrants & Minorities*, 27/1, 2009, 1–28.

Cohen, Ynon: «Israeli-born Emigrants: Size, Destinations and Selectivity», in: *International Journal for Comparative Sociology* 52, 1/2, 2011, 45–62.

Conforti, Yitzhak: «Searching for a Homeland: The Territorial Dimension in the Zionist Movement and the Boundaries of Jewish Nationalism», in: *Studies in Ethnicity and Nationalism*, 14/1, 2014, 36–54.

Dachs, Gisela: «Berlin, Diaspora der Israelis», 28.10.2013, in: http://www.zeit.de/politik/ausland/2013–10/israel-emigration-berlin-yair-lapid [zuletzt abgerufen am: 18.8.2015].

Dauber, Jeremy: *The Worlds of Sholem Aleichem. The Remarkable Life and Afterlife of the Man who Created Tevye*, New York: Schocken, 2013.

Dax, Max/Hammelehle, Sebastian: «Spielt nie mehr die Herren», 9.12.2009, in: http://www.freitag.de/autoren/der-freitag/spielt-nie-mehr-die-herren [zuletzt abgerufen am: 18.8.2015].

Dekel-Chen, Jonathan L.: *Farming the Red Land. Jewish Agricultural Colonization and Local Soviet Power*, New Haven: Yale University Press, 2005.

DeKoven Ezrahi, Sidra: «The Grapes of Roth: ‹Diasporism› between Shylock and Portnoy», in: Mendelsohn, Ezra (Hg.), *Literary Strategies: Jewish Texts and Contexts (Studies in Contemporary Jewry XII)*, Oxford: Oxford University Press, 1996, 148–158.

DellaPergola, Sergio: «When Scholarship Disturbs Narrative: Ian Lustick on Israel's Migration Balance», in: *Israel Studies Review*, 26, 2011, 1–20.

–: ders./May, John F./Lynch, Allyson C.: «Israel's demography has a unique history», in: http://www.prb.org/Publications/Articles/2014/israel-demography.aspx [zuletzt abgerufen am: 18.8.2015].

Dershowitz, Alan M.: «Israel: The Jew among Nations», in: Kellermann, Alfred E. / Siehr, Kurt / Einhorn, Talia (Hg.), *Israel among the Nations*, The Hague: Kluwer Law International, 1998, 129–136.

Diamond, J. S.: *Homeland or Holy Land? The ‹Canaanite› Critique of Israel*, Bloomington: Indiana University Press, 1986.

Döblin, Alfred: *Autobiographische Schriften und letzte Aufzeichnungen*, hg. v. Edgar Pässler, Freiburg i. Br.: Olten, 1980.

–: *Briefe*, hg. v. Heinz Graber, Freiburg i. Br.: Olten, 1970.

–: *Schriften zu jüdischen Fragen*, hg. v. Hans Otto Horch, Solothurn: Walter, 1995.

Dohm, Christian Wilhelm: Über die bürgerliche Verbesserung *der Juden*, Berlin/Stettin: Friedrich Nicolai, Bd. 1, 1783.

Drori, Israel: *Foreign Workers in Israel: Global Perspectives*, Albany: SUNY Press, 2009.

Dubnow, Simon: *Geschichte eines jüdischen Soldaten*, aus dem Russ. übers. v. Vera Bischitzky, hg. u. komm. v. ders./Stefan Schreiner, Göttingen: Vandenhoeck & Rupprecht, 2013.

–: *Buch des Lebens. Erinnerungen und Gedanken. Materialien zur Geschichte meiner Zeit*, Bd. 1 (1860–1903), hg. v. Verena Dohrn, Göttingen: Vandenhoeck & Rupprecht, 2004.

–: *Weltgeschichte des jüdischen Volkes. Von seinen Uranfängen bis zur Gegenwart*, Bd. I, Berlin: Jüdischer Verlag, 1929.

–: *Grundlagen des Nationaljudentums*, Berlin: Jüdischer Verlag, 1905.

Efraim, Omri: «2014 a record breaking year for aliyah», 31.12.2014, in: http://www.ynetnews.com/articles/0,7340,L-4609941,00.html [zuletzt abgerufen 14.7.2015].

Efron, John M.: *Defenders of the Race. Jewish Doctors and Race Science in Fin-de-Siècle Europe*, New Haven: Yale University Press, 1994.

Eisenstadt, Shmuel: *Die Transformation der israelischen Gesellschaft*, Frankfurt am Main: Suhrkamp, 1987.

Elazar, Daniel: *Israel: Building a New Society*, Bloomington: Indiana University Press, 1986.

Elboim-Dror, Rachel: *Ha-machar schel ha-etmol* [Das Morgen des Gestern, hebr.], Jerusalem: Yad Ben-Zvi, 1993.

Elias, Nelly/Kemp, Adriana: «The New Second Generation: Non-Jewish *Olim*, Black Jews and Children of Migrant Workers in Israel», in: *Israel Studies*, 15/1, 2010, 73–94.

Englert, Sal: «The Rise and Fall of the Jewish Labour Bund», in: *International Socialism Quarterly Journal of Socialist Theory*, 135, 2012, in: http://isj.org.uk/the-rise-and-fall-of-the-jewish-labour-bund/ [zuletzt abgerufen am: 18.8.2015].

Fackenheim, Emil L.: «The Holocaust and the State of Israel», in: Morgan, Michael (Hg.), *A Holocaust Reader: Responses to the Nazi Extermination*, New York: Oxford University Press, 2001, 131–138.

Falwell, Jerry: *Listen, America!*, New York: Doubleday and Company, 1980.

Feigel, Uwe: *Das evangelische Deutschland und Armenien*, Göttingen: Vandenhoeck & Rupprecht, 1989.

Feldstein, Ariel L.: *Ben Gurion, Zionism and American Jewry. 1948–1963*, New York: Routledge, 2006.

Fichte, Johann Gottlieb: *Beitrag zur Berichtigung der Urtheile des Publikums über die französische Revolution*, Zürich, 1793.

Fischer, Jens Malte: «Gustav Mahler und das ‹Judentum in der Musik›», in: ders., *Jahrhundertdämmerung. Ansichten eines Fin de Siècle*, Wien: Zsolnay, 2000, 131–158.

–: «Goldene Zeiten: Gustav Mahlers Wien», in: ders., *Jahrhundertdämmerung. Ansichten eines Fin de Siècle*, 72–89.

–: *Richard Wagners ‹Das Judentum in der Musik›. Eine kritische Dokumentation als Beitrag zur Geschichte des Antisemitismus*, Insel-Verlag: Frankfurt am Main, 2000.

Fiske, Gavriel: «Rabbi Ovadia Yosef buried in largest funeral in Israeli history», 07.10.2013, in: http://www.timesofisrael.com/jerusalem-closes-down-for-rabbi-ovadia-yosefs-funeral/ [zuletzt abgerufen am: 18.8.2015].

Frankel, Jonathan: *Prophecy and Politics: Socialism, Nationalism, and the Russian Jews, 1862–1917*, Cambridge: Cambridge University Press, 1981.

Freiner, Johann: *Herrgott von Wien*, Dresden: Wodni & Lindecke, 1941.

Frenkel, Billie: «How many foreigners work in Israel», 8.2.2013, in: http://www.ynetnews.com/articles/0,7340,L-4412537,00.html [zuletzt abgerufen 14.7.2015].

Freud, Sigmund: *Sigmund Freud: Briefe*, in: http://gutenberg.spiegel.de/buch/-6433/30 [zuletzt abgerufen am: 1.7.2015].

Gager, John: *The Origins of Anti-Semitism: Attitudes Towards Judaism in Pagan and Christian Antiquity*, New York: Oxford University Press, 1983.

Gaissinowitsch, Aba: «Bemerkungen zu Spenglers Auffassung Russlands», unveröff. Dissertation an der philosophischen Fakultät der Wiener Universität, Juni 1924.

Galnoor, Itzhak: «The Zionist Debates on Partition, 1919–1947», in: Ruth Gavison (Hg.), *The Two-State Solution: The UN Partition Resolution of Mandatory Palestine,* New York: Bloombsbury, 2013, 3–17.

–: *The Partition of Palestine: Decision Crossroads in the Zionist Movement,* New York: SUNY, 1995.

Gardner Feldman, Lily: *Germany's Foreign Policy of Reconciliation: From Enmity to Amity,* Plymouth: Rowman & Littlefield, 2012.

Geiger, Abraham: *Das Judentum und seine Geschichte,* Breslau: Schletter, 1864.

Gelber, Mark: *Stefan Zweig Reconsidered: New Perspectives on his Literary and Biographical Writings,* Tübingen: Max Niemeyer, 2007.

Gilad, Elon: «Why is Israel called Israel?», 20.4.2015, in: http://www.haaretz.com/news/features/.premium-1.652699 [zuletzt abgerufen am 9.7.2015].

Gitelman, Zvi: «A Century of Jewish Politics in Eastern Europe. The Legacy of the Bund and the Zionist Movement», in: ders. (Hg.), *The Emergence of Modern Jewish Politics. Bundism and Zionism in Eastern Europe,* Pittsburgh: University of Pittsburgh Press, 2003, 3–20.

Gold, Dore: *The Tower of Babble: How the United Nations has Fueled the Global Chaos,* New York: Three Rivers, 2004.

Gold, Steven J.: *The Israeli Diaspora,* Seattle: University of Washington Press, 2002.

Goldberg, J.J.: «Avraham Burg's new Zionism», 15.06.2007, in: http://forward.com/opinion/editorial/10943/avraham-burg-s-new-zionism/ [zuletzt abgerufen am: 14.7.2015].

Goldmann, Nahum: *Israel muß umdenken! Die Lage der Juden 1976,* Reinbek: Rowohlt, 1976.

–: «The Road Towards an Unfulfillable Ideal», in: *Herzl Year Book* 3, New York: Herzl Press, 1960, 131–143.

Goldscheider, Calvin/Zuckerman, Alan S.: *The Transformation of the Jews,* Chicago: Chicago University Press, 1984.

Gordis, Daniel: *Menachem Begin: The Battle for Israel's Soul,* New York: Schocken, 2014.

Gordon, Aaron David: *Erlösung durch Arbeit,* Berlin: Jüdischer Verlag, 1929.

Goren, Ilan: *Wo bist Du, Motek? Ein Israeli in Berlin,* München: Graf, 2013.

Gorenberg, Gershom: *The Accidental Empire: Israel and the Birth of the Settlements, 1967–1977,* New York: Time Books, 2006.

Grief, Howard: *The Legal Foundation and Borders of Israel under International Law,* Jerusalem: Mazo, 2008.

Grill, Tobias: «Isaak Nachman Steinberg: ‹Als ich Volkskommissar war› oder ‹Eine soziale Revolution, die die Rechte ihrer Klassengegner verteidigt – das wäre eine große moralische Lehre der Menschlichkeit gewesen!›», in: *Nordost-Archiv. Zeitschrift für Regionalgeschichte* 23 (2014).

Grimmeisen, Julie: «Pionierinnen und Schönheitsköniginnen. Nationale Frauenvorbilder der jungen israelischen Gesellschaft, 1948–1967», unveröff. Dissertation, Ludwig-Maximilians-Universität München, 2015.

Hadari, Yona: *Meschiach rachuv al tank: ha-machscheva ha-ziborit be-Jisrael bein mivtza sinai la-milchemet jom ha-kippurim 1955–1975* [Der Messias reitet auf einem Panzer: Öffentliches Denken in Israel zwischen der Sinai-Kampagne und dem Jom-Kippur-Krieg 1955–1975, hebr.], Jerusalem: Shalom Hartman Institute, 2002.

Halkin, Hillel: *Jabotinsky. A Life*, New Haven: Yale University Press, 2014.

–: *Across the Sabbath River: In Search of a Lost Tribe of Israel*, Boston: Houghton Mifflin, 2002.

Hall, Morray Gordon: *Der Fall Bettauer*, Wien: Löcker, 1978.

Halpern, Ben: *The Idea of the Jewish State*, Cambridge, Mass.: Harvard University Press, ²1969.

Halphen, Achille-Edmond: *Recueil des lois, décrets, ordonnances, avis du Conseil d'État. Arrêtés et règlements concernants les Israélites depuis la Révolution de 1789*, Paris 1851.

Hamilton, Jill: *God, Guns and Israel: Britain, the First World War and the Jews in the Holy Land*, Stroud: Sutton, 2004.

Hasson, Nir: «Israel's election results: Insights and oddities», 23.1.2013, in: http://www.haaretz.com/news/israeli-elections-2013/israeli-elections-news-features/israel-s-election-results-insights-and-oddities.premium-1.495838 [zuletzt abgerufen am: 18.8.2015].

Hazony, Yoram: *The Jewish State: The Struggle for Israel's Soul*, New York: Basic/New Republic Books, 2000.

Heine, Heinrich: «Geständnisse», in: Windfuhr, Heinrich (Hg.), *Heinrich Heine. Historisch-kritische Gesamtausgabe der Werke [Düsseldorfer Ausg.]*, Bd. 15, bearb. v. Gerd Heinemann, Hamburg: Hoffmann und Campe, 1982, 9–58.

Heller, Aron/Grieshaber, Kirsten: «Berlin Exodus campaign sparks outrage in Israel», 18.10.2014, in: http://www.timesofisrael.com/berlin-exodus-campaign-sparks-outrage-in-israel/ [zuletzt abgerufen am: 18.8.2015].

Hertzberg, Arthur: *Shalom, Amerika! Die Geschichte der Juden in der Neuen Welt*, aus dem Amerik. übers. v. Sylke Tempel, Frankfurt am Main: Jüdischer Verlag, 1996.

Herzl, Theodor: *Altneuland*, Berlin/Wien: B. Harz Verlag, ⁸1919.

–: *Der Judenstaat: Versuch einer modernen Lösung der Judenfrage*, Leipzig (u. a.): Breitenstein, 1896.

–: *Briefe und Tagebücher*, Bd. 1–7, herausgegeben von Alex Bein, Hermann Greive, Moshe Schaerf und Julius H. Schoeps, Berlin: Propyläen, 1983–1996.

Heymann, Michael (Hg.): *The Uganda Controversy*, Bd. 2, Jerusalem: Institute for Zionist Research, 1977.

–: «Herzl ve-zionei russia: machloket ve-haskama» [Herzl und Russlands Zionisten: Kontroverse und Einverständnis, hebr.], in: *Ha-Zionut*, 3, 1973, 56–99.

– (Hg.): *The Uganda Controversy*, Bd. 1, Jerusalem: Institute for Zionist Research, 1970.

Hitler, Adolf: *Mein Kampf*, München: Franz Eher Nachf., ¹²1943.

Hofmann, Klaus: «Canaanism», in: *Middle Eastern Studies*, 47/2 (2011), 273–294.

Holitscher, Arthur: *Reise durch das jüdische Palästina*, Berlin: S. Fischer, 1922.

Hovel, Revital: «Supreme Court rejects citizens' request to change ethnicity from ‹Jewish› to ‹Israeli›», 3.10.2013, in: http://www.haaretz.com/news/israel/.premium-1.550241 [zuletzt abgerufen am: 18.8.2015].

Illouz, Eva: *Israel: Soziologische Essays*, Frankfurt am Main: Suhrkamp, 2015.

Isaac, Rael Jean: *Israel Divided: Ideological Politics in the Jewish State*, Baltimore: Johns Hopkins University Press, 1976.

Israelisches Rückkehrgesetz, 5.7.1950, in: http://www.mfa.gov.il/mfa/mfa-archive/1950-1959/pages/law%20of%20return%205710-1950.aspx [zuletzt abgerufen am: 18.8.2015].

Israelische Unabhängigkeitserklärung in dt. Übers., in: http://embassies.gov.il/berlin/AboutIsrael/Dokumente%20Land%20und%20Leute/Die_Unabhaengigkeitserklaerung_des_Staates_Israel.pdf [zuletzt abgerufen am: 18.8.2015].

Jabotinsky, Vladimir: «Mimschal azmi schel mi'ut le'umi» [Autonomie einer nationalen Minderheit, hebr.], in: ders., *Le'umiut liberalit* [Liberaler Nationalismus, hebr.], Bd. 1, hg. v. Arieh Naor, Tel Aviv: Jabotinsky Institute, 2013, 198–243.

–: «Ra'ajon ha-jovel» [Die Idee des Jubeljahrs, hebr.], in: ders., *Uma ve-chevra* [Nation und Gesellschaft, hebr.], Jerusalem: Eri Jabotinsky, 1949, 173–180.

–: «Harza'a al ha-historia ha-jisra'elit» [Vorlesung über die israelische Geschichte, hebr.], in: *Uma ve-chevra* [Nation und Gesellschaft, hebr.], Jerusalem: Eri Jabotinsky, 1949, 159–168

–: *The Jewish War Front*, London: George Allen & Unwin, 1940.

–: *Der Judenstaat*, Wien: Dr. Heinrich Glanz Verlag, 1938.

–: «The Iron Wall», original auf Russisch in: *Razsviet*, 4.11.1923, in: http://en.jabotinsky.org/media/9747/the-iron-wall.pdf [zuletzt aufgerufen am: 5.9.2015].

Jaffe, Zvi Hirsch (Hg.): *Ma'amar ha-jahadut ve-hazionut. ha-masa ke-asher nasa beni Shne'ur Aryeh (Zalman Leib) Yafeh ... le-chagigut bar mitzvah schelo* [Eine Abhandlung über das Judentum und den Zionismus ..., hebr.], Warschau, 1902, o. S. (in: Hebrew Pamphlet Collection, Library of Congress).

Joffe, Lawrence: «Moshe Shamir – Obituary», 27.8.2004, in: http://www.theguardian.com/news/2004/aug/27/guardianobituaries.israel [zuletzt abgerufen am: 18.8.2015].

Judge, Edward: *Easter in Kishinev. Anatomy of a Pogrom,* New York: New York University Press, 1995.

Judt, Tony: «Israel: The Alternative», in: The New York Review of Books, 23.10.2003, in: http://www.nybooks.com/articles/archives/2003/oct/23/israel-the-alternative/ [zuletzt abgerufen am: 18.8.2015].

Kagedan, Allan Laine: *Soviet Zion: The Quest for a Russian Jewish Homeland*, New York: St. Martin's, 1990.

Karsh, Efraim/Karsh, Inari: *Empires of the Sand: The Struggle for Mastery in the Middle East, 1789–1923*, Cambridge, Mass.: Harvard University Press, 1999.

Katz, David S.: *Philo-Semitism and the Readmission of the Jews to England, 1603–1655*, Oxford: Clarendon, 1982.

Katz, Yossi: *Medina ba-derech* [Ein Staat auf dem Wege, hebr.], Jerusalem: Magnes Press, 2000.

–: *Partner to Partition: The Jewish Agency's Partition Plan in the Mandate Area*, London: Frank Cass, 1998.

Kaupp, Peter: *Toynbee und die Juden*, Meisenheim: Anton Glan, 1967.

Keren, Michael: *The Pen and the Sword*, Boulder, San Francisco/London: Westview Press, 1989.

Kershner, Isabel: «Arik Einstein, 74, beloved Israeli singer, dies», 27.11.2013, in:

http://www.nytimes.com/2013/11/28/arts/music/arik-einstein-beloved-israeli-singer-dies-at-74.html?_r=0 [zuletzt abgerufen am: 18.8.2015].

Kessler, David: *The Falashas: A Short History of the Ethiopian Jews*, London: Frank Cass, 1996.

Kimmerling, Baruch: *The Invention and Decline of Israeliness: State, Society, and the Military*, Berkeley: University of California Press, 2001.

Klatzkin, Jakob: *Krisis und Entscheidung im Judentum*, Berlin: Jüdischer Verlag, 1921.

Koestler, Arthur: *Promise and Fulfilment: Palestine 1917–1949*, New York: Macmillan, 1949.

Kohn, Hans: «Nationalismus», in: *Der Jude*, 6/11, 1921, 674–686.

Königseder, Angelika/Wetzel, Juliane: *Lebensmut im Wartesaal: Die jüdischen DPs (Displaced Persons) im Nachkriegsdeutschland*, Frankfurt am Main: Fischer, 1994.

Kook, Zvi Yehuda Ha-Cohen: *Erez ha-Zvi* [Das Land voller Pracht, hebr.], Beit-El: Beit El Library Publications, 1995.

Kraines, Oscar: *The Impossible Dilemma: Who is a Jew in the State of Israel?*, New York: Bloch Publishing Company, 1976.

Kraus, Karl: «Eine Krone für Zion», in: *Frühe Schriften. 1892–1900*, hg. v. J. J. Braakenburg, Bd. 2: 1897–1900, München: Kösel, 1979.

–: *Die demolirte Literatur*, Wien: A. Bauer, ⁵1899.

Krobb, Florian: «‹Vienna goes to pot without Jews›. Hugo Bettauer's Novel *Die Stadt ohne Juden* (The City without Jews)», in: *The Jewish Quarterly*, 42, 1994, 17–20.

Kuchenbecker, Antje: *Zionismus ohne Zion. Birobidzan: Idee und Geschichte eines jüdischen Staates in Sowjet-Fernost*, Berlin: Metropol, 2000.

Kurzweil, Baruch: «Mahuta umekoroteha schel tnuat ha-ivri'im ha-ze'irim (Kena'anim)» [Die Essenz und Wurzeln der Bewegung der Jungen Hebräer (Kanaanäer), hebr.], in: *Luach ha'aretz*, 1952, 107–129.

Lambroza, Shlomo: «The Pogroms of 1903–1905», in: Klier, John D./Lambroza, Shlomo (Hg.), *Pogroms. Anti-Jewish Violence in Modern Russian History*, Cambridge: Cambridge University Press, 1992, 195–248.

Laqueur, Walter: *Der Weg zum Staat Israel. Geschichte des Zionismus*, Wien: Europa, 1975.

Lasker-Schüler, Else: *Das Hebräerland*, München: dtv, 1986.

Leibowitz, Yeshayahu: «Forty Years After», in: *Judaism, Jewish Values and the Jewish State*, hg. v. Eliezer Goldman, Cambridge, Mass.: Harvard University Press, 1992, 241–251.

Lerman, Antony: «The end of liberal Zionism. Israel's move to the right challenges Diaspora Jews», 22.8.2014, in: http://www.nytimes.com/2014/08/23/opinion/sunday/israels-move-to-the-right-challenges-diaspora-jews.html?_r=0 [zuletzt abgerufen am: 18.8.2015].

Lessing, Theodor: *Der Jüdische Selbsthaß*, München: Matthes & Seitz, 1984.

Levin, Nora: *While Messiah Tarried: Jewish Socialist Movements, 1871–1917*, New York: Schocken, 1977.

Lichtblau, Albert (Hg.): *Als hätten wir dazugehört. Österreichisch-jüdische Lebensgeschichten aus der Habsburger Monarchie*, Wien: Böhlau, 1999.

Lidman, Melanie: «In Uganda, conservative prayer services with an African lilt», 13.11.2014, in: http://www.timesofisrael.com/in-rural-uganda-conservative-prayer-services-with-an-african-lilt/ [zuletzt abgerufen am: 18.8.2015].

Lind, Michael: «Rev. Robertson's great international conspiracy theory», in: The New York Review of Books, 2.2.1995, in: http://www.nybooks.com/articles/archives/1995/feb/02/rev-robertsons-grand-international-conspiracy-theo/ [zuletzt abgerufen am: 18.8.2015].

Lindsey, Hal/Carlson, Carole C.: *The Late Great Planet Earth*, Grand Rapids: Zondervan, 1970.

Lis, Daniel: «Israeli Foreign Policy towards the Igbo: The Israeli Factor in Igbo Jewish Identification», in: Bruder, Edith/Parfitt, Tudor (Hg.), *African Zion: Studies in Black Judaism*, Cambridge: Scholars Publishing, 2012, 87–162.

–: «Igbo Jews – Religious Shift: From Igbo Sabbatharians in Nigeria to Igbo Converts to Judaism in Israel», in: *Chilufim* 11, 2011, 99–125.

Livnat, Andrea: *Der Prophet des Staates: Theodor Herzl im kollektiven Gedächtnis Israels*, Frankfurt am Main: Campus, 2011

Loeffler, James: «Between Zionism and Liberalism: Oscar Janowsky and Diaspora Nationalism in America», in: *AJS Review*, 34/2, 2010, 289–308.

Lorch, Netanel (Hg.): *Major Knesset Debates, 1949–1981. The Constituent Assembly – First Knesset 1949–1951*, Landham: University Press of America, 1993.

Lustick, Ian S.: «Leaving the Villa and touching a Raw Nerve», in: *Israel Studies Review*, 26, 2011, 21–27.

–: *For the Land and the Lord: Jewish Fundamentalism in Israel*, New York: Council of Foreign Relations Press, 1988.

Luther, Martin: *Von den Juden und ihren Lügen*, Wittenberg, 1543.

Maltz, Judy: «‹Shadow Jews› outnumber recognized members of tribe», 8.11.2014, in: http://forward.com/articles/208769/shadow-jews-outnumber-recognized-members-of-tribe/ [zuletzt abgerufen 14.7.2015].

–: «Number of ‹Wannabe› Jews Equals That of Recognized Jews», in: http://www.haaretz.com/jewish/.premium-1.624585 [zuletzt abgerufen am: 31.10.2015].

Mann, Thomas: «Tonio Kröger», in: ders., *Gesammelte Werke in Einzelbänden: Frühe Erzählungen*, hg. v. Peter de Mendelssohn, Frankfurt am Main: Fischer, 1981, 273–342.

Manor, Ehud: *Forward: The Jewish Daily Forward (Forverts) Newspaper: Immigrants, Socialism, and Jewish Politics in New York*, Eastbourne: Sussex Academic Press, 2009.

Margalit, Avishai: «The Brother and the Other», in: Walzer, Michael/Lorberbaum, Menachem/Zohar, Noam J. (Hg.), *The Jewish Political Tradition*, New Haven: Yale University Press, 2003, 435–440.

Mayer, Hans: *Außenseiter*, Frankfurt am Main: Suhrkamp, 2007.

Mendelsohn, Ezra: *Class-Struggle in the Pale: The Formative Years of the Jewish Workers in Tsarist Russia*, Cambridge: Cambridge University Press, 1977.

Merkel, Angela: «Rede von Bundeskanzlerin Dr. Angela Merkel vor der Knesset am 18. März 2008 in Jerusalem», 18.3.2008, in: http://www.bundesregierung.de/Content/DE/Bulletin/2008/03/26-1-bk-knesset.html [zuletzt abgerufen am: 18.8.2015].

Michaeli, Merav: «Tony Judt's final word on Israel», 14.9.2011, in: http://www. theatlantic.com/international/archive/2011/09/tony-judts-final-word-on-israel/245051/ [zuletzt abgerufen am: 18.8.2015].

Minszeles, Henri: «1897 – die Entstehung des jüdischen Sozialismus. Der Bund», in: *Judaica. Beiträge zum Verstehen des Judentums*, 53/1–2 (1997), 46–56.

Mirsky, Yehudah: *Rav Kook. Mystic in A Time of Revolution*, New Haven: Yale University Press, 2014.

Morris, Benny: *Israel's Border Wars, 1949–1956*, New York: Oxford University Press, 1997.

Moses, Julius: *Die Lösung der Judenfrage. Eine Umfrage veranstaltet von Dr. Julius Moses*, Berlin/Leipzig: Wigand, 1907.

Myers, David M.: *Between Jew and Arab: The Lost Voice of Simon Rawidowicz*, Waltham: Brandeis University Press, 2008.

N. N.: *Sammlung der Schriften an die Nationalversammlung, die Juden und ihre bürgerliche Verbesserung betreffend*, Berlin: Petit und Schöne, 1789.

N. N.: *The Seventh Day: Soldiers' Talk about the Six-Day War*, aufgenommen und herausgegeben von einer Gruppe junger Kibbuzmitglieder, London: André Deutsch, 1970.

N. N.: «Israel and Iran share most negative ratings in global poll», 3.6.2007, in: http://www.payvand.com/news/07/mar/1077.html [zuletzt abgerufen am: 18.8.2015].

N. N.: «BBC poll: Germany most popular country in the world», 23.05.2013, in: http://www.bbc.com/news/world-europe-22624104 [zuletzt abgerufen am: 18.8.2015].

N. N.: «‹Lost› Indian Jews come to Israel despite skepticism over ties to faith», 20.10.2013, in: http://www.haaretz.com/jewish-world/jewish-world-news/1.55 3350 [zuletzt abgerufen 14.7.2015].

N. N.: «Eine hebräische Bücherei in Berlin», 16.1.2014, in: http://www.botschaft-israel.de/2014/01/16/eine-hebraeische-buecherei-in-berlin/ [zuletzt abgerufen am: 18.8.2015].

Navon, Itzhak: «Preface», in: Ben-Gurion, David, *Like Stars and Dust: Essays from Israel's Government Year Book*, Sede Boqer: Ben Gurion Research Center, 1997, 3–4.

Near, Henry: *The Kibbutz Movement: A History. Volume 1: Origins and Growth, 1909–1939*, Oxford: Littmann Library of Jewish Civilization, 1992.

Ne'eman Arad, Gulie (Hg.): *Israeli Historiography Revisited, Special Issue, History and Memory*, 7/1, Bloomington: Indiana University Press, 1995.

Netanyahu, Benjamin: «Address by PM Netanyahu at the Herzliya Conference», 3.2.2010, in: http://www.mfa.gov.il/mfa/pressroom/2010/pages/pm_netanyahu_herzliya_conference_3-feb-2010.aspx [zuletzt abgerufen am: 13.10.2013].

Neumann, Boaz: *Land and Desire in Early Zionism*, Waltham: Brandeis University Press, 2011.

Nevo, Eshkol: *Neuland*, übers. v. Anne Birkenhauer, München: dtv, 2013.

Nirenberg, David: *Anti-Judaismus. Eine andere Geschichte des westlichen Denkens*, München: C.H.Beck, 2015.

Nordau, Max: «Achad-Haam über ‹Altneuland›», in: *Die Welt*, 7/11, 1903, 1–5.

Novick, Peter: *Nach dem Holocaust. Der Umgang mit dem Massenmord*, aus dem Amerik. übers. v. Irmela Arnsperger u. Boike Rehbein, Stuttgart: Deutsche Verlags-Anstalt, 2001.

OECD International Migration Outlook: «Country notes: recent changes in migration movements and policies, Israel», 2012, in: http://www.oecd.org/migration/mig/IMO%202012_Country%20note%20Israel.pdf [zuletzt abgerufen 14.7.2015].

Ohana, David: *Meschichiut u-mamlachtiut: Ben-Gurion ve-ha-intelektualim* [Messianismus und Staatlichkeit: Ben-Gurion und die Intellektuellen, hebr.], Sde Boker: Ben Gurion-Zentrum zur Erforschung Israels, des Zionismus und des Erbes Ben-Gurions, 2003.

Oren, Michael B.: *Six Days of War: June 1967 and the Making of the Modern Middle East*, Oxford: Oxford University Press, 2002.

Oz, Amos: «Sar Habitachon u-merchav ha-michija» [Der Verteidigungsminister und Lebensraum, hebr.], in: *Davar*, 12.8.1967, 4.

Oz-Salzberger, Fania: «The new generation of wired hebrew nomads», 26.10.2014, in: http://www.i24news.tv/en/opinion/48688-141026-the-new-generation-of-wired-hebrew-nomads [zuletzt abgerufen am: 18.8.2015].

Palestine Royal Commission Report (Peel Report), Juli 1937, in: http://unispal.un.org/pdfs/Cmd5479.pdf [zuletzt abgerufen am: 18.8.2015].

Parfitt, Tudor: *Black Jews in Africa and the Americas*, Cambridge, Mass.: Harvard University Press, 2013.

–: *Journey to the Vanished City: In Search for a Lost Tribe of Israel*, New York: St. Martin's, 1992.

–: *Operation Moses: The Story of the Exodus of the Falasha Jews from Ethiopia*, New York: Stein and Day, 1985.

Pawel, Ernst: *The Labyrinth of Exile: A Life of Theodor Herzl*, New York: Farrar, Straus & Giroux, 1989.

Peled, Yoav: *Class and Ethnicity in the Pale: The Political Economy of the Jewish Workers' Nationalism in Late Imperial Russia*, London: St. Martin's Press, 1989.

Peres, Shimon: *Zurück nach Israel. Eine Reise mit Theodor Herzl*, aus dem Franz. übers. v. Michael von Killisch-Horn, München: Paul List Verlag, 1998.

–: *Die Versöhnung: Der neue Nahe Osten*, Berlin: Siedler, 1993.

Peters, Joel: *Israel and Africa: The Problematic Friendship,* London: British Academic Press, 1992.

Pew Research Center: «America's Changing Religious Landscape», 12.5.2015, in: http://religions.pewforum.org/reports [zuletzt abgerufen am: 18.8.2015].

Pfeffer, Anshel: «Theodor Herzl's only grandson reinterred in J'lem cemetery», 5.12.2007, in: http://www.haaretz.com/news/theodor-herzl-s-only-grandson-reinterred-in-j-lem-cemetery-1.234633 [zuletzt abgerufen am: 18.8.2015].

Pianko, Noam: *Zionism and the Roads not Taken. Rawidowicz, Kaplan, Kohn*, Bloomington: Indiana University Press, 2010.

Pinto, Diana: *Israel ist umgezogen*, Frankfurt am Main: Suhrkamp, 2013.

Rabinowicz, Oskar K.: *Arnold Toynbee on Judaism and Zionism: A Critique*, London: W. H. Allen, 1974.

Ram, Uri: *The Globalization of Israel: McWorld in Tel Aviv, Jihad in Jerusalem*, New York: Routledge, 2008.

Rawidowicz, Simon: «Jerusalem and Babylon», in: ders., *State of Israel, Diaspora, and Jewish Continuity. Essays on the ‹Ever-Dying People›*, Hanover NH: University Press of New England, 1986, 229–239.

–: «Excerpts from a Correspondence between David Ben-Gurion and Simon Rawidowicz», in: ders., *State of Israel, Diaspora, and Jewish Continuity. Essays on the ‹Ever-Dying People›*, Hanover NH: University Press of New England, 1986, 194–205.

Rathenau, Walther: «Staat und Judentum. Eine Polemik», in: ders., *Gesammelte Schriften. Band 1: Zur Kritik der Zeit. Mahnung und Warnung*, Berlin: S. Fischer, 1918, 188–189.

–: «Höre Israel!», in: ders., *Impressionen*, Leipzig: Hirzl, ²1902, 1–21.

Ratzabi, Shalom: *Between Zionism and Judaism: The Radical Circle in Brit Schalom*, Leiden: Brill, 2002.

Ravitzky, Aviezer: «Religiöse und Säkulare in Israel: Ein Kulturkampf?», in: Brenner, Michael/Weiss, Yfaat (Hg.), *Zionistische Utopie – israelische Realität. Religion und Nation in Israel*, München: C.H.Beck, 1999, 148–172.

Rayner, John D.: *A Jewish Understanding of the World*, Oxford: Berghahn, 1998.

Raz-Krakotzkin, Amnon: «Galut mitoch ribonut: Le-vikoret schlilat ha-galut ba-tarbut ha-jisraelit» [Zur Kritik der Verneinung des Exils in der israelischen Kultur, hebr.] in: *Teoria u-Vikoret*, 4, 1994, 6–23, und 5, 1994, 113–132.

Rebhun, Uzi/Lev Ari, Lilach: *American Israelis. Migration, Transnationalism, and Diasporic Identity*, Leiden: Brill, 2010.

Reider, Dimi: «Interview: Avraham Burg», 05.09.2007, in: http://reider.wordpress.com/2007/09/05/an-interview-with-avrum-burg/ [zuletzt abgerufen am: 14.7.2015].

Reinharz, Jehuda: *Chaim Weizmann: The Making of a Zionist Leader*, New York: Oxford University Press, 1985.

–: *Chaim Weizmann: The Making of a Statesman*, New York: Oxford University Press, 1993.

Remnick, David: «The Seventh Day: Why the Six-Day War is still being fought», 28.5.2007, in: http://www.newyorker.com/magazine/2007/05/28/the-seventh-day [zuletzt abgerufen am: 18.8.2015].

Renton, James: «Flawed Foundations: The Balfour Declaration and the Palestine Mandate», in: Miller, Rory (Hg.), *Britain, Palestine and Empire: The Mandate Years*, Farnham: Ashgate, 2010, 15–39.

Rettig Gur, Haviv: «Charles Taylor is ‹now a Jew,› wife says», 6.7.2009, in: http://www.jpost.com/International/Charles-Taylor-is-now-a-Jew-wife-says [zuletzt abgerufen am: 18.8.2015].

Reuveni, Gideon: «Sport und die Militarisierung der jüdischen Gesellschaft», in: Brenner, Michael/ders., *Emanzipation durch Muskelkraft: Juden und Sport in Europa*, Göttingen: Vandenhoeck & Ruprecht, 2006, 51–67.

Robertson, Pat: «Why evangelical christians support Israel», o. Datum, in: http://www.patrobertson.com/speeches/israellauder.asp [zuletzt abgerufen am: 18.8.2015].

Rochelson, Meri-Jane: *A Jew in the Public Arena: The Career of Israel Zangwill*, Tuscaloosa: University of Alabama Press, 1990.

Rose, Jacqueline: *The Question of Zion*, Princeton: Princeton University Press, 2005.

Rosenberg, Göran: *Das verlorene Land: Israel – eine persönliche Geschichte*, Frankfurt am Main: Jüdischer Verlag, 1998.

Rosenfeld, Alvin: ‹*Fortschrittliches*› *jüdisches Denken und der neue Antisemitismus*, Augsburg: Ölbaum Verlag, ²2007.

Roth, Philip: *Operation Shylock. Ein Bekenntnis*, München: Carl Hanser, 2000.

Rovner, Adam: *In the Shadow of Zion: Promised Lands before Israel*, New York: New York University Press, 2014.

Rozen, Orit: *The Rise of the Individual in 1950s Israel: A Challenge to Collectivism*, Waltham: Brandeis University Press, 2011.

Rüdenauer, Ulrich: «Im Dialog mit den Klassikern», 6.2013, in: http://www.literaturkritik.de/public/rezension.php?rez_id=6122&ausgabe=200306 [zuletzt abgerufen 14.7.2015].

Rudoren, Jody: «In exodus from Israel to Germany, a young nation's fissures show», 17.10.2014, in: http://www.nytimes.com/2014/10/17/world/middleeast/in-exodus-from-israel-to-berlin-young-nations-fissures-show.html?_r=1 [zuletzt abgerufen am: 14.7.2015].

Ruppin, Arthur: *Briefe, Tagebücher, Erinnerungen*, Frankfurt am Main: Suhrkamp, 1985.

Rynhold, Jonathan: *The Arab-Israeli Conflict in American Political Culture*, Cambridge: Cambridge University Press, 2015.

Sachar, Howard M.: *A History of Israel: From the Rise of Zionism to Our Time*, New York: A. Knopf, ³2013.

Sagiv, Assaf: «George Steiner's Jewish Problem (followed by G. Steiner's response)«, in: Gil Soeiro (Hg.), *The Wounds of Possibility. Essays on George Steiner*, Newcastle: Cambridge Scholars Publishing, 2012, 194–214.

Said, Edward: «An Ideology of Difference», in: *Critical Inquiry*, 12/1, 1985, 38–58.

Salkin, Jeffrey K. (Hg.): *A Dream of Zion: American Jews Reflect Why Israel Matters to Them*, Woodstock, VT: Jewish Lights, 2007.

Sand, Shlomo: *Die Erfindung des Landes Israel*, Berlin: Propyläen, 2012.

–: *Die Erfindung des jüdischen Volkes. Israels Gründungsmythos auf dem Prüfstand*, Berlin: Propyläen, 2010.

Saposnik, Arieh B.: *Becoming Hebrew: The Creation of a Jewish National Culture in Ottoman Palestine*, New York: Oxford University Press, 2008.

Schäfer, Barbara (Hg.): *Historikerstreit in Israel. Die ‹neuen› Historiker zwischen Wissenschaft und Öffentlichkeit*, Frankfurt am Main: Campus, 2000.

Schlör, Joachim: *Tel Aviv. Vom Traum zur Stadt. Reise durch Kultur und Geschichte*, Gerlingen: Bleicher, 1996.

Schneer, Jonathan: *The Balfour Declaration: The Origins of the Arab-Israeli Conflict*, New York: Random House, 2010.

Schnitzler, Arthur: «Der Weg ins Freie», in: *Erzählende Schriften von Arthur Schnitzler*, Bd. 3, Berlin: Fischer, 1912.

–: *Jugend in Wien*, Frankfurt am Main: Fischer, 2006.

Scholem, Gershom: *Von Berlin nach Jerusalem*, Frankfurt am Main: Suhrkamp, 1997.

Schorske, Carl E.: *Wien. Geist und Gesellschaft im Fin de Siècle,* München: Piper, 1994.

Schulte, Christoph: *Psychopathologie des Fin de siècle: Der Kulturkritiker, Arzt und Zionist Max Nordau,* Frankfurt am Main: Fischer, 1997.

Schwarz, Hans-Peter: *Akten zur Auswärtigen Politik der Bundesrepublik Deutschland. 1963,* Bd. 1, hg. im Auftrag des Auswärtigen Amtes vom Institut für Zeitgeschichte, München: Oldenbourg Verlag, 1994.

Segal, Alan F.: *Rebecca's Children: Judaism and Christianity in the Roman World,* Boston: Harvard University Press, 1986.

Segev, Tom: *Die ersten Israelis. Die Anfänge des jüdischen Staates,* München: Siedler, 2008.

–: *1967. Israels zweite Geburt,* München: Siedler, 2007.

–: *Es war einmal ein Palästina. Juden und Araber vor der Staatsgründung Israels,* München: Siedler, 2005.

–: *Elvis in Jerusalem. Die moderne jüdische Gesellschaft,* München: Siedler, 2003.

–: *Die siebte Million. Der Holocaust und Israels Politik der Erinnerung,* Reinbek: Rowohlt, 1995.

Semel, Nava: *I-srael,* Tel Aviv: Yediot Aharonot, 2005.

Seymour Lipset, Martin: *American Exceptionalism: A Double Edged Sword,* New York: W. W. Norton, 1996.

Shafat, Gershon: *Gush Emunim. Ha-sipur me'achorei ha-kla'im* [Die Geschichte hinter den Szenen, hebr.], Beit-El: BeitEl Library Publications, ²1995.

Shalev, Chemi: «Arik Einstein, 74: The voice of the good old Israel we still dream of», 27.11.2013, in: http://www.haaretz.com/blogs/west-of-eden/.premium-1.560367 [zuletzt abgerufen am: 18.8.2015].

Shanes, Joshua: *Diaspora Nationalism and Jewish Identity in Habsburg Galicia,* Cambridge: Cambridge University Press, 2012.

Shapira, Anita: *Yosef Haim Brenner: A Life,* Stanford: Stanford University Press, 2014.

–: *Israel: A History,* Waltham: Brandeis University Press, 2012.

–: «Ben Gurion and the Bible: The Forging of an Historical Narrative?», in: *Middle Eastern Studies,* 33/4, 1997, 645–674.

–: *Land and Power: The Zionist Resort to Force, 1881–1948,* Stanford: Stanford University Press, 1992.

Shavit, Ari: «Burg: Defining Israel as a jewish state is the key to its end», 7.6.2006, in: http://www.haaretz.com/news/burg-defining-israel-as-a-jewish-state-is-the-key-to-its-end-1.222491 [zuletzt abgerufen am: 14.7.2015].

–: «Arik Einstein, the singer of a lost Israel», 28.11.2013, in: http://www.haaretz.com/opinion/.premium-1.560634 [zuletzt abgerufen am: 18.8.2015].

–: *Mein gelobtes Land: Triumph und Tragödie Israels,* München: C. Bertelsmann, 2015.

Shavit, Ya'akov: *The New Hebrew Nation: A Study in Israeli Heresy and Fantasy,* London: Frank Cass, 1987.

–: *Me'Ivri 'ad kena'ani* [Vom Hebräer zum Kanaanäer, hebr.], Jerusalem: Domino, 1984.

Shechtman, Joseph B.: *Rebel and Statesman: The Life and Times of Vladimir Jabotinsky,* Bd. 1, New York, 1959.

Shelef, Nadav G.: «‹Both Banks of the Jordan› to the ‹Whole Land of Israel›: Ideological Change in Revisionist Zionism», in: *Israel Studies*, 9/1, 2004, 125–148.

Sheleg, Yair: *Me-ivri jaschan le-jehudi chadasch. Renesans ha-jahadut ba-chevra ha-jisraelit* [Vom alten Hebräer zum modernen Juden. Die Renaissance des Judentums in der israelischen Gesellschaft, hebr.], Jerusalem: Israel Democracy Institute, 2010.

Shilo, Margalit: «The Double or Multiple Image of the New Hebrew Woman», in: *Nashim. A Journal of Jewish Women's Studies & Gender Issues*, 1, 1998, 73–94.

Shilon, Avi: *Menachem Begin: A Life*, New Haven: Yale University Press, 2012.

Shimoni, Gideon: *The Zionist Ideology*, Hanover: University Press of New England, 1995.

Shoshani, Reuven: «Ha-basis ha-metodologi schel cheker idiologiut: Machschavato ha-medinit ve-ha-tarbutit schel Zeev Jaboitinsky ke-dugma» [Die methodologische Basis einer Studie zur Ideologie Zeev Jabotinskys Gedanken zu Staat und Kultur als Beispiel, hebr.], unveröff. Dissertation, Hebräische Universität Jerusalem, 1992.

Shumsky, Dimitry: «Zionut be-merkavot kefulot: Ha-im haja Dubnov lo zioni?» [Zionismus in Anführungszeichen: War Dubnov kein Zionist?, hebr.], *Zion* 77/3, 2012, 369–384.

–: «Zionut u-medinut ha-le'um: Ha'aracha me-chadasch» [Zionismus und der Nationalstaat: Eine Neueinschätzung], in: *Zion*, 77/2, 2012, 223–254.

Sieff, Martin: «Isaiah Berlin and Elie Kedourie: Recollections of Two Giants», in: *Covenant: Global Jewish Magazine*, 1/1, 2006, in: http://www.covenant.idc.ac.il/en/vol1/issue1/sieff.html.

Siegemund, Anja: «Utopia in Palästina? Deutsche und Prager Zionisten und ihre Idee der Verständigung mit den Arabern, bis zur Gründung des Staates Israel», unveröff. Dissertation, Ludwig-Maximilians-Universität München, 2005.

Simon, Ernst: «Das palästinensische Ghetto», in: *Jüdische Rundschau*, 9.7.1929.

Slezkine, Yuri: *Das jüdische Jahrhundert*, Göttingen: Vandenhoeck & Ruprecht, 2007.

Sokolow, Nahum: *History of Zionism, 1600–1918*, Bd. 1, London: Longmans, Green and Co., 1919.

Spector, Stephen: *Evangelicals and Israel: The Story of American Christian Zionism*, Oxford: Oxford University Press, 2009.

Spiro, Amy: «Herzog elected prime minister in Tel Aviv», 18.3.2015, in: http://www.jpost.com/Israel-Elections/Herzog-elected-prime-minister-of-Tel-Aviv-394325 [zuletzt abgerufen am: 18.8.2015].

Stanislawski, Michael: «A Jewish Monk? A Legal and Ideological Analysis of the Origins of the ‹Who is a Jew› Controversy in Israel», in: Lederhendler, Eli/Wertheimer, Jack (Hg.), *Text and Context. Essays in Modern Jewish History and Historiography in Honor of Ismar Schorsch*, New York: The Jewish Theological Seminary, 2005, 547–577.

–: *Zionism and the Fin-de-Siècle: Cosmopolitanism and Nationalism from Nordau to Jabotinsky*, Berkeley: University of California Press, 2001.

Steinberg, Isaac Nahum: *Australia – An Unpromised Land. In Search of a New Home*, London: Viktor Gollancz, 1948.

Steiner, George: «Unser Heimatland: Der Text», in: *Der Garten des Archimedes: Essays*, München: Carl Hanser, 1997, 277–278.

Sternberger, Ilse: *Princes Without a Home. Modern Zionism and the Strange Fate of Theodore Herzl's Children, 1900–1945*, San Francisco: International Scholars Publications, 1994.

Tacitus, Cornelius: *Historien*, übers. u. hg. v. Helmuth Vretska, Stuttgart: Reclam, 2003.

Talmon, Jacob L.: *The Six Day War – in Historical Perspective: Reflections on Jewish Statehood*, Rehovot: Yad Haim Weizmann, 1971.

Taub, Gadi: *The Settlers: And the Struggle over the Meaning of Zionism*, New Haven: Yale University Press, 2010.

Tobias, Henry: *The Jewish Bund in Russia: From its Origins to 1905*, Stanford: Stanford University Press, 1972.

Tophoven, Rolf: *Der israelisch-arabische Konflikt*, Bonn, ⁴1990.

Toynbee, Arnold: *A Study of History*, Bd. 5 u. Bd. 9, London ⁵1951.

Udelson, Joseph H.: *Dreamer of the Ghetto: The Life and Works of Israel Zangwill*, Tuscaloosa: University of Alabama Press, 1990.

–: *Dreamer of the Ghetto: The Life and Works of Israel Zangwill*, University of Alabama Press: Tuscaloosa, 2005.

Ulrich, Jörg (Hg.): *Friedrich Loofs in Halle*, Berlin, New York: de Gruyter, 2010.

Unna, Moshe: «Oz-we-Shalom» [Stärke und Frieden, hebr.], in: Schneider, Karlheinz (Hg.), *Staat und Religion in Israel*, Berlin: Deutsch-Israelischer Arbeitskreis für Frieden im Nahen Osten, 1984, 75–89.

Villa, Chaim Ya'akov (Eugenio): *Erez Jehuda. Tossefet le-pitaron sche'elat hajehudim* [Land Juda. Eine Ergänzung zur Lösung der Judenfrage, hebr.], Buenos Aires, 1939 (in: Hebrew Pamphlet Collection, Library of Congress).

Volkov, Shulamit: *Walther Rathenau. Ein jüdisches Leben in Deutschland 1867–1922*, München: C.H.Beck, 2012.

Wade, Nicholas: «DNA backs a tribe's tradition of early descent from the Jews», 9.5.1999, in: http://www.nytimes.com/1999/05/09/us/dna-backs-a-tribe-s-tradition-of-early-descent-from-the-jews.html [zuletzt abgerufen am: 14.7.2015].

Wahrhaftig, Zerah: *Chuka le'Jisrael: Dat u-medina* [Eine Verfassung für Israel: Religion und Staat, hebr.], Jerusalem: Mesilot, 1988.

Walzer, Michael/Lorberbaum, Menachem/Zohar, Noam J. (Hg.): *The Jewish Political Tradition, Vol. II: Membership*, New Haven: Yale University Press, 2006.

Wasserstein, Bernard: *Herbert Samuel: A Political Life*, Oxford: Oxford University Press, 1992.

–: *Herbert Samuel and the Partition of Palestine*, The Sixteenth Sacks Lecture of the Oxford Centre for Postgraduates Hebrew Studies, 1990, 1–18.

Weber, Timothy P.: «American Evangelicals and Israel: A Complicated Alliance», in: Frankel, Jonathan/Mendelsohn, Ezra (Hg.), *Studies in Contemporary Jewry*, 24, New York: Oxford University Press, 2010, 141–157.

Weil, Shalva: «Lost Israelites from North-East India: Re-Traditionalisation and Conversion among the Shinlung from the Indo-Burmese Borderlands», in: *The Anthropologist*, 6/3, 2004, 219–233.

Weinberg, Robert: *Birobidschan. Stalins vergessenes Zion. Illustrierte Geschichte 1928–1996*, o. O.: Neue Kritik, 2003.

Weininger, Otto: *Geschlecht und Charakter. Eine prinzipielle Untersuchung*, München: Matthes & Seitz, 1980.

Weiss, Yfaat: *Verdrängte Nachbarn. Wadi Salib – Haifas enteignete Erinnerung*, aus dem Hebr. übers. v. Barbara Linner, Hamburg: Hamburger Edition, 2012.

Weitz, Yechiam (Hg.): *Bejn chason le-revisia: Mea schenot historiografia zionit* [Zwischen Vision und Revision: Hundert Jahre zionistische Geschichtsschreibung, hebr.], Jerusalem: Salman Schazar-Zentrum, 1996.

Weizmann, Chaim: *The Letters and Papers of Chaim Weizmann*, hg. v. M. W. Weisgal, London: Oxford University Press, 1972.

–: *Memoiren: Das Werden des Staates Israel*, Zürich: Phaidon, 1953.

Weltsch, Robert: «Zur liberalen Weltkonferenz», in: *Jüdische Rundschau*, 9.7.1926.

Werczberger, Rachel/Huss, Boaz: «Guest Editors' Introduction: New Age Culture in Israel», in: *Israel Studies Review*, 29/2, Winter 2014, 1–16.

Wolfe, Alan: *At Home in Exile: Why Diaspora Is Good for the Jews*, Boston: Beacon Press, 2014.

Wolffsohn, Michael/Grill, Tobias: *Israel: Geschichte, Politik, Gesellschaft, Wirtschaft*, Leverkusen: Barbara Budrich, [8]2015.

Woodward, C. Vann: «The Comparability of American History», in: ders. (Hg.), *The Comparative Approach to American History*, Oxford: Oxford University Press, [2]1997.

Wróbel, Magdalena M.: «Cross-border Social Networks and the Jewish Migration from Poland to Palestine, 1924–1928», unveröff. Dissertation, Ludwig-Maximilians-Universität München, 2012.

Yacobi, Haim: «‹Let Me Go to the City›: African Asylum Seekers, Racialization and the Politics of Space in Israel», in: *Journal of Refugee Studies*, 24/1, 2010, 1–22.

Yakobson, Alexander/Rubinstein, Amnon: *Israel and the Family of Nations: The Jewish Nation-State and Human Rights*, London: Routledge, 2008.

–: «Jewish Peoplehood and the Jewish State, How Unique? – A Comparative Survey», in: *Israel Studies*, 13/2, 2008, 1–27.

Yehoshua, Abraham B.: *Exil der Juden. Eine neurotische Lösung?*, St. Ingbert: Röhring, 1986.

Yehudai, Ori: «*Forth from Zion:* Jewish Emigration from Palestine and Israel, 1945–1960», unveröff. Dissertation, University of Chicago, 2013.

Zalman, Abramov: *Perpetual Dilemma: Jewish Religion in the Jewish State,* London: Associated University Presses, 1976.

Zangwill, Israel: «A Land of Refuge», in: ders., *Speeches, Articles and Letters of Israel Zangwill*, ausgewählt u. hg. v. Maurice Simon, London: Soncino, 1937, 234–261.

–: *The East African Question: Zionism and England's Offer*, New York: Maccabaean, 1904.

Zentralbüro der Zionistischen Organisation: *Der XII. Zionisten-Kongress Karlsbad 1.–14. September 1921*, Berlin: Jüdischer Verlag, 1922.

–: *Protokoll des VI. Zionisten-Kongresses*, Wien: Verlag des Vereins Erez Israel, 1903.

–: *Stenographisches Protokoll der Verhandlungen des V. Zionisten-Kongresses in Basel*, Wien: Verlag des Vereins Erez Israel, 1901.

Zerubavel, Yael: *Recovered Roots. Collective Memory and the Making of Israeli National Tradition*, Chicago: The University of Chicago Press, 1995.

Zimmerman, Joshua D.: *Poles, Jews, and the Politics of Nationality: The Bund and the Polish Socialist Party in Late Tsarist Russia, 1892–1914*, Madison: Wisconsin University Press, 2004.

Zionistischer Hilfsfonds in London von der zur Erforschung der Pogrome eingesetzten Kommission (Hg.), *Die Judenpogrome in Rußland*, Köln, 1910.

Zipperstein, Steven J.: *Elusive Prophet: Ahad Ha'am and the Origins of Zionism*, Berkeley: University of California Press, 1993.

Zweig, Stefan: «Zweig's letter to Martin Buber», 24.1.1917, in: http://gizra.github.io/CDL/pages/464AAD88-DF79–75FE-4CAE-3B36EF5DDECB/ [zuletzt abgerufen am: 14.7.2015].

–: *Die Welt von Gestern. Erinnerungen eines Europäers*, Frankfurt am Main: Fischer, ²1982.

# Bildnachweis

*Seite 27:* Aus: Lothar Gall: Walther Rathenau. Portrait einer Epoche, München: C.H.Beck, 2009, Seite 52

*Seite 31, 37, 43:* © akg-images/Imagno

*Seite 49:* © akg-images/Imagno/Austrian Archives

*Seite 61, 103:* © ullstein bild/Roger-Viollet

*Seite 73:* © Bildarchiv Pisarek/akg-images

*Seite 81:* © ullstein bild/Pictures from History

*Seite 88:* © IAM/akg-images

*Seite 120:* © Alexey «Lifewatch»/Wikimedia Commons/Creative Commons Attribution-Share Alike 3.0 Unported license (Foto leicht beschnitten)

*Seite 130, 172:* © akg-images

*Seite 155:* © ullstein bild/Heritage Images/Jewish Chronicle

*Seite 165:* © ullstein bild/dpa

*Seite 173:* © akg-images/Jacques Violet

*Seite 176:* © Eliyahu Attar/Dan Patir/Kfar Chabad Magazine

*Seite 185:* © Saar Yaacov/Government Press Office/Wikipedia/Creative Commons Attribution-Share Alike 3.0 Unported license

*Seite 201:* © Spitz Magazine/Boaz Arad

*Seite 215:* Aus: Eshkol Nevo, Neuland. Roman, München: dtv, 2013, Seite 534

*Seite 219:* Foto: Jewish Renaissance Movement in Poland/http://www.jrmip.org/?page_id=5

*Seite 225:* Foto: Gali Tibbon/http://www.shavei.org/communities/bnei_menashe/multimedia-bnei_menashe/pictures-bnei_menashe/stunning-photos-from-india-and-israel-as-bnei-menashe-make-aliyah/?lang=en

*Seite 234:* © akg-images/Horizons/Jochem Wijnands

*Seite 235:* © ullstein bild/Giribas

# Personenregister

*Kursive Seitenzahlen verweisen auf Abbildungen*

Clemenceau, Georges 92
Clermont-Tonnerre, Stanislas de 16
Cohen, Haim 148, 151
Cohen, Hermann 8, 94

Dayan, Assi 154
Dayan, Moshe 154, *155*
DeKoven Ezrahi, Sidra 206
Deutscher, Isaak 19
Dinur, Benzion *siehe* Dünaburg,
 Benzion
Dizengoff, Meir 52
Döblin, Alfred 112, 121 f., 125
Dohm, Christian Wilhelm 16
Dreyfus, Alfred 35 f.
Drori, Israel 226
Dubnow, Simon 25, 51–54, 57, 70,
 204
Dünaburg, Benzion 137
Dylan, Bob 161

Eichmann, Adolf 149
Einstein, Albert 207
Einstein, Arik 232 f.
Eisenstadt, Shmuel 246 Anm. 33
Eisler, Menachem (Edmund) 67 f.
Elazar, Daniel 20
Elboim-Dror, Rachel 68
Eshkol, Levi 173, 213

Fackenheim, Emil L. 257 Anm. 6
Falwell, Jerry 188–190
Feisal I., Emir 93
Feiwel, Berthold 76
Fichte, Johann Gottlieb 15
Finkelstein, Norman 206
Franz Joseph I., österr. Kaiser 30, 40
Franzos, Karl Emil 74
Freud, Sigmund 18 f., 32 f., 55, 207
Freund, Michael 225
Friedrich I., Großherzog von Baden
 188

Geiger, Abraham 260 Anm. 29
Ginsberg, Ascher *siehe* Achad Ha'am
Gold, Steven J. 260 Anm. 14
Goldberg, Leah 137

Goldmann, Nahum 132, 140, 142 f.,
 167
Goldstein, Baruch 186
Gordon, Aron David 80
Goren, Ilan 217
Goren, Shlomo *165*
Gorki, Maxim 58
Greenberg, Uri Zwi 169
Grégoire, Abbé 16, 79
Grill, Tobias 246 Anm. 33
Gruen, David *siehe* Ben Gurion, David
Güdemann, Moritz 37 f., 40

Halkin, Hillel 106, 252 Anm. 47
Halperin, Uriel *siehe* Ratosh, Yonatan
Halpern, Ben 92, 247 Anm. 34
Harden, Maximilian 25 f.
Hazony, Yoram 249 Anm. 30
Hechler, William 187 f.
Hegel, Georg Wilhelm Friedrich 15
Heine, Heinrich 29, 206
Herodes der Große 73
Hertzberg, Arthur 257 Anm. 6
Hertzka, Theodor 67
Herzl, Hans 35, 126 f.
Herzl, Pauline 126 f.
Herzl, Theodor 17 f., 22, 25, 33–45,
 37, 43, 47–49, 51–53, 55 f., 59–77,
 79, 82, 84, 89, 94, 98–101, 104,
 106, 110 f., 113–117, 122, 126 f.,
 129, 138 f., 141 f., 160 f., 167, 176,
 178, 183–188, 196, 211, 213 f.,
 216, 234 f., 242, 249 Anm. 25 und
 30
Herzl, Trude 126
Herzog, Isaak 236
Heß, Moses 44
Hever-Chybovski, Tal 260 Anm. 22
Hirsch, Maurice de 38, 113, 212 f.
Hirsch, Samson Raphael 245 Anm. 12
Hirsch, Shne'ur Salman 76
Hitchens, Christopher 209
Hitler, Adolf 32, 40, 120 f., 189
Hofmann, Josef 29
Holitscher, Arthur 85, 91
Horon, A. G. 157
Hussein ibn Ali, Sharif von Mekka 92